07

生活中必不可少的
常识系列书

刘柯 编著

插图版

我的第一本

理财
入门书

财商决定财富

中国铁道出版社有限公司

CHINA RAILWAY PUBLISHING HOUSE CO., LTD.

内 容 简 介

本书是一本投资理财的入门书籍，系统全面地介绍了在参与理财时的理论基础、操作技巧以及获利方法。

本书一共 12 章，可大致分为 4 个部分，第一部分全面地介绍在理财前我们要进行的准备工作，包括理财计划与技术准备；第二部分介绍银行存款、银行理财产品、股票、债券、基金、保险等较为稳定的投资方式；第三部分介绍的是外汇、期货、贵金属等在国际市场上的高级产品；第四部分帮助投资者学会分析分时图与 K 线图，并帮助投资者在生活中学会理财。

本书在创作过程中做到了知识全面，表述简洁，配以丰富的图示与实战案例，形象生动地介绍了理财的基础知识与技巧。

本书主要适合的对象是对理财没有太多经验的投资者，可以帮助其快速走进理财市场。另外，也适合有一定经验的投资者作为投资参考。

图书在版编目（CIP）数据

我的第一本理财入门书：财商决定财富：插图版/刘柯编著.—北京：中国铁道出版社，2015.10（2022.1 重印）

ISBN 978-7-113-20871-4

Ⅰ.①我… Ⅱ.①刘… Ⅲ.①私人投资−基本知识 Ⅳ.①F830.59

中国版本图书馆 CIP 数据核字（2015）第 195096 号

书　　名：	我的第一本理财入门书——财商决定财富（插图版）
作　　者：	刘　柯

责任编辑：张亚慧	编辑部电话：（010）51873035	邮箱：lampard@vip.163.com
封面设计：**MXK** DESIGN STUDIO		
责任印制：赵星辰		

出版发行：中国铁道出版社有限公司（100054，北京市西城区右安门西街 8 号）

印　　刷：佳兴达印刷（天津）有限公司

版　　次：2015 年 10 月第 1 版　2022 年 1 月第 2 次印刷

开　　本：700mm×1 000mm 1/16　**印张：**15.75　**字数：**327 千

书　　号：ISBN 978-7-113-20871-4

定　　价：48.00 元

随着我国经济的开放与发展，投资理财的概念越来越深入人心，许多人不再把钱存入银行，而是希望通过"以钱生钱"的方式来管理自己的财富，一夜之间，似乎全民都走上了一条"理财"的道路。

然而您真的懂得投资理财吗？您是否知道自己的哪些钱可以投资，哪些钱不可以投资？您是否清楚了解基金、债券、股票等传统理财产品的投资要点？您是否敢于尝试外汇、期货等较高级的理财产品？您又是否对余额宝、P2P等新兴网络理财工具完全知晓？

带着这些问题重新审视自己的理财现状，也许您会发现当下的投资状态非常落后，甚至是一片空白，为了帮助您解决这些问题，我们通过长期的理论研究与实践操作，编写了这本《我的第一本理财入门书——财商决定财富（插图版）》，帮助您从零开始，重新走进投资理财的世界。

内容精髓

本书总共12章，主要从入市准备、基础产品、高级产品、技巧提升4个方面来介绍理财知识，具体内容如下图所示。

第一部分：入市准备
这一部分为本书的第1~2章，主要介绍了在投资理财之前，我们要对自己的财富有明确的认识与充分的管理，制订先进的理财计划书。同时，学会使用网上银行、支付宝等理财必备的网络工具。

第二部分：基础产品
这一部分为本书的第3、4、5、7、8章，该部分内容介绍了银行存款、银行理财产品、股票、债券、基金、保险等较为稳定的投资方式及各类产品的实战操作，帮助新手投资者快速找到一款适合自己的产品。

第三部分：高级产品
这一部分为本书的第9~11章，主要介绍的是黄金、外汇、期货等在国际市场上的高级产品，让投资者的理财道路更上一层楼。另外，第11章介绍的是余额宝、众筹、P2P等新颖的网上理财产品，满足不同人群的理财需求。

第四部分：技巧提升
最后一部分为本书的第6章与第12章，第6章介绍了在投资理财中非常重要的图形分析方法，帮助投资者从分时图与K线图中找到买卖点。第12章从不同的财务状况介绍了理财案例，并帮助投资者在生活中学会理财。

内容特点

知识全面，
方便查找

本书是一本入门级别的参考书籍，包含了当前理财市场几乎所有的投资方式，并且分类系统，不同的投资者都可以在本书中找到想要的知识与技巧。

示例真实，
实战性强

本书在写作过程中采用了大量的应用实例，既有真实的理财故事，也有买卖的实际操作，让投资者可以更直观、清晰地把握理财要点。

文字图示化，
易于阅读

本书紧扣"插图版"这个概念，书中配有丰富的图示与展示图片，让理财知识的传递更加简单明了，同时，也增加了阅读金融知识的乐趣。

读者对象

本书的定位在于入门，因此非常适合对投资理财感兴趣或刚刚进入理财世界的人参考学习，同时也可以帮助有经验的投资者了解更多丰富的理财产品。

由于编者知识有限，书中难免会有疏漏和不足之处，恳请专家和读者不吝赐教。

编　者

2015 年 7 月

目　录

第1章

轻松管理财富，走进理财市场

投资理财，是我们每个人无论收入多少都会参与的一项金融活动，然而理财并不是一味地盲目入市，它还需要科学系统的规划，本书的第一章，我们就来看看如何管理财富，走进理财市场。

◇ 国家经济与个人财务的关系——基本面

◇ 为什么钱越来越不值钱了——通货膨胀

◇ 罗马城不是一天建立的——积累

◇ 用家庭财务周期调整理财观念

◇ 理财要理哪些财

◇ 让家庭资产"活"起来

◇ 什么是先进的财富管理观念

◇ 完成个人风险承受能力测试

◇ 风险承受能力结果的应用

◇ 树立正确的理财目标

◇ 如何制订理财计划

◇ 适时调整理财计划

一、理财前简单了解经济学常识

理财并不是简单地购买一款理财产品，它虽然并不要求我们人人都是经济学家，但也需要投资者对经济学有简单的了解。本章的开始，就让我们来认识一些和个人理财有关的经济学常识。

第1项　国家经济与个人财务的关系——基本面

许多人常说，国家经济的发展和我们普通人是没有关系的，实际上这是一种错误的说法。国家经济的发展，对我们每个人的个人财务都有着千丝万缕的联系，对于投资理财来说就更是如此。

在理财分析中，我们将国家的宏观经济分析归类为基本面分析，一般基本面的分析，既可以帮助我们判断当下是否适合参与投资理财，还可以分析出未来某种理财工具的价格走势。

下面我们可以简单来看一个例子。

▨ 应用示例——人均 GDP 增长，老百姓有更多的钱来理财

1998～2013 年期间，我国的 GDP 在不断增加，人均 GDP 也在不断上涨，虽然这并不能代表实际收入的增加，但在一定程度上反映了国家经济的发展，对老百姓的生活是有好处的，如图 1-1 所示。

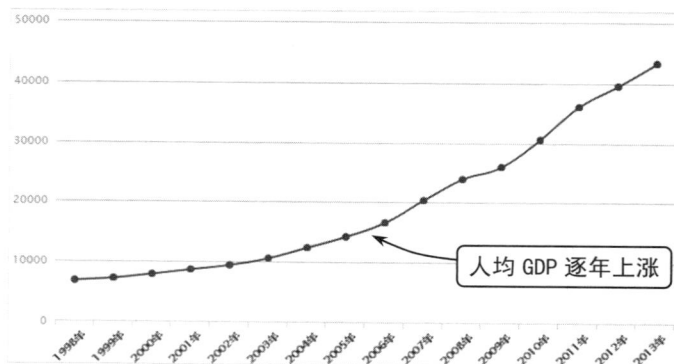

图 1-1　1998 年～2003 年人均 GDP 数据

因为国家 GDP 的上涨，各行各业的产量增加，盈利增加，因此普通老百姓的收入增加，如在图 1-2 中，1998～2003 年间我国城镇居民的总收入在不断增加，老百姓的生活水平越来越好，也有更多的资金用于投资理财。

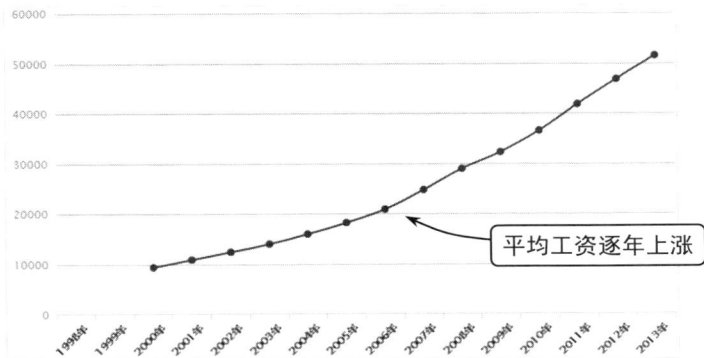

图1-2　城镇单位就业人员平均工资

第2项　为什么钱越来越不值钱了——通货膨胀

既然收入在增加，我们的日子会过得越来越好，我们为什么还需要投资理财呢？下面来看一个案例。

📉 应用示例——小王买房记

小王是一个工作已经5年的都市白领，5年前小王大学毕业时，房价只有3 000元/m²，父母就计划为他购买一套约70m²的房屋作为以后的婚房，于是将10万元首付款给了小王，不过小王当时想：现在的房价不算太贵，自己还年轻，不想背负10万元的贷款，于是其并没有将这10万元用于买房，而是存了了银行。

5年来，小王平均每年都能攒下3万元左右，他想，现在自己总共有25万元，买房应该不成问题，那10万元定期存款的利息，或许还够装修费呢。

可是当小王跑了几家售楼处之后，他懵了，如今的房价已经涨到了约8 000元/m²，70m²的房子需要近60万元，小王的25万元，才刚好够付首付而已。

小王的例子，就很好地诠释了通货膨胀带给我们普通老百姓的影响，如果小王在5年前就买了房，那他如今已经还完贷款，拥有了自己的新房了。

所谓通货膨胀，简单来说就是货币供给大于货币实际需求，流通中的货币量太多了，造成货币贬值、物价上涨，虽然收入在增加，但生活水平却更差了。

人们一般用 CPI（居民消费价格指数）来表示通货膨胀的程度，其数据越大，通货膨胀的程度就越高。图 1-3 所示为我国近几年来食品类 CPI 数据，其走势波动较大，和人均 GDP 走势是不同的。

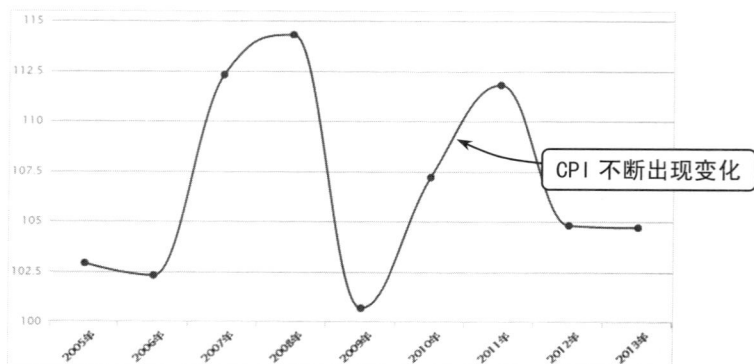

图 1-3　食品类居民消费价格指数

在通货膨胀下，一般会出现如图 1-4 所示的现象。

1	虽然收入量在上升，但支出量也在增加，实际收入并没有增加，甚至会减少。
2	原有的储备财富大幅缩水。
3	价格上涨，并间接导致社会福利减少。
4	通货膨胀直接造成社会分配的失调，高收入者收入更高，低收入者收入更低。
5	对于普通老百姓来说，通货膨胀最大的危害就是货币贬值、物价上涨，人们会感到生活越来越困难。
6	由于经济衰退，金融产业衰败，导致社会矛盾加剧。

图 1-4　通货膨胀的危害

通货紧缩

　　在经济学中有一种现象是与通货膨胀完全相反的，我们称为通货紧缩，它的实质是市场上流通货币减少，人民币所得减少，购买力下降，造成了物价的下跌，在通货紧缩时，同样会出现生活水平降低的现象，因此投资理财也是必要的。

第3项　罗马城不是一天建立的——积累

在个人财富管理中，积累是非常重要的一环，无论是个人还是家庭，"月光"是不可行的，要使得一个家庭正常地运转，就必须要进行基本积累。

所谓基本积累，通俗来讲就是攒钱，下面来看一个小例子。

应用示例——职场新人小王的攒钱案例

小王今年大学刚毕业，月收入3 000元，月支出约1 000元，父母还未退休，不需要他赡养，小王对于自己的未来，有明确的规划，他希望花2～3年的时间打工，积累到足够的工作经验与创业资金，3年后考虑自主创业，5～6年后结婚买房，7～8年后打算生育孩子，作为一名职场新人，小王怎样做才能尽快积累到足够的资金呢？

首先，我们来分析小王的财务情况，按照创业启动金10万元计算，除非小王在打工的3年内，工作能有非常大的变动，否则按照他现在的工资，是不可能在3年内积累到10万元的，所以小王应该调整自己的积累计划，从实际出发，如果有创业的打算，可在3年后利用贷款或者父母资助完成，在当前的阶段，积累经验才是最为重要的。

对于资金积累而言，小王可以每月拿出500～800元用作固定储蓄，在没有特别重要的支出时，不必动用这笔钱。如果在3年内小王的工资提升，可随之提升每月固定储蓄的额度。

如果3年之后，小王开始了自己创业的历程，则更需要积累财富，将创业启动金还给父母或者偿还银行贷款，并且为自己的买房、结婚、养育小孩做足准备。

上述的小王就是一个善于积累，并在积累过程中不断调整计划的人，当我们无法完成某一计划时，也需要坚持积累，让财富更加稳定。

图1-5所示为我们总结了不同人群积累资金的简单方法。

单身青年	"80后"夫妻
单身时期的收入是相对稳定的，同时支出是最少，此时是积累攒钱的最佳时期，可选择定存的方式，每月拿出一笔工资积累，为以后的成家立业打下基础。	对于刚成婚且暂时没有孩子的"80后"夫妻来说，父母不需要赡养，没有抚养孩子的压力，应尽量减少过度花销，将资金更多地投入原始积累中，为即将到来的生活做足准备。

图1-5　不同的人如何积累资金

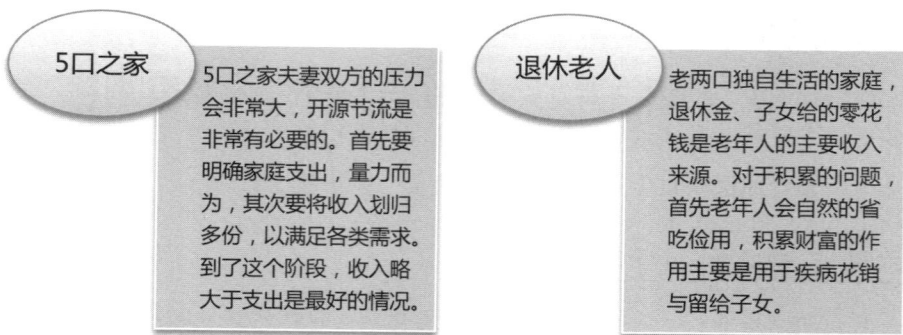

5口之家：5口之家夫妻双方的压力会非常大，开源节流是非常有必要的。首先要明确家庭支出，量力而为，其次要将收入划归多份，以满足各类需求。到了这个阶段，收入略大于支出是最好的情况。

退休老人：老两口独自生活的家庭，退休金、子女给的零花钱是老年人的主要收入来源。对于积累的问题，首先老年人会自然的省吃俭用，积累财富的作用主要是用于疾病花销与留给子女。

图1-5　不同的人如何积累资金（续）

第4项　用家庭财务周期调整理财观念

一个家庭从组建到衰落，会经历一个较为漫长的过程，这个过程在经济学中可以称为家庭生命周期，如果将其和理财联系起来，就形成了家庭财务周期。

家庭生命周期一般会有如图1-6所示的过程。

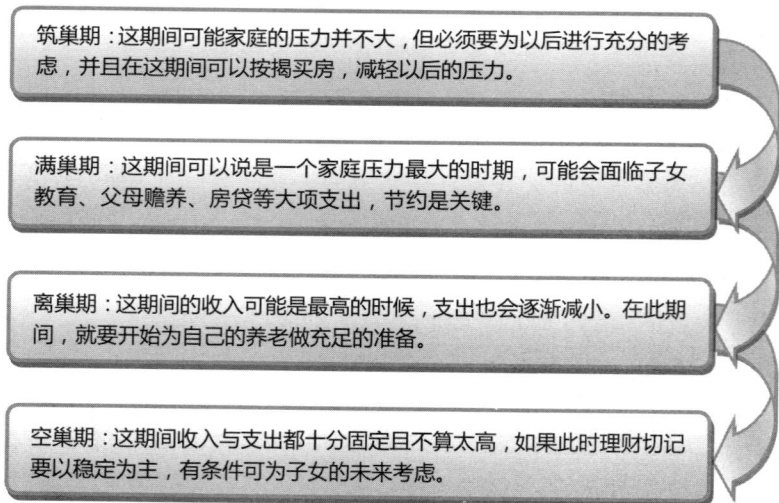

筑巢期：这期间可能家庭的压力并不大，但必须要为以后进行充分的考虑，并且在这期间可以按揭买房，减轻以后的压力。

满巢期：这期间可以说是一个家庭压力最大的时期，可能会面临子女教育、父母赡养、房贷等大项支出，节约是关键。

离巢期：这期间的收入可能是最高的时候，支出也会逐渐减小。在此期间，就要开始为自己的养老做充足的准备。

空巢期：这期间收入与支出都十分固定且不算太高，如果此时理财切记要以稳定为主，有条件可为子女的未来考虑。

图1-6　家庭生命周期

应用示例——王女士一家的理财计划

王女士今年正式退休，衣食无忧，夫妻和睦，儿子孝顺，每当有人问王女士，为什

么一个女人可以在自己工作的同时，还将家庭管理得这么好，王女士总是说，这都得益于家庭生命周期理论。

1977 年，王女士 20 岁，正赶上国家恢复高考，通过自己的努力，她顺利地考上了大学。大学毕业之后，王女士经人介绍，与现在的丈夫结了婚，组建了自己的家庭。这时，王女士的家庭开始了家庭生命周期中的第一个阶段。

那时正赶上改革开放的大潮，王女士与丈夫抓住机遇，向信用社贷款，开起了纺织厂，由于时机好，加上王女士在大学期间学到的管理知识，纺织厂连年盈利，不仅还清了银行贷款，王女士夫妇还赚了不少的钱。

结婚后的第三年，王女士与丈夫有了一个儿子，王女士一家进入了家庭生命周期的第二个阶段，此时她认为应该调整一下自己家的财富管理，于是改变了以前将所有的资金全部投放到工厂建设的现象，而是开始为家庭着想，慢慢开始积累存款了。

转眼 20 多年的时间过去了，王女士的纺织厂变成了当地著名的纺织企业，实业如日中天，自己的儿子也顺利地大学毕业，转眼就要成家立业了。此时，王女士家庭进入了家庭生命周期的第三个阶段，这么多年已经积累了不少的财富，王女士也开始萌生了退休的念头。

王女士对自己孩子的教育并非溺爱，而是让自己的儿子到自己的纺织企业一步一步的锻炼，这也是另一种财富传承的方式。终于，又过了几年，王女士将企业的管理权全都交给了自己的儿子，她和丈夫也顺利地退休了。

此时，王女士并没有太多的挂念，她开始享受剩下的人生，并且已经为家庭生命周期的第四个阶段做足了准备。

上述的例子，就是一个家庭在家庭生命周期中调整理财计划的典型，作为普通投资者，我们如何适时调整计划呢？具体如图 1-7 所示。

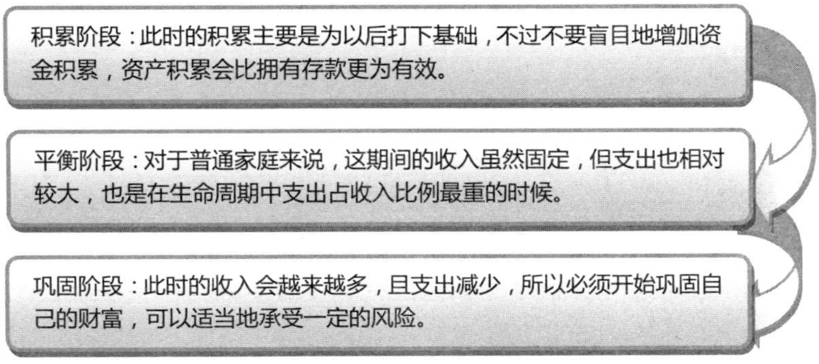

积累阶段：此时的积累主要是为以后打下基础，不过不要盲目地增加资金积累，资产积累会比拥有存款更为有效。

平衡阶段：对于普通家庭来说，这期间的收入虽然固定，但支出也相对较大，也是在生命周期中支出占收入比例最重的时候。

巩固阶段：此时的收入会越来越多，且支出减少，所以必须开始巩固自己的财富，可以适当地承受一定的风险。

图 1-7 家庭财务周期

消耗阶段：此时的收入会是一生中最少的时候，其固定的积蓄也会慢慢地被用掉，可用固定的资金换取小额的利息以达到财富的保值与传承。

图 1-7　家庭财务周期（续）

二、科学管理自己拥有的财富

投资理财的第一步，就是对资金的财富进行科学的管理，从而找到最适合资金的理财计划，下面我们来认识一下如何科学地管理个人财富。

第5项　理财要理哪些财

一个家庭（或一个人）的一生中会经历很多事情，如求学、结婚、购房、职业变更、疾病医疗、子女抚养、退休规划等，在这个过程中，我们想要保住资金的财富，让财富实现增值，就需要进行理财，那么究竟有哪些财可以理呢？我们需要管理哪些财富呢？具体如图 1-8 所示。

固定资产

固定资产是指使用期限超过一个年度的房产、机器及其他固定资产等，对于个人或家庭而言，房产是最大的固定资产，其中自住房一般不能用于投资，二套房、商铺等都是投资工具。

固定收入

所谓固定收入，是指在一定期限内固定的收入，是未来可以预估的，如基本工资等，这部分收入并非投资而来，因此常常是投资理财的初始资金。同时，基本工资一般会越来越多。

不固定收入

不固定收入是指基本收入之外的收入，既可以是被预估的，如下月房租收入、定期存款利息等，也可以是不能被预估的，如股票收益等，其中持有的债券、借款凭证等也可以算在其中。

图 1-8　有哪些财可以理

资产负债

除了已经拥有的资产之外，负债也必须算在财务统计之中，如每月需要偿还的银行贷款、信用卡还款、私人借款偿还等，投资理财之前必须考虑这些项目的"支出"，在之前削减债务是非常有必要的。

图 1-8　有哪些财可以理（续）

第6项　让家庭资产"活"起来

一个人如果赚了很多钱，但是却将其全部存在银行中，资金就失去了活力，也没有太大的理财价值。为了让个人资金更具价值，让钱"活"起来，我们就需要在理财之前应用一定的技巧，下面来看一个例子。

应用示例——邓先生一家的理财案例

邓先生和邓太太已经到了中年，经过多年的打拼，如今都有较高的收入，其主要收入如下。

邓先生：月收入 2.5 万元，年终奖 3 万元，扣除社保与个人所得税，年收入 26.5 万元。

邓太太：月收入 1.8 万元，年终奖 2 万元，扣除社保与个人所得税，年收入 19 万元。

邓先生夫妻拥有资产为存款 80 万元；投资性资产（包括理财投资与社保）41 万元；固定资产（自用房产、汽车）165 万元；负债 0 万元。

年家庭总收入（包括工资、存款利息48 万元）；总支出 15 万元。

对于邓先生一家财务的分析，主要有如下四大缺点。

◆　拥有现金和现金等价物太多，可适度减持。

◆　无负债，适度负债可让生活更美好。

◆　只拥有社保，保障不全面。

◆　仅有定期存款，投资结构不合理。

我们应该如何让个人资产"活起来"呢？具体技巧如表1-1所示。

表1-1　如何让拥有的资产"活"起来

内容	如何操作	意义
现金	根据家庭收支准备适当的现金存款，一般年准备金是年收入的20%～30%即可	可稳定我们的日常生活，应对紧急的资金使用，也可让剩余的资金投入更好的地方
负债	可以适度负债，如办理贷款或者信用卡	适度负债可以提高我们的生活质量与便捷度，也可以加剧资金的流动
保障	根据家庭能力和特点，购买全面的保险	可以让我们的人生和财产做足保障，以应对未来不可预知的情况
投资	改变传统的结构，全面进行理财投资	这样可以使资金更加流通，也能很好地规避投资风险，调整方便

第7项　什么是先进的财富管理观念

随着时代的进步，老一辈人"先积累后消费"的观念已经不适合现代经济社会的发展，如果不做出改变，就会给我们的生活带来很大的麻烦。

应用示例——老王一家的买房生活

老王是一位技术工人，妻子自己开了一间小的便利店，夫妻俩有一个正在读高中的儿子，一家人的日子虽然不算富足，但好歹也算衣食无忧。

这些年，随着国家转变经济发展模式，拥有一套手艺的老王逐渐已成为工厂生产线上的主力，在为企业生产做出贡献的同时，老王的收入也有了明显的提升，加上夫妻两人这些年省吃俭用攒下的一些钱，老王决定买房。

几经周折，老王一家终于在郊区贷款买了一套两居室，贷款期限15年，月供2 000元，同时装修时老王还向亲戚朋友借了一笔钱。虽然沉重的贷款压力就此压在了老王夫

妻俩人身上，但老王想：现在收入还算稳定，只要自己节省一点，应该也能负担。

世事无常，两年后，老王的儿子考上了大学，一年的学费加上生活费是一笔不小的开支，还有这些年老王拼命的工作难免有些大病小病。于是，房贷压力、儿子学费、看病费用、家庭日常支出等压力，让老王一家几乎喘不过气来。

落后的财富管理让老王一家的压力倍增，我们应该如何科学地管理自己的财富呢？具体技巧如图1-9所示。

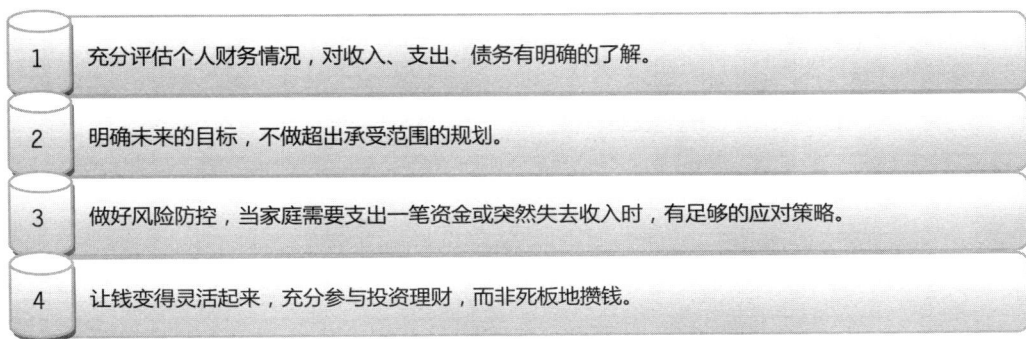

1	充分评估个人财务情况，对收入、支出、债务有明确的了解。
2	明确未来的目标，不做超出承受范围的规划。
3	做好风险防控，当家庭需要支出一笔资金或突然失去收入时，有足够的应对策略。
4	让钱变得灵活起来，充分参与投资理财，而非死板地攒钱。

图1-9 科学管理个人财富

三、制订科学的理财计划

我们进行投资理财时，除了要对自己的财富有科学的管理之外，完善的理财计划是必不可少的，下面我们就来看看在制订理财计划过程中需要注意什么。

第8项 完成个人风险承受能力测试

所谓个人风险能力测试，就是通过一系列的调查，最终判断出一个人所能承受的风险大小，它可以为我们带来如图1-10所示的好处。

做风险承受能力测试的技巧

无论是在什么地方进行风险承受能力的测试，最重要的就是如实填写各类问题，否则最终结果不准确，无法正确指导投资理财。

反映财务情况	针对性	指导投资	心理警示
投资者完成一些财务的题目，可以充分地反映其目前是否适合投资，让投资者不会盲目地估计自身能力。	个人风险承受能力测试一般是针对个人得出的结果，具有很强的针对性，比任何人提出的"理财经验"都有效。	个人风险承受能力的测试会指引我们制订投资计划、选择投资方向，从而在理财市场上找到适合自己的产品。	完成个人风险承受能力测试，不仅可以得出一个财务评判结果，更可以给出一定的警示作用，做到不盲目投资。

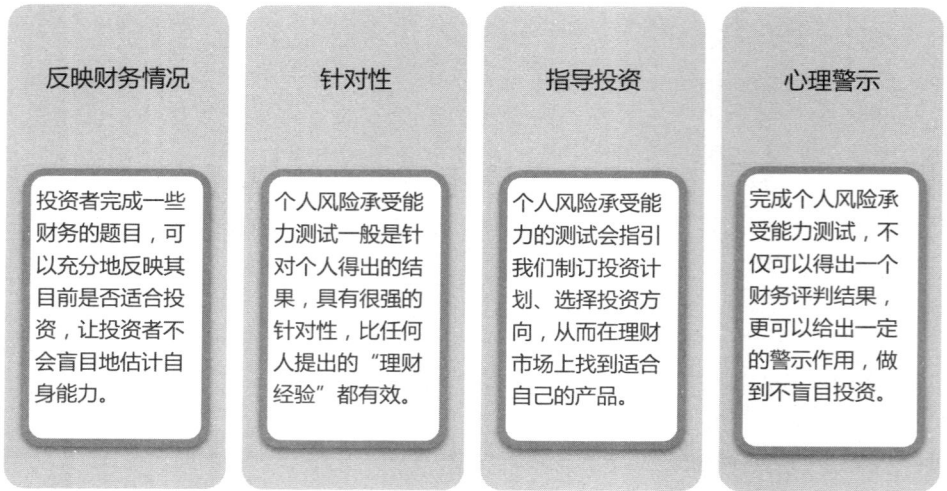

图 1-10　风险承受能力测试的意义

　　要完成个人风险承受能力的测试，我们可以在银行客户经理的帮助下完成，也可以在网上自己进行，具体的操作下面以"搜狐理财"个人风险评估为例来进行讲解。

应用示例——在搜狐理财上完成个人风险承受能力测试

Step01　进入搜狐理财频道（http://money.sohu.com/），会看到如下图所示的页面，投资者可在其中学习理财及外汇投资策略。

Step02　在首页下方的"理财案例"栏中单击"更多"超链接，在打开页面的"定制规划"栏中单击"更多"超链接。

理财案例　　更多>>

毕婚族想置业安家该如何理财

26岁的小王和妻子硕士刚毕业就，人每月有11000元的收入。

①单击

月入1.5万旅游生活两不误

夏小姐和老公两人每月收入共计1.5万元，均有社保。每月家庭开支6000元。

单身白领	年龄构成：	不限 ▼
二人世界	家庭构成：	三口之家 ▼
三口之家	家庭年收入：	不限 ▼
其他家庭		查询

定制规划　　更多>>

① 基本情况　② 确定风险偏好
③ 家庭收支情况　④ 家庭资产负
④ 选择推荐产品　⑥ 出具规划报告

②单击

想让专家为你提供一对一理财服务吗？请填写下列两份表格，我们每周评选出一位幸运网友，请专家为你量身订做理财方案。
[家庭资产负债表] [个人风险承受能力表]

最新理财案例　　更多>>

· [案例]毕婚族经济基础较差 想置业安家该如何理财
· [案例]夫妻月入1.5万合理配置理财 旅游生活两不误
· [案例]实体店老板收入下骨 200万资产寻理财之道
· [案例]硕士生如何办创业酒吧

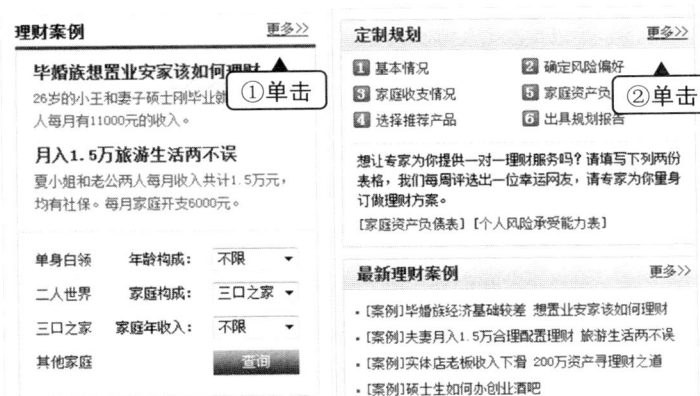

Step03 进入个人财务诊断第一步，在其中输入个人、家庭成员的基本信息及工作情况，单击"下一步"按钮。

财智软件
Moneywise Software

家庭财务健康诊断

① 基本情况
② 确定风险偏好
③ 家庭收支情况
④ 家庭资产负债情况
⑤ 选择推荐产品
⑥ 出具规划报告

第一步：您的基本情况

您的年龄是＿30＿岁，已经工作了＿8＿年，配偶的年龄是＿28＿岁，小孩的年龄是＿0＿岁，另一个小孩的年龄是＿0＿岁。（根据实际情况填写，没有请填0）

您的工作：● 稳定 ○ 不稳定
您配偶的工作：● 稳定 ○ 不稳定

①输入

②单击　下一步

Step04 进入第二步页面，如果没有完成个人风险测试，则单击"进行风险测试"按钮（已经做过测试的可直接设置风险偏好类型）。

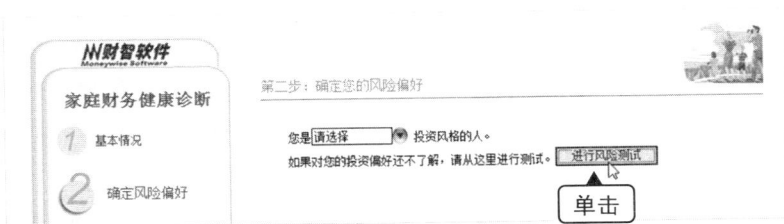

财智软件
Moneywise Software

家庭财务健康诊断

① 基本情况
② 确定风险偏好

第二步：确定您的风险偏好

您是 请选择 ▶ 投资风格的人。
如果对您的投资偏好还不了解，请从这里进行测试。　进行风险测试

单击

Step05 在打开的窗口中通过选中单选按钮的形式完成7道风险测试题目，单击"确定"按钮。系统计算之后返回第二步页面中，并且已经自动设置好了个人风险承受类型，单击"下一步"按钮。

风险偏好测试

- 显著超过股市整体的增长
- 极大的超过股市整体的增长

6、以下哪项描述最符合您对本项投资在未来3年内的表现的态度？

- 如果发生亏损，我并不在乎
- ● 我能承受一定程度的亏损
- 我只能承受较小的亏损
- 我几乎不能承受任何亏损
- 我需要至少获得一定的收益

7、根据您以往投资的经验，当有相当的资金被分配到高风险的股票或是其他不确定收益的项目中时，您通常：

- 非常焦虑
- 有一些焦虑
- ● 完全放心

单击 [确定] [取消]

您是 温和成长型 投资风格的人。

如果对您的投资偏好还不了解，请从这里进行测试。[进行风险测试]

测试结果

经过我们的测试，您属于：

温和成长型投资者：在任何投资中，您渴望有较高的投资收益，但又不愿承受较大的风险。可以承受一定的投资波动，但是希望自己的投资风险小于市场的整体风险。您有较高的收益目标，且对风险有清醒的认识。

风险承受能力：中高

获利期待：中高收益

单击 [上一步] [下一步]

Step06 进入第三步页面，输入家庭的各项收入、支出数额，单击"下一步"按钮。

财智软件
Moneywise Software

家庭财务健康诊断

1 基本情况

2 确定风险偏好

3 家庭收支情况

4 家庭资产负债情况

5 选择推荐产品

6 出具规划报告

第三步：家庭的收支情况

收入状况

您本人月收入 15000 元，配偶月收入 8000 元，月度家庭其他收入 3000 元。

家庭年终奖金收入 20000 元，利息及投资收入 3500 元，其他年收入 0 元。

支出状况

家庭日常月支出 5000 元，贷款月供支出 0 元，其他月支出 0 元。

保险费年支出 5000 元，旅游年支出 5000 元，其他年支出 10000 元。

您的月均收入为27958元，月均支出为5833元。

① 输入

② 单击 [下一步]

Step07 进入第四步页面，在该页面的表格中输入家庭资产数额及家庭负债数额，然后单击"下一步"按钮（其中，个人资产需要涵盖所有的资产情况，包括活期定期存款、各类理财产品、股票、债券房产、汽车和其他资产。个人负债情况包括房产贷款、汽车贷款、信用卡、借债等内容）。

Step08 进入第五步页面，系统已经完成了财务诊断，选中想要进行分析项目的复选框，单击"下一步"按钮。

Step09 在打开的页面中会给出诊断结果，包括对家庭收支情况、资产负债情况等内容的统计。

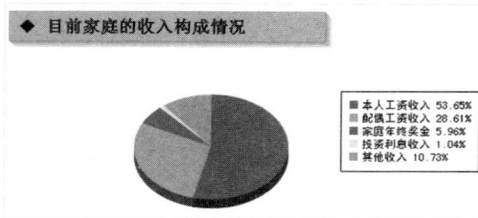

◆ 目前家庭的收入构成情况

■ 本人工资收入 53.65%
■ 配偶工资收入 28.61%
■ 家庭年终奖金 5.96%
■ 投资利息收入 1.04%
■ 其他收入 10.73%

◆ 目前家庭的资产构成情况

■ 现金、活期储蓄 4.55%
■ 定期存款 9.09%
■ 债券 0%
■ 基金 0%
■ 股票 4.55%
■ 房地产（自用）72.73%
■ 房地产（投资）0%
■ 黄金及收藏品 0%
■ 汽车 9.09%
■ 其他资产 0%

Step10　对外汇投资计划制订最重要的是在该页面下方给出的适合投资产品的建议，系统根据个人风险承受能力及家庭收支给出了投资比例建议。

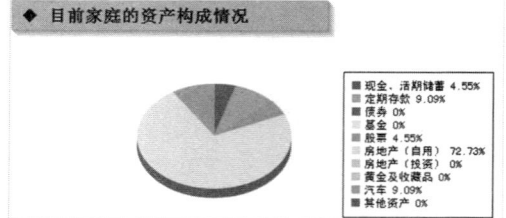

(20.00%)

(30.00%)

(50.00%)

■ 低风险金融投资产品 20%
■ 中等风险金融投资产品 50%
■ 高风险金融投资产品 30%

其中：
低风险金融投资产品包括：储蓄、国债、人民币理财产品等
中等风险金融投资产品包括：信托、开放式基金、外汇理财产品等
高风险、高收益金融投资产品包括：股票、个人外汇买卖、期货、房地产、黄金及收藏品等

第9项　风险承受能力结果的应用

在完成了风险承受能力测试之后，会得到一个结果，这个结果会指导我们选择投资产品，具体内容如图 1-11 所示。

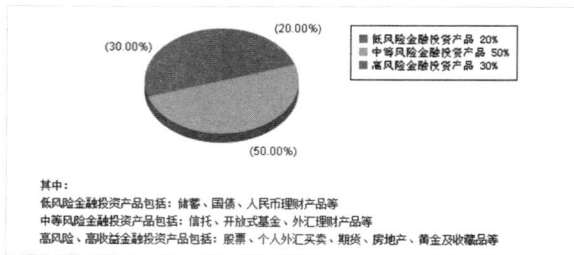

保守型

保守型的投资者是投资级别较低的一类，一般不适合承受投资风险，最好是选择定期存款或一些保本的理财产品，并适时规避风险。

稳健型

稳健型投资者同样适合风险较低的投资产品，比保守型风险承受略高，如国债、货币基金等，在时间的选择上是可长可短的。

成长型

成长型测试结果在风险偏好中处于居中位置，投资者可以承受一定的风险，可以试着尝试一些高风险的投资产品。

激进型

激进型投资者较为适合风险较高的产品，如股票、金融期货等，以风险博取较高利润，但这并不是盲目投资，仍需做充分的准备。

图 1-11　不同风险承受能力的应用

第10项 树立正确的理财目标

理财目标对理财计划的树立是非常重要的，什么样的目标决定了什么样的理财风格，或家庭的理财目标一般有哪些内容呢？具体如图 1-12 所示。

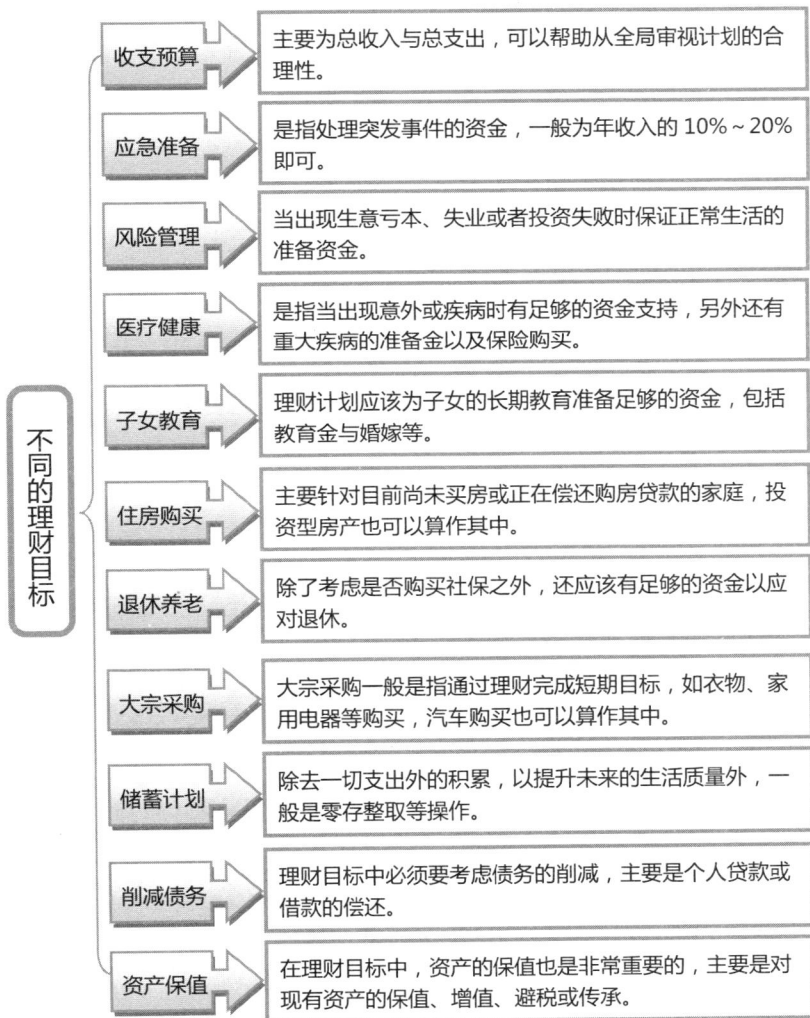

不同的理财目标		
收支预算	→	主要为总收入与总支出，可以帮助从全局审视计划的合理性。
应急准备	→	是指处理突发事件的资金，一般为年收入的 10%～20% 即可。
风险管理	→	当出现生意亏本、失业或者投资失败时保证正常生活的准备资金。
医疗健康	→	是指当出现意外或疾病时有足够的资金支持，另外还有重大疾病的准备金以及保险购买。
子女教育	→	理财计划应该为子女的长期教育准备足够的资金，包括教育金与婚嫁等。
住房购买	→	主要针对目前尚未买房或正在偿还购房贷款的家庭，投资型房产也可以算作其中。
退休养老	→	除了考虑是否购买社保之外，还应该有足够的资金以应对退休。
大宗采购	→	大宗采购一般是指通过理财完成短期目标，如衣物、家用电器等购买，汽车购买也可以算作其中。
储蓄计划	→	除去一切支出外的积累，以提升未来的生活质量外，一般是零存整取等操作。
削减债务	→	理财目标中必须要考虑债务的削减，主要是个人贷款或借款的偿还。
资产保值	→	在理财目标中，资产的保值也是非常重要的，主要是对现有资产的保值、增值、避税或传承。

图 1-12 不同的理财计划

除了以上的理财计划外，我们还应该对个人支出有明确的规划，因为好的计划，就有高的收益，如果一味地挥霍，最终还是无法完成理财目标，下面来看一个简单的例子。

📈 应用示例——王太太与钟太太的理财管理

王先生与钟先生是同事，都已经结婚、没有子女。一次，两人聊起自己的家庭生活，王先生不停抱怨，说自己家的日子一团乱麻，而钟先生却扬扬得意，说自己的日子顺风顺水。

王先生与钟先生的月收入都是 1 万元，家庭情况也基本相同，为什么会有这样的差距呢？原来原因就出在两人妻子的持家之道上。

王太太每月将 1 万元的收入划分为以下四大类。

必要支出 4 000 元，包括饮食、衣服、交通等日常开销；

其他支出 3 000 元，包括个人零花钱，享受类消费等；

应急准备金，每月攒 1 000 元；

保险与存款，每月积累 2 000 元。

这样一来，王先生一家有了非常明确也很灵活的家庭支出计划，既满足了必要开支，又有享受类支出；既保障了现在的生活，也为将来有了子女做足了保障。

而钟太太与王太太的支出计划则完全不同，她每月直接拿出 5 000 元用作存款，剩下 5 000 元则用作日常开销与其他支出，当 5 000 元不够支出时，再从另外 5 000 元中取出部分。

另外，钟太太的开销计划也极为不合理，月初时一般大吃大喝，到了月末的日子则稍显紧张，而且钟太太与钟先生都特别喜欢在外面吃饭，虽然目前两人的压力还不算太大，但经常外出吃饭花销太大，他们这个年龄应该为将来有了小孩之后做更多的考虑。

第11项 如何制订理财计划

在完成了各项准备工作后，即可开始制订理财计划书，一份详细的理财计划书可以包含非常丰富的内容，但必要的有如图 1-13 所示的 4 点。

> **投资人基本情况**
>
> 在个人理财计划书中，首先必须要考虑并载明投资责任的基本信息，其主要内容包括投资者的投资风险承受能力、投资总金额、资金使用情况等内容，详细的还可以包括未来收入、负债等。

图 1-13　理财计划书的必备内容

产品选择

投资什么产品是理财成功与否的关键，在理财计划书中需要详细计划出理财产品的种类、具体合约等，详细的理财计划还有对该产品近期的分析，如买入价、最高价、最低价等。

损益情况

所谓损益情况，就是载明在投资过程中，价格涨跌的投资收益和能够承受的投资损失，也就是我们常说的止损点与止盈点，这是应对风险的重要方法，也是理财计划书中的关键。

具体计划

一份详细的理财计划书，还应该有详细的计划，其主要内容包括在投资过程的相关操作，如进场/出场时机、追加投资金额、不同的产品组合等。根据不同的理财目标，具体的计划则是完全不同的。

图 1-13　理财计划书的必备内容（续）

理财计划书的制作是没有具体标准的，不同的人可以制作出不同的样式，表 1-2 列举了一份简单理财计划，新手投资者可以进行参考。

表 1-2　简单理财计划书

投资人	王××	风险承受能力	成长型
投资金额	20 万元	适合期限	长短期皆可
止盈点	8%	止损点	6%
投资目标	适当承受一定的风险，希望通过购买产品来获得较高的收益		
选择产品	中国工商银行账户黄金		
首次投资量	5 万元	单次追加量	5 万元
当前价格	233.52	预期收益率	6%～8%
止盈价格	252.20	止损价格	219.50

第12项　适时调整理财计划

理财计划书在制订完成后，并不意味着可以一劳永逸，我们还需要根据不同的情况调整理财计划书，首先来看一个简单的例子。

应用示例——林女士的盲目续存

林女士是一名家庭主妇，对投资理财没有太多的概念，但她却是一个精明的主妇，希望把家庭的财务管理好。

2014 年年底，林女士家的一笔一年期 5 万元定期存款到期，于是她到银行进行续存，并且很高兴地取出了 1 625 元的利息。

回家之后，林女士丈夫告诉她，原来在近期，银行就下调了存款准备，利息降低了0.25 个百分点，也就是说此次的续存会比上次少 125 元的利息。

为了不和上述林女士一样出现理财失误，投资者可以注意图 1-14 所示的要点。

| 了解最新产品 | 市场上的投资产品有很多，投资者不要局限于某一两种产品，要综合比较不同产品在当下的表现，选择最好的产品投资。 | 更新个人财务 | 个人理财计划应该随着财务变动而出现变动，如家庭成员增加、失业、涨工资等，要及时修改理财计划，最好重新完成风险承受能力测试。 | 关注金融信息 | 作为普通投资者，我们不可能像金融专家一样研究经济发展，但了解简单经济数据，如存款利率变动等是对投资理财非常有必要的。 |

图 1-14　适时调整理财计划

第2章

银行金融服务，网络支付工具

银行是我们每个人都会接触的金融机构，在银行中，我们可以办理很多金融业务，随着科技的进步，如今在网上足不出户就可以完成不同的支付，本章我们就来认识银行业务及网上银行服务。

- ❖ 银行的四大金融服务
- ❖ 认识我国的银行与理财经理
- ❖ 规避银行的理财"陷阱"
- ❖ 注册中国工商银行网上银行
- ❖ 认识不同的安全支付工具
- ❖ 登录网上银行并查询账户余额
- ❖ 网上银行转账汇款
- ❖ 使用网上银行完成一次支付

- ❖ 网上银行的综合理财服务
- ❖ 网上银行的安全及使用技巧
- ❖ 简单认识手机银行
- ❖ 第三方支付工具的特点
- ❖ 使用支付宝完成转账
- ❖ 在支付宝上添加银行卡
- ❖ 使用支付宝完成一次支付
- ❖ 丰富的第三方支付平台

一、银行提供的金融服务

1897 年，我国第一家商业银行成立，过了百余年的历史。银行已经遍布我们生活的每个角落，实实在在地为我们的生活服务。我们进行投资理财，首要选择的就是银行，本章的开始，就来认识银行为我们提供的基础服务。

第13项 银行的四大金融服务

通过银行可以办理不同的金融业务，那么银行会为我们提供哪些金融服务呢？根据服务对象与参与类别的不同，可分为存贷业务、理财业务、对公业务和中间业务 4 种，具体如图 2-1 所示。

存贷业务

存贷业务是银行的基础业务，分为存款业务和贷款业务。存款是存款人基于对银行的信任而将资金存入银行，并可以随时或按约定时间支取款项的一种信用行为。贷款业务是银行或按一定利率和必须归还条件借出货币资金的一种信用活动形式。

理财业务

银行理财业务是指银行理财师通过收集整理客户的收入、资产、负债等数据，倾听客户的希望、要求、目标等，为客户制订投资组合、储蓄计划、保险投资对策、继承及经营策略等财务设计方案，并帮助客户的资金最大限度地增值。

对公业务

银行对公业务包括企业电子银行、单位存款业务、信贷业务、机构业务、国际业务、委托性住房金融、资金清算、中间业务、资产推介、基金托管等，通俗来说就是"对单位的业务"。

中间业务

中间业务又称表外业务，商业银行的中间业务主要有本、外币结算、银行卡、信用证、备用信用证、票据担保、贷款承诺、衍生金融工具、代理业务、咨询顾问业务等。

图 2-1　银行的四大业务

第14项　认识我国的银行

无论在什么样的国家，从银行的作用上来对银行进行分类，都可以将银行分为如图 2-2 所示的 4 种。

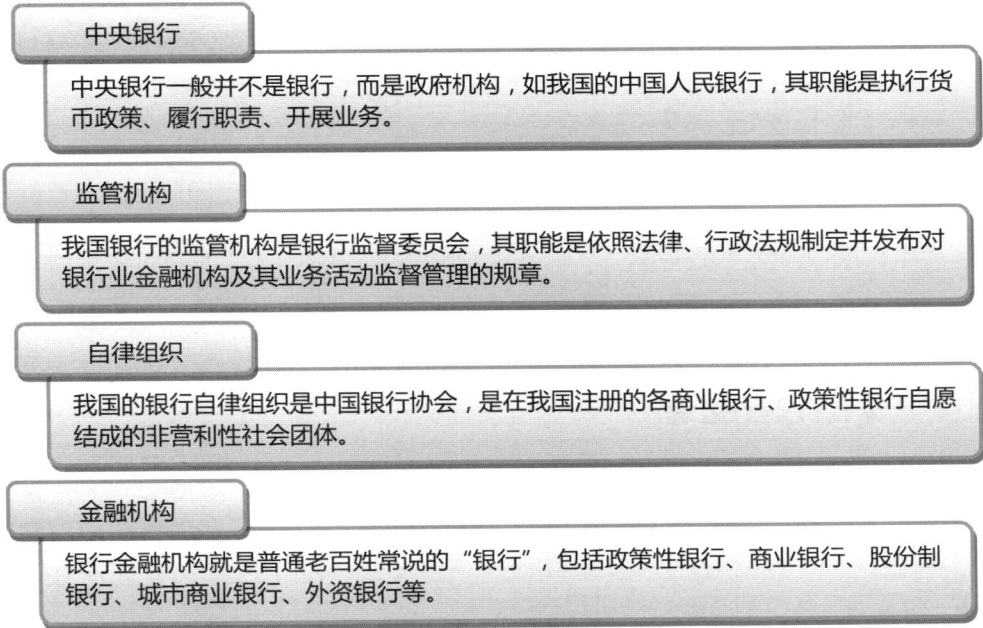

中央银行

中央银行一般并不是银行，而是政府机构，如我国的中国人民银行，其职能是执行货币政策、履行职责、开展业务。

监管机构

我国银行的监管机构是银行监督委员会，其职能是依照法律、行政法规制定并发布对银行业金融机构及其业务活动监督管理的规章。

自律组织

我国的银行自律组织是中国银行协会，是在我国注册的各商业银行、政策性银行自愿结成的非营利性社会团体。

金融机构

银行金融机构就是普通老百姓常说的"银行"，包括政策性银行、商业银行、股份制银行、城市商业银行、外资银行等。

图 2-2　银行的四大种类

在我国，有五大国有商业银行，分别是中国工商银行、中国农业银行、中国建设银行、中国银行、交通银行，还有很多商业银行，如兴业银行、光大银行等，另外，还有很多城市商业银行，如北京银行、成都银行等。

其中，中国工商银行作为国内最具规模的银行，首先在理财类别上包含广泛，几乎涵盖了所有的理财工具。由于银监会规定银行不能直接参与投资经营，所以中国工商银行旗下成立了包括工银瑞信基金管理有限公司、工银安盛人寿保险有限公司等机构，投资者可通过这些机构直接参与投资。

中国银行除了在基本的银行业务上覆盖全面之外，其机构还提供如国际汇兑、资金清算、同业拆借和托管等全面服务。目前，中国银行在外汇存贷款、国际结算、外汇资金和贸易融资等领域居于领先地位。

中国农业银行的网点遍布城乡，资金实力雄厚，并在贷款方面有一定的优势与特点，中国农业银行在针对农村的贷款上拥有还款灵活、放宽迅速、审核门槛较低的特点。

我国的银行有很多，在选择银行办理金融业务，进行投资理财的整合时，可注意如

图 2-3 所示的技巧。

> 最好选择就近生活圈的银行，就近的银行不仅能在最快的时间到银行网点办理业务，对大额的现金也相对安全。

> 对于服务的考虑最好从产品本身出发，目前国内银行虽然没有做到外资银行的优质服务，但也有严格的管理机制，所以不用太担心产生纠纷时无人过问等问题。

> 同样一家银行，各支行、各网点可能支持的业务不一样，当进行一些特殊服务，如外汇兑换时，最好及时进行了解。

> 当与一家银行建立了理财联系之后，最好保持长期合作，不要轻易更换银行或者网点，这样可获得最新的理财咨询与服务。

图 2-3　如何选择银行

第15项 选择银行理财经理

我们走进银行进行投资理财，就会有专业的人员帮助我们咨询产品、制订计划、购买产品，这就是客户经理，也可以称为理财经理。一名优秀的客户经理，一般会有如下所示的条件。

◆　具有相关的上岗证件。

◆　熟知该银行所开展的业务，特别是理财业务。

◆　良好的沟通能力，和客户建立良好稳定的长期合作关系。

◆　具有"为客户理财"的素质，不盲目销售产品。

作为普通投资者，在银行与理财经理联系进行理财的时候，有如图 2-4 所示需要注意的事项。

1	准确地告知理财经理自己的资产信息及理财目标。
2	亲自签署产品说明书，风险评估报告等，切记不要将理财操作全权交于理财经理。
3	从产品出发，不要被销售技巧所蒙蔽，如酒桌营销等。

图 2-4　如何与理财经理展开合作

| 4 | 对于长期合作的理财经理，可相信其建议；新合作的理财经理，要慎重考虑其理财建议。 |

| 5 | 不要轻易更换自己的理财经理，当发现自己的理财经理有违规现象时，要立刻终止合作。 |

| 6 | 自己的客户经理出现调离辞职等情况时，要积极与银行取得联系，更换新的客户经理。 |

图 2-4 如何与理财经理展开合作（续）

第16项 规避银行的理财"陷阱"

银行要运作，最重要的就是客户，为了吸引、留住客户，银行会想方设法使出不同的"招数"，作为普通老百姓，我们要看清这其中的"陷阱"，具体如图 2-5 所示。

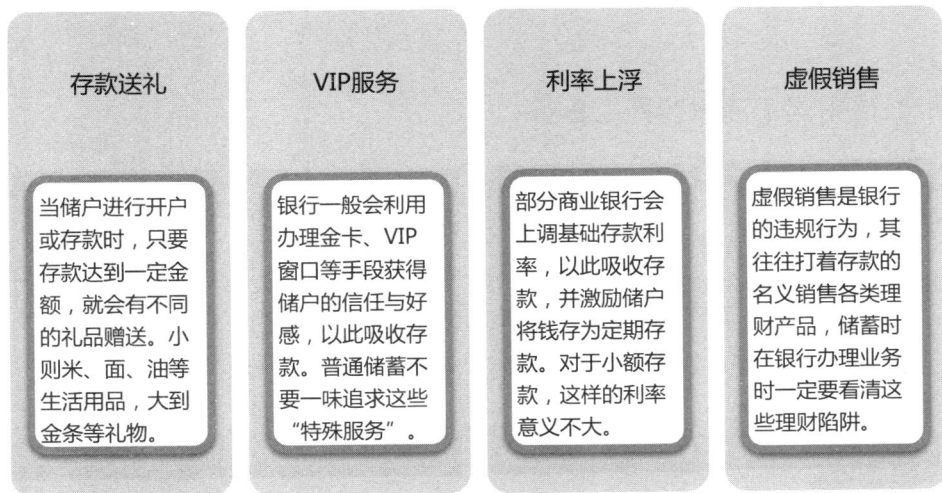

存款送礼	VIP服务	利率上浮	虚假销售
当储户进行开户或存款时，只要存款达到一定金额，就会有不同的礼品赠送。小则米、面、油等生活用品，大到金条等礼物。	银行一般会利用办理金卡、VIP窗口等手段获得储户的信任与好感，以此吸收存款。普通储蓄不要一味追求这些"特殊服务"。	部分商业银行会上调基础存款利率，以此吸收存款，并激励储户将钱存为定期存款。对于小额存款，这样的利率意义不大。	虚假销售是银行的违规行为，其往往打着存款的名义销售各类理财产品，储蓄时在银行办理业务时一定要看清这些理财陷阱。

图 2-5 银行理财的陷阱

二、网上银行的基础使用

随着科技的进步，人们可以通过网络足不出户的办理各类银行业务，不仅节约了办理业务的时间，而且也可以让投资理财更加高效。网上银行，顾名思义就是在互联网上操作的银行，下面就来认识它的基础使用。

首先，进入中国工商银行网上银行，我们会看到图 2-6 所示的主界面，其中包括账户登录、各类快捷服务以及金融信息的查询等内容。

图 2-6　工商银行网上银行主界面

第17项　注册中国工商银行网上银行

拥有银行卡并不表示我们拥有了网上银行，要使用网上银行，还需要在银行柜台或网上自助注册。

应用示例——个人自助注册网上银行

Step01　进入中国工商银行网上银行首页，在"个人网上银行"选项组中单击"注册"超链接。

Step02　在打开的页面中输入要注册网上银行的银行卡卡号以及6位数字密码、验证码、联系电话，单击"提交"按钮。

Step03　进入网上银行开通确认页面，详细阅读《中国工商银行电子银行个人客户服务协议》，单击下方的"接受此协议"按钮。

Step04　在打开的页面中输入银行卡密码、身份证号码、预留验证信息，设置网上银行登录密码，输入验证码，单击"提交"按钮，在新打开的页面中单击"确定"按钮，即可完成网上银行的自助注册。

在进行网上银行自助注册的时候，有如图 2-7 所示需要注意的事项。

| 1 | 在注册网上银行时，使用的证件类型以及证件号码必须与申领该卡时所使用的证件一致。 |

图 2-7　工商银行网上银行注册技巧

2	为了保证资金安全，如果有大额转账或是主要用于投资理财的网上银行，最好是在柜台注册。
3	一个客户也只允许注册一次，并且只能注册一张卡，需要添加银行卡的需要进行下挂账户。
4	网银登录密码长度必须大于等于 6 位字符，小于等于 30 位字符，且须为字母与数字的组合。
5	自助注册或在银行柜台注册的网银均可以自助注销网上银行。

图 2-7　工商银行网上银行注册技巧（续）

第18项　认识不同的安全支付工具

网上银行是个人通过互联网与银行进行联系，因此存在非常多的账户安全风险，为了规避这些风险，网上银行的使用必须通过安全支付工具，下面我们来认识它。

（1）U 盾

中国工商银行网上银行使用人数最多的安全支付工具就是 U 盾，常见的 U 盾有如图 2-8 所示的一些样式。

图 2-8　常见的中国工商银行 U 盾

U 盾的使用非常简单，在支付时，通过 USB 端口将 U 盾连接到电脑，然后按照图 2-9 所示的流程操作即可。

| 选择U盾支付 | 输入U盾支付密码 | 在U盾上单击OK键 |

图 2-9　U 盾的使用

在使用 U 盾之前，需要下载安全证书，一般在网上银行可直接下载，并需要设置与登录密码完全不同的支付密码。

（2）电子密码器

另外一种较为常见的安全支付工具就是电子密码器，常见的样式如图 2-10 所示。

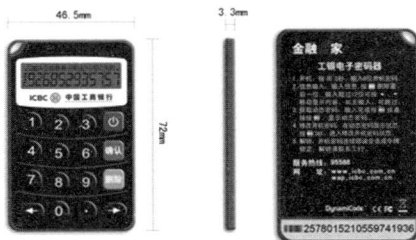

图 2-10 常见的电子密码器

电子密码器的使用更加方便，只需在密码器中输入支付页面的数字口令，然后将电子密码器中的数字口令输入支付页面即可完成支付。但需要注意的是，为了保障账户安全，使用电子密码器进行支付时，是有一定的金额限制的，工商银行规定在一天内，同一账户的单笔上限交易金额为 50 万元，每日合计上限为 100 万元。

电子密码器的使用对象

因为不与电脑进行物理连接，因此电子密码器不仅支持电脑操作，更适用于与无 USB 端口，如手机、平板电脑的网银进行交易。

（3）动态口令卡

动态口令卡也是一种安全支付工具，它类似银行卡，是印有若干字符串的卡片，具体的形态如图 2-11 所示。

图 2-11 动态口令卡

动态口令卡的使用也非常简单，在网上进行支付时，支付页面会提示输入某一坐标上的数字，输入正确后即验证成功，即可完成安全支付。

但需要注意的是，动态口令卡在交易上有一定的限制，其中对于未开通短信认证的动态口令卡，工商银行规定每日单笔交易上限为 500 元，单日最高交易上限为 1 000 元；开通了短信认证的动态口令卡，单笔上限为 2 000 元，单日最高为 5 000 元。同时，动态口令卡还有 1 000 次的使用次数限制。

第19项 登录网上银行并查询账户余额

登录网上银行和查看账户余额是使用网上银行的基础功能，也是我们进行投资理财必须要掌握的操作技巧，其具体内容如下。

应用示例——登录网上银行查看账户余额

Step01 进入中国工商银行网上银行首页，单击"个人网上银行"按钮。

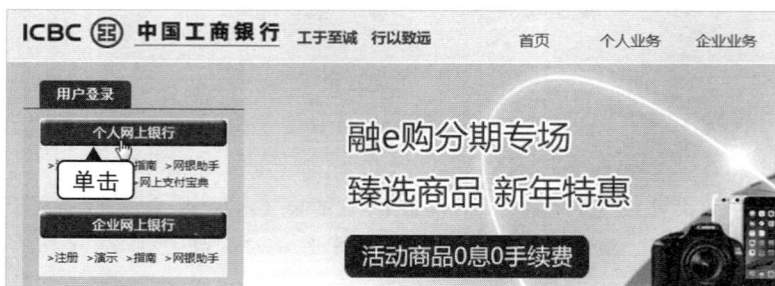

Step02 在打开的登录页面中输入账号及密码（网上银行登录密码并非银卡密码，而是注册网银的登录密码）及验证码，单击"登录"按钮。

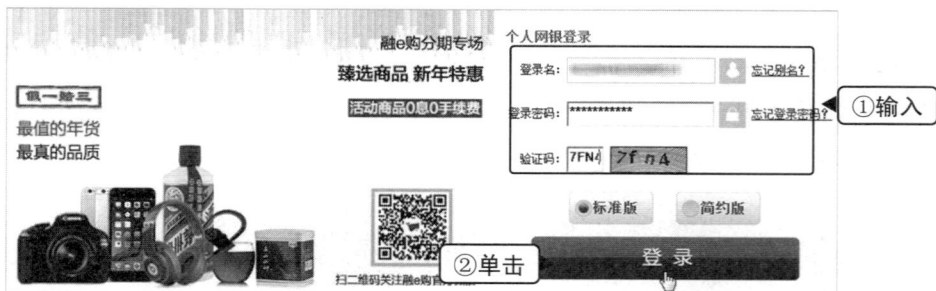

Step03 登录成功后，进入中国工商银行网上银行个人页面，在上方的菜单栏中单击"我的账户"超链接。

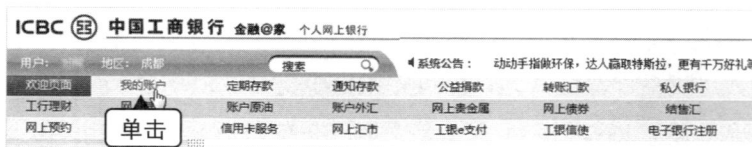

Step04 进入个人账户页面，在操作界面中选择要查询的账户卡号，单击右侧的"余额"超链接，即可在该页面查看到账户余额。

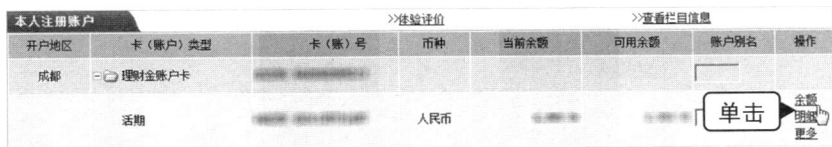

Step05　如要查看账户交易明细，则在上一步中单击"明细"超链接，在打开的页面中输入起止日期，单击"查询"按钮。

Step06　在打开的页面中即可看到查看期内所有的账户收支情况。

第20项　网上银行转账汇款

我们进行投资理财时，转账汇款是必须面临的一项操作，在网上银行一般可以省时、省钱地完成转账，其具体操作如下。

应用示例——使用网上银行向他人转账

Step01　登录中国工商银行个人网上银行，在上方的菜单栏中单击"转账汇款"超链接。

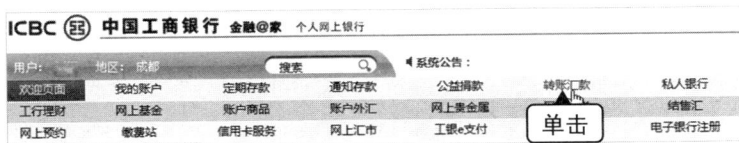

Step02　在打开的页面中即可看到很多转账的方式，在"工行转账汇款"后面单击"转账汇款"超链接。

Step03 进入转账页面，输入收款人的姓名、账号，输入转账金额，设置付款账号，单击"提交"按钮。

Step04 在打开的页面中输入转账汇款的信息，在下方的安全支付栏中完成相关的安全支付操作，单击"确认"按钮即可完成转账。

以上就是转账汇款的具体操作，在转账汇款时，银行一般会收取手续费，这是普通储户与投资理财者都非常关心的问题，不同的银行、不同的转账方式会收取不同的费用，而图 2-12 总结了一些节约手续费的方法。

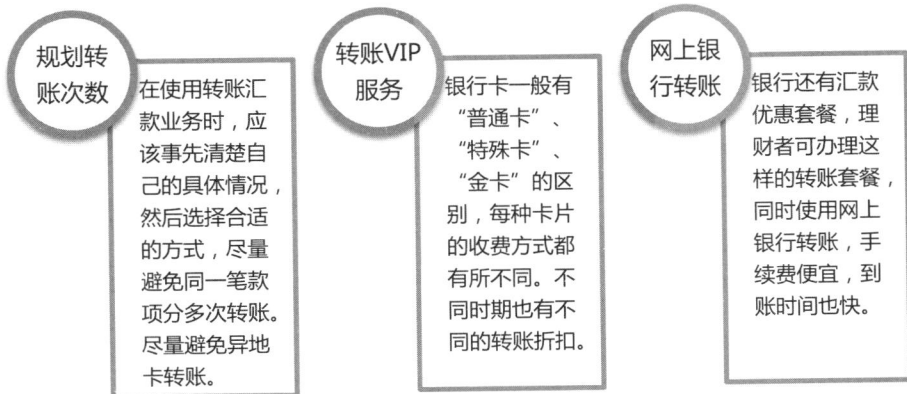

规划转账次数	转账VIP服务	网上银行转账
在使用转账汇款业务时，应该事先清楚自己的具体情况，然后选择合适的方式，尽量避免同一笔款项分多次转账。尽量避免异地卡转账。	银行卡一般有"普通卡"、"特殊卡"、"金卡"的区别，每种卡片的收费方式都有所不同。不同时期也有不同的转账折扣。	银行还有汇款优惠套餐，理财者可办理这样的转账套餐，同时使用网上银行转账，手续费便宜，到账时间也快。

图 2-12　转账汇款手续费节约技巧

第21项 使用网上银行完成一次支付

在投资理财时，如果不是特别的情况，最好不同向陌生的账户进行汇款，在需要支付资金时，最好使用网上银行的支付功能，下面就来看看如何完成一次支付。

应用示例——如何为投资理财进行支付

Step01　在投资网站或软件的支付页面选择"网银支付"选项，再选择"中国工商银行"选项，确认支付金额，单击"确认付款"按钮。

Step02 在打开的支付页面中选择"网银支付"选项卡，输入银行卡号，单击"下一步"按钮。

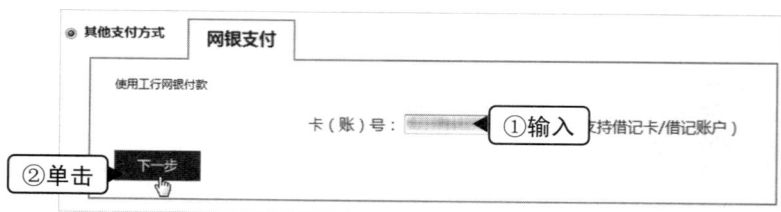

Step03 系统会自动识别该账户开通的安全支付方式，如使用电子密码器完成支付，则输入电子密码器中的动态密码与验证码，单击"提交"按钮即可完成支付。

第22项 网上银行的综合理财服务

前面我们说银行是投资理财最常见的地方，那么，在网上银行上自然也会有很多理财服务，下面以中国工商银行贵金属投资为例，来看看网上银行的综合理财服务。

应用示例——网上银行查看黄金行情及相关业务

Step01 进入中国工商银行网上银行首页，在"投资理财"选项组中单击"贵金属"超链接。

Step02　进入网上贵金属页面，在左侧可看到最新的国际标准黄金价格走势图，在右侧可看到黄金投资市场资讯，要查看可单击"资讯"超链接。

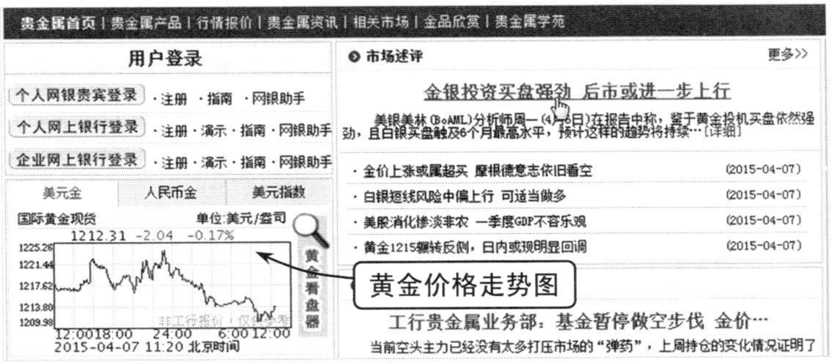

黄金价格走势图

Step03　在打开的页面中即可看到中国工商银行发布的贵金属投资资讯，投资者可每日关注这些内容。

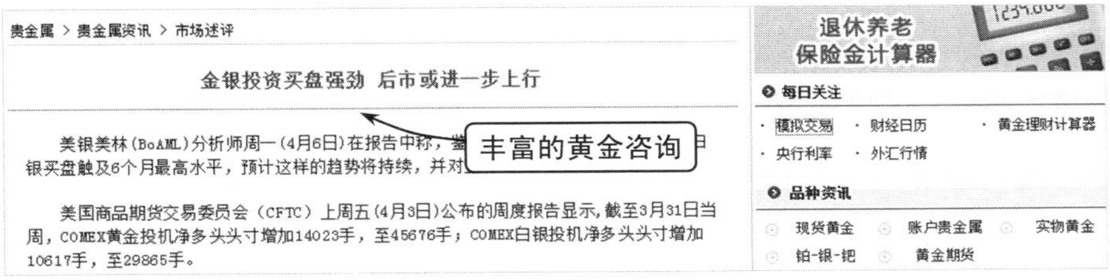

丰富的黄金咨询

Step04　除了贵金属投资资讯外，网上银行也提供贵金属的销售，在贵金属页面的"在线购买"选项组中单击一款想要购买的产品按钮。

Step05　在打开的页面中详细查看价格、成色及重量，单击"立即购买"按钮，即可和网上购物一样购买黄金产品，也可网上购买后直接去银行网点提货。

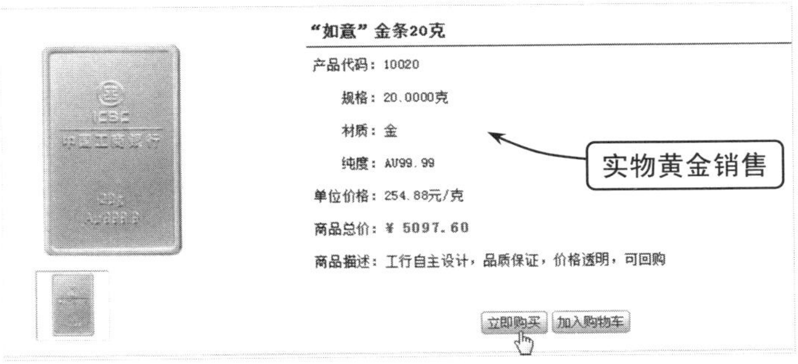

实物黄金销售

Step06 在网上贵金属页面下方，还可查看各类贵金属产品的最近行情，单击" ☑ "按钮可查看该类黄金投资的走势图。

Step07 在打开的页面中即可看到该黄金投资产品的价格走势图，通过上方的图形种类按钮，可自由切换分时图与各期限K线图。

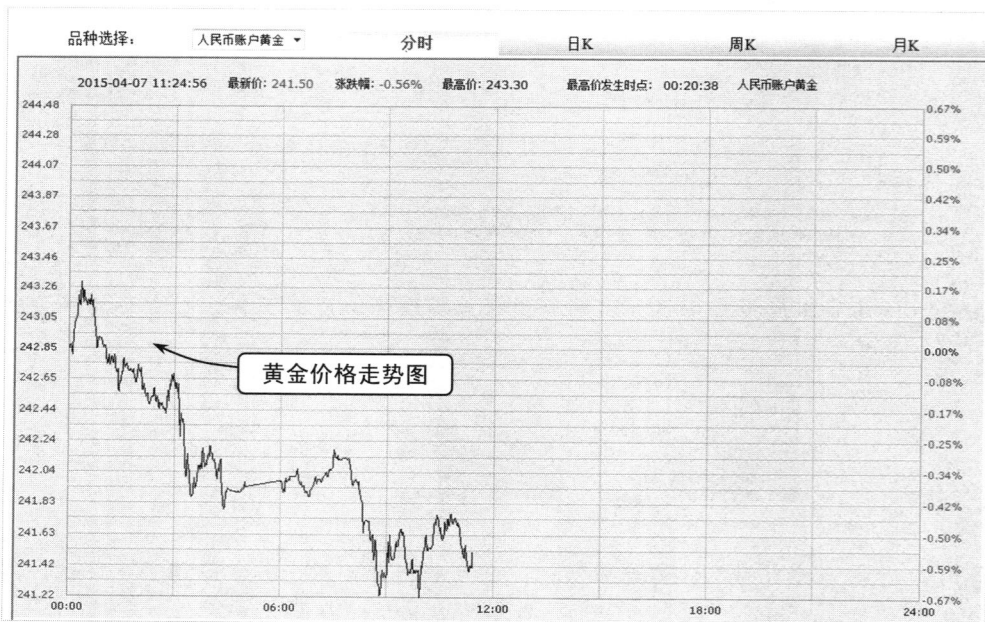

第23项 网上银行的安全及使用技巧

以上的内容就是网上银行及其网上理财的基础使用操作，为了更好地完成投资理财，还需要对个人账户的安全进行防范，以防止盗号、交易失败等情况的出现。

（1）开通余额变动提醒

所谓余额变动提醒，就是在账户内资金有变动时会收到银行短信提示，这样如果操作非本人进行，储户就会第一时间知道，保证账户的安全。在网上银行，我们可以快速开通余额变动提醒业务，具体操作如下。

应用示例——开通余额变动提醒业务

Step01 登录中国工商银行个人网上银行，在上方的菜单栏中单击"工银信使"超链接。

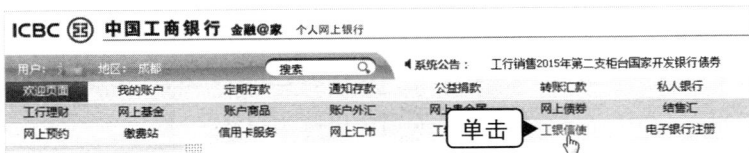

Step02 在打开的页面中，可看到工银信使非常多的内容，单击"余额变动提醒"选项后的"定制"超链接。

Step03 在打开的页面中输入要收取短信的手机号码，选中"是本人手机号"复选框，并输入验证码，单击"确定"按钮。

（2）保障网上银行的安全

除了余额变动提醒之外，保障银行账户安全还有许多方法，具体如图 2-13 所示。

设置密码技巧

网上银行的密码不要设置为"123456"这样简单的数字，也不要设置生日或电话号码这类有规律的数字。

不打开非法链接

使用网上银行，一定要在银行网上银行官方网站进行登录，在支付时，也不要打开任何非法可疑的超链接。

不泄露密码

网上银行的密码是我们保障账户安全最关键的一环，不要轻易将网上银行的密码写在银行卡上，也不要将个人密码泄露给其他所谓的投资理财经理。

支付限制

网上银行是有一定支付限额的，投资者需要根据自己的投资情况，在银行柜台设置一次或一天之内的支付上限。

电脑安全

登录网上银行的电脑，一定要保证安全，最好是下载安全控件，保障不被盗号木马等盗取账户。

使用安全支付工具

不同的安全支付工具适用的支付平台不同，需要投资者慎重选择。同时，也要根据资金的理财金额进行选择。

图 2-13　网上银行的安全使用技巧

（3）网上银行使用技巧

以上的内容是保证网上银行安全的重要方法，除此之外，还有一些小的技巧可帮助我们更好地使用网上银行，具体内容如下。

◆　在理财前检查账户余额是否充足，保证交易的顺利进行。

◆　保证网络的畅通，避免出现交易失败的情况。

◆ 不在公共场合使用网上银行、开通网上银行登录提示业务。

◆ 可巧妙使用网银助手，在保证安全的同时加大网银使用效率。

第24项 简单认识手机银行

随着职能手机以及平板电脑的普及，人们可以轻松地在这些平台上办理银行业务，在手机上的"网上银行"，我们可以称为手机银行，下面就来简单认识它。

中国工商银行手机银行有着丰富的功能，几乎可以办理任何银行业务，如图 2-14 所示，就是一些手机银行上的基础银行业务，其中包括余额查询、转账汇款、信用卡等基础的银行业务，也有利用手机定位优势的网点查询、缴费等服务。

图 2-14 手机银行基础功能

手机银行使用技巧

使用手机银行，需要注册手机银行账户，网上银行账户不能登录手机银行。另外，为了保证账户安全，使用手机银行时，最好不要在公共场合使用公共 Wi-Fi 连接手机上网。

对于进行投资理财的人来说，手机也有丰富的功能，如图 2-15 所示就是手机银行投资理财主界面以及外汇交易查询，另外还有投资计算器，帮助投资者可以随时随地查看理财收益。

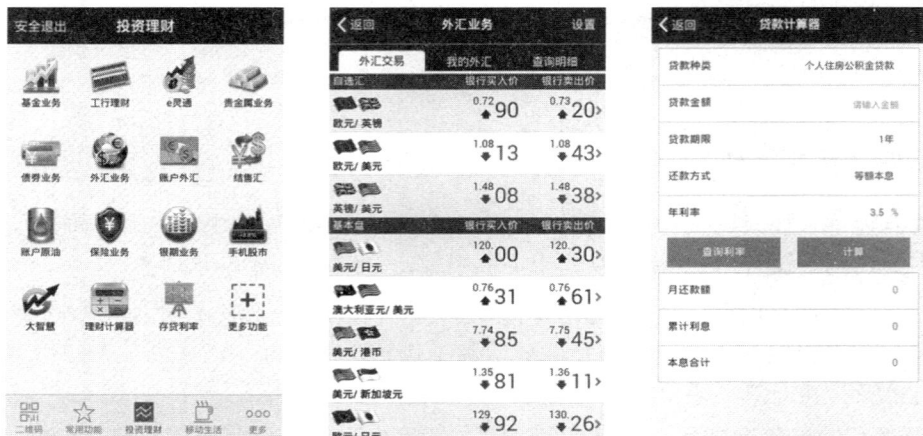

图 2-15　手机银行简单理财功能

三、第三方支付工具的使用

除了网上银行之外，如果人们进行账户管理、资金支付还有另外一种非常实用的工具——第三方支付工具。

第25项　第三方支付工具的特点

所谓第三方支付，就是在通过第三方支付平台的交易中，买方选购商品后，使用第三方平台提供的账户进行货款支付，由第三方通知卖家货款到达、进行发货。买方检验物品后，付款给卖家，第三方再将款项转至卖家账户。

第三方支付工具具有如下特点。

◆　在买卖双方中为中立角色，避免出现竞争性的恶性交易。

◆　根据被服务企业的商业模式，可以定制个性化的支付服务。

◆　无须直接输入账号密码，保障了账户的安全。

◆　支付费用较低，使得双方都减少了手续费。

◆　操作更加简单，支付的到账时间更快。

下面以在网上银行购物为例，来看看实用第三方支付有哪些步骤？具体如图 2-16 所示。

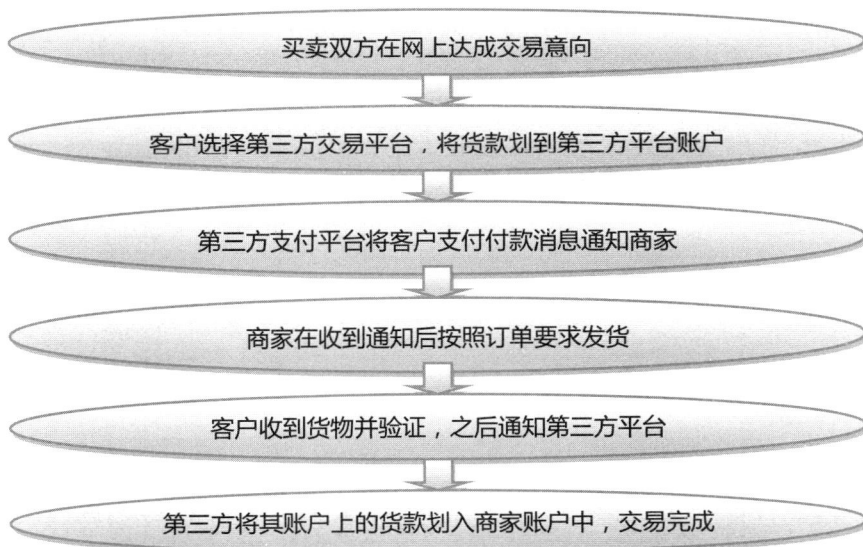

图 2-16　第三方支付的流程

第26项　认识支付宝

作为我国第三方支付平台的领先者，支付宝经过数十年的发展，如今提供理财、网购担保交易、网络支付、转账、信用卡还款、生活缴费等多个领域的服务，是我们金融生活必不可少的重要工具。

在支付宝上，我们可以完成图 2-17 所示的金融业务。

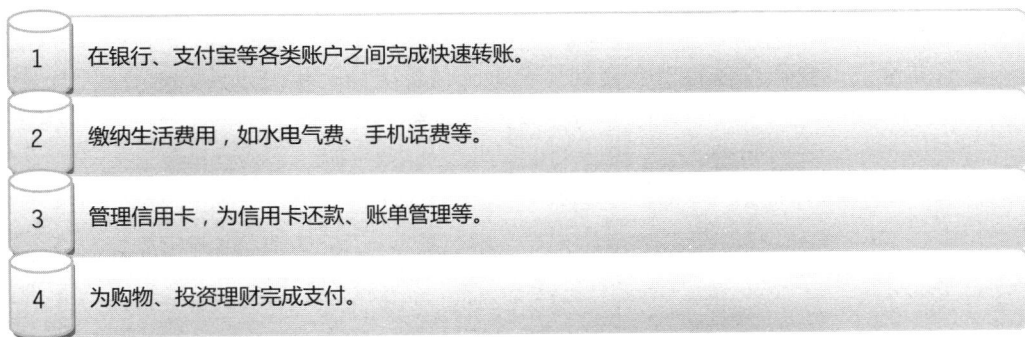

图 2-17　支付宝的功能

进入支付宝网站首页，（https://www.alipay.com），登录之后即可看到如图 2-18 所示的页面，其中包括账户信息及各类金融服务。

图 2-18　支付宝首页

支付宝账户注册

　　支付宝的注册可以使用自己的 QQ 号或电话号码，但这样注册的支付宝账户不能完成快捷支付与其他支付服务，必须进行实名认证。实名认证就是进行身份证的验证，使用真实姓名与身份证号码即可。

第27项　使用支付宝完成转账

　　使用支付宝，我们可以将资金转到另一个支付宝账户，也可以转到银行卡中，转账不收取任何手续费，比银行与银行之间转账更为划算。

应用示例——使用支付宝向另一个银行账户汇款

Step01　登录个人支付宝账户，在首页单击"转账"按钮。

Step02 在打开的页面中设置收款银行及账号，输入转账的金额、验证码（页面自动显示需要的手续费），单击"下一步"按钮。

Step03 在打开的页面确认转账信息，单击"确认信息并付款"按钮，即可成功转账。

第28项 在支付宝上添加银行卡

使用支付宝时，普通的支付方式是使用支付宝余额付款，为了保障资金安全，实现快捷支付，我们可以在支付宝中添加银行卡，直接使用银行卡余额付款。

应用示例——添加一张银行卡到支付宝

Step01 登录个人支付宝账户，在首页"其他账户"选项组中单击"管理"超链接。

Step02 在打开的页面中可看到已经添加的银行账户，此时可在空白栏中单击"添加银行卡"超链接。

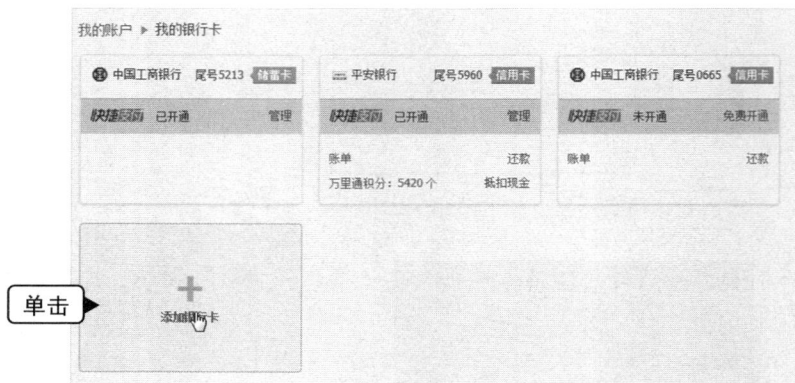

Step03 在打开的页面中，系统自动设置名称与身份证号码（第一次使用需要自行输入），输入银行卡卡号、手机号码，单击"同意协议并确定"按钮即可成功添加银行卡，并开通快捷支付服务。

第29项 使用支付宝完成一次支付

和网上银行一样，在投资理财时，如果遇到需要支付的情况，可直接在支付页面选择支付宝进行支付，具体操作如下。

应用示例——使用支付宝为投资理财进行支付

Step01 在投资网站或软件的支付页面选择"平台支付"选项，再选择"支付宝"选项，确认支付金额，单击"去付款"按钮。

Step02 在转入的支付宝支付页面中，输入支付宝账户名称、支付密码，单击"下一步"按钮。

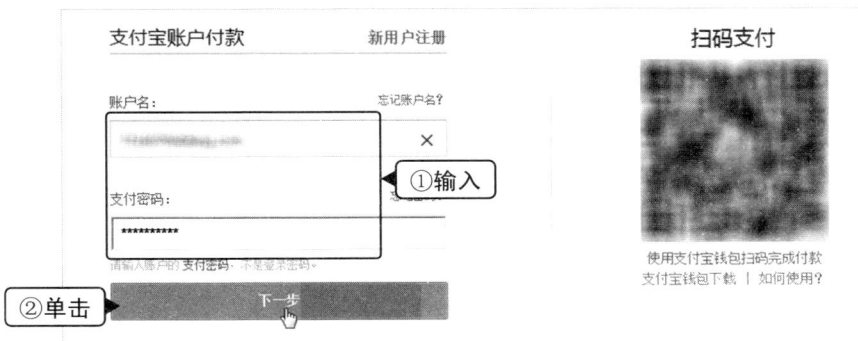

Step03 页面跳转到支付宝收款页面，选择相关的支付方式（如余额支付、快捷支付），输入支付密码完成支付即可。

第30项 丰富的第三方支付平台

除了支付宝之外，在网上还有很多第三方支付平台，下面我们来认识几款，具体如表 2-1 所示。

表 2-1 丰富的第三方支付平台

名称	LOGO	主要特点与功能
财付通	TENPAX.COM 财付通	财付通是腾讯公司旗下的支付工具，它最大的优势就是与几乎人人都有的 QQ 绑定在一起，使用户可以很方便地进行支付。财付通有三大功能，分别为网上付款、生活缴费与精选优惠，实实在在地为我们的金融生活服务
汇付天下	ChinaPnR 汇付天下	汇付天下成立于 2006 年，目前，它为国内 95% 的商业银行、数百家领先 P2P 公司提供金融服务，汇付天下除了针对个人业务之外，在企业支付上也占有比较高的比例
银联在线	UnionPay 银联 在线支付 Online Payment	中国银联是目前国内最大银行卡联合组织，几乎遍布了国内的所有银行与金融机构，银联在线的第三方支付凭借这一优势，也占有比较高的使用比例，同时可以完成其他支付平台不能完成的支付服务
百度钱包	百度钱包 Baidu Wallet	百度钱包是百度公司的第三方支付服务，使用百度钱包，可以快速实现付款、缴费、超级转账等。目前，百度钱包推出的拍照付功能，只需扫描二维码，即可完成支付，非常方便快捷

第3章

巧用银行存款，正确选购产品

在上一章中，我们简单认识了银行的基础功能，对于
投资理财来说，银行中最基础的就是储蓄和购买银行
理财产品，本章我们就一起来了解存款理财和银行理
财产品的投资要点。

◇　活期存款与定期存款
◇　不漏掉每一分利息
◇　定期存款的到期与续存
◇　定期的自动转存与提前支取
◇　网上银行存入定期存款
◇　适合积累的零存整取
◇　整存零取、存本取息与定活两便
◇　适合短期储蓄的通知存款
◇　帮助学生族群理财的教育储蓄

◇　4种科学的存款方式
◇　不同类型的银行理财产品
◇　银行理财产品的产品说明书
◇　银行理财产品的购买限制
◇　银行理财产品的风险
◇　购买银行理财产品的流程
◇　网上银行购买银行理财产品
◇　银行理财产品的投资技巧
◇　超短期银行理财产品

一、简单认识银行存款

所谓银行存款也就是银行储蓄，我们将钱存入银行，银行约定按照利率给予我们利息，从而完成了一种 "交易"。根据不同的情况，银行推出了各种各样的储蓄方式，以满足我们不同的储蓄要求。

第31项 活期存款与定期存款

银行的存款简单可分为活期存款与定期存款两种，其中活期存款就是我们存在银行账户里的钱，无须任何事先通知，储户即可随时存取和转让的一种银行存款。

> **活期存款的利息**
>
> 银行的活期存款也是有利息的，我们常常发现我们存在银行账户里的整钱，既没有多存也没有支取，可过一段时间就会出现元、角、分数额的零头，其实这些 "零头"，就是活期存款利息。目前，我国执行活期存款年利率为 0.35%。

相对于活期存款，定期存款会更为复杂，也是我们进行存款理财的主体。首先，定期存款有如图 3-1 所示的三大要点。

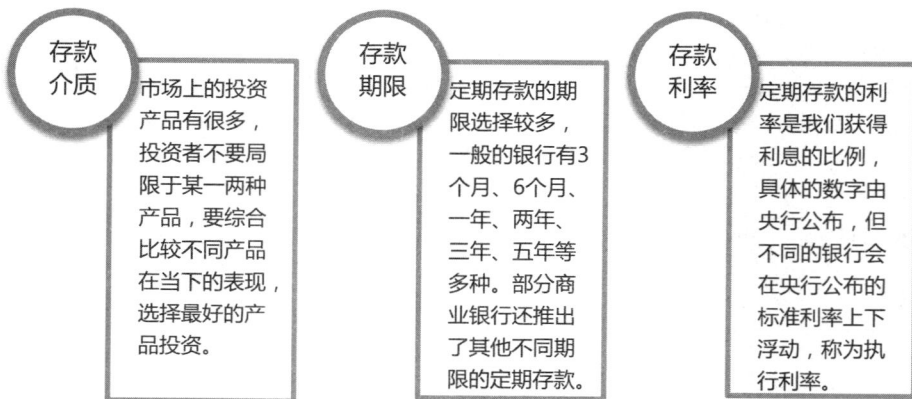

存款介质：市场上的投资产品有很多，投资者不要局限于某一两种产品，要综合比较不同产品在当下的表现，选择最好的产品投资。

存款期限：定期存款的期限选择较多，一般的银行有3个月、6个月、一年、两年、三年、五年等多种。部分商业银行还推出了其他不同期限的定期存款。

存款利率：定期存款的利率是我们获得利息的比例，具体的数字由央行公布，但不同的银行会在央行公布的标准利率上下浮动，称为执行利率。

图 3-1　定期存款的基础要点

银行定期存款几乎是每个家庭都会涉及的金融服务，如何才能让定期存款更好地帮助我们管理个人财富呢？下面来看一个例子。

应用示例——王先生一家的定存案例

王先生是个生意人，最近收到了一笔 50 万元的资金。考虑不久之后的暑假全家人就要出国旅游,而儿子一年之后也将上大学,于是王先生将50万元选择了稳定的定期存款。其中,有如下的存款方式。

40万元3年期的定期存款。

5万元的一年期存款。

5万元的三个月定期存款。

三个月后,王先生将5万元定期存款取出,全家人高兴地出国旅行。一年之后,取出5万元定期存款,给儿子缴纳学费、购置电脑等支出。可后来发现只花费了2万元,于是王先生将剩下的3万元存为2年定期存款。

半年后的一次体检,医院检查出王先生因为长期饮酒,罹患严重的肝功能衰竭,换肝手术需要高达18万～20万元的费用。所以,王先生将40万元的定期存款提前支取了20万元用于丈夫的治疗。3个月之后,王先生恢复了健康。

王先生的家庭遭遇实属不幸,但是我们也可以算一算王先生一家人从这50万元中能获取哪些利息。

5万元×2.10%×3/12＝262.50元。

5万元×2.50%＝1 250元;　3万元×3.0%×2年＝1 800元。

20万元×0.35%×（3个月+6个月）/12＝525元。

20万元×3.50%×3年＝21 000元。

定期存款如何计算利息

存款的利息收益计算是非常简单的,具体的公式为利息=本金×利率×存款天数/360。但需要注意的是,定期存款在不满期的情况下只按活期利率计算。

第32项　不漏掉每一分利息

定期存款的利息是固定的,但在存款时可以注意一些小细节,保证不漏掉每一分属于我们的利息,具体如图3-2所示。

分开储蓄

在资金量允许的情况下,最好将全部的资金分开进行存款,这样可以保证每次只支取一部分。

图3-2　如何科学完成定期存款

严谨记录

有多笔定期存款时，最好选择存折或对账本，这样可以清楚地记录每笔定期到期时间与利息。

选择性支取

要支取定期存款时，首先要自己计算清楚本次支取是否会影响利息，做到选择性支取，同时不全部支取。

存款时间

央行或商业银行可能会不定期修改存款利率，在一定的时间范围内，选择利率高的时候存入最好。

适时转入

如果是月薪收入者，可在活期账户到一定的金额之后，将其一次性专为定期存款，保证存款的利息收益。

留足生活保证金

一次性获得较大额收入的存款，可以选择在满足第一次生活保证后，将以后的资金都存为定期存款，以后只需将利息作为活期用于基本生活。

定活分配

因为每个人的原始存款不同，收入大小及后期收入也不同，因此没有一个统一的科学分配原则，只能根据具体的财务情况来确定本次定期与活期的分配。

图 3-2　如何科学地完成定期存款（续）

第33项 定期存款的到期与续存

在存入定期存款后，会面临定期的到期与支取，根据不同的支取情况，需要有不同的处理技巧。

（1）定期的满期

定期存款的满期非常简单，就是我们存入的定期存款存期已满。定期满期后，需要在存单满期日期+1天后到银行进行办理支取，支取定期就是将本金和利息变成活期或现金。

需要注意的是，定期满期后如果未到银行进行办理，则满期后的储蓄天数全部算作活期存款。

（2）定期的续存

在定期满期后，如果储户不将资金取出，而是再次存入，这就被称为续存。

续存分为本息续存与只存本金，本息续存就是只将本金和利息一起存为新的定期；而只存本金是指取走利息，本金续存。

续存需要本人亲自到银行进行办理，而且不能提前办理续存。

第34项 定期的自动转存

如果每次定期到期都到银行办理一次续存，会显得比较麻烦，这时可以使用自动转存来解决这个问题。

自动转存是定期存款自动转存的简称，就是储户在存款到期后，不用前往银行办理转存手续，银行可自动将本金或者本息一同存为新的定期存款。

自动转存有如图 3-3 所示的存款要点。

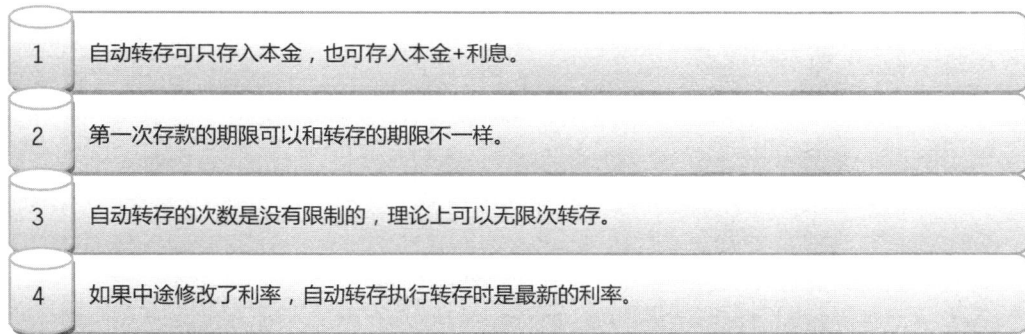

1	自动转存可只存入本金，也可存入本金+利息。
2	第一次存款的期限可以和转存的期限不一样。
3	自动转存的次数是没有限制的，理论上可以无限次转存。
4	如果中途修改了利率，自动转存执行转存时是最新的利率。

图 3-3　自动转存的要点

从法律上来说，银行没有告知自动转存的义务，在填写定期存款凭证的时候，一定要选"自动转存"选项，下面来看一个例子。

应用示例——张先生的定存苦恼

张先生在中国工商银行办理了定期一本通存款业务，一共存入了两笔金额为 10 万元的存款，存期 2 年。在存款凭证单上，张先生填写了户名、存期、金额、地址、电话项目，未填写转存期一项。

在银行的储蓄存款凭证单客户须知第 8 条中明确载明：请在"客户填写"栏内认真

填写"密码"、"印鉴"、"通兑"、"转存期"等栏目，否则视同不需要此种业务。

4年后，张先生到银行取款，银行告知他前两年的存款是定期利率，而后两年的存款则是按活期利率计算利息的。

张先生认为，中国工商银行并未告知定期存款不能自动转存，应按照原协议约定的定期存款内容执行。故向法院提起诉讼，要求中国工商银行给付其存款利息损失；而银行则称，银行已经履行了告知义务。

法院认为，储蓄存款凭证即是双方当事人之间的合同，因此已经明确约定了转存项目，而张先生未填写转存期项目，即未约定需要继续按2年定期储蓄继续履行原来的定期合同，因此驳回张先生的诉讼。

第35项 定期存款的提前支取

定期存款在存入之后，可能会出现急于用钱的情况，此时是可以办理定期存款的提前支取的。

提前支取是指定期储蓄存款的储户，在其存款尚未到期前，要求支取存款。提前支取时，有如图3-4所示的要点。

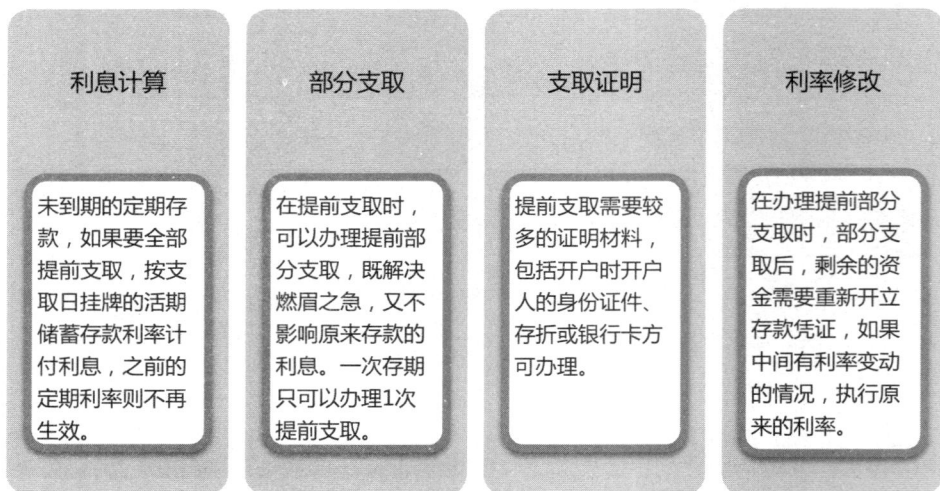

利息计算	部分支取	支取证明	利率修改
未到期的定期存款，如果要全部提前支取，按支取日挂牌的活期储蓄存款利率计付利息，之前的定期利率则不再生效。	在提前支取时，可以办理提前部分支取，既解决燃眉之急，又不影响原来存款的利息。一次存期只可以办理1次提前支取。	提前支取需要较多的证明材料，包括开户时开户人的身份证件、存折或银行卡方可办理。	在办理提前部分支取时，部分支取后，剩余的资金需要重新开立存款凭证，如果中间有利率变动的情况，执行原来的利率。

图 3-4　提前支取要点

以上的提前支取要点需要储户明确了解，如果忽略了其中的细节，就会造成下述老王一样的麻烦。

应用示例——老王的提前支取算盘

老王和老伴一辈子辛辛苦苦，在退休时，终于攒下了 50 万元的存款，两人都购买了社保，有一个儿子也自己做了小生意，所以日子过得还算自在。

老王听别人说，把钱存进银行，每年会有利息，还可以根据需要随时提取一部分出来，是件实惠事。于是老王也去了银行，把自己的 50 万元存了 5 年期定期存款。

半年之后，老王的老伴突发心脏病，心脏起搏器需要自费 5 万元，于是老王到银行跟工作人员说要部分提取自己的 50 万元存款，老王顺利地取出了 5 万元，老伴也顺利完成了手术。

又过了一年，老王的儿子因为生意上的资金问题，急需 20 万元，于是老王想也没想，又到银行想支取 20 万出来，可这一次就没有那么顺利了，银行工作人员说，提前支取只能在存期内办理一次，如果要提前支取，就必须全部提前支取。这下老王傻了，只能提前支取出 45 万元的存款，白白损失了 10 多万元的利息。

什么情况下适合办理提前支取

在利率下降的时候，如果需要进行提前支取是不适合的，但是如果利率已经升高，而存期也不太长，可直接取出全部资金，再将剩余的资金存入。

第36项 网上银行存入定期存款

定期存款可以在网上银行轻松办理，具体操作如下。

应用示例——在网上银行存入定期存款

Step01 登录中国工商银行网上银行，进入个人网上银行页面，在上方的菜单栏中单击"定期存款"超链接。

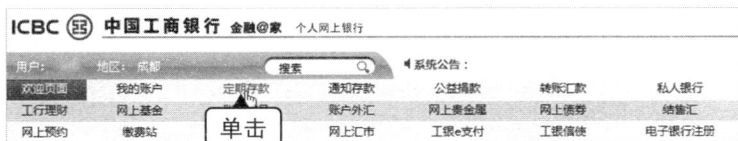

ICBC 中国工商银行 金融@家 个人网上银行

用户：	地区：成都		搜索	◀系统公告		
欢迎页面	我的账户	定期存款		公益捐款	转账汇款	私人银行
工行理财	网上基金	单击		账户外汇	网上贵金属	网上债券	结售汇
网上预约	缴费站			网上汇市	工银e支付	工银信使	电子银行注册

Step02 在该页面下方打开的"存入定期存款"选项组中选择自己要存入的定期种类，单击右侧的"存入"超链接。

Step03 进入定期存款操作页面，输入存款金额、账户信息及约转存期等信息，完成后单击"提交"按钮。

Step04 在打开的页面中确定存款信息，单击"确定"按钮，并进行相关安全支付操作即可完成定期存款的存入。

二、银行存款也是理财方式

以上就是银行定期存款的基础要点，为了满足不同人群的存款需要，定期存款还有很多存款方式，我们也可以利用一些技巧来达到存款理财的目的，下面来认识存款理财。

第37项 适合积累的零存整取

在众多的银行存款中，有一种适合积累的存款方式，这就是零存整取，所谓零存整取，是指储户在进行银行存款时约定存期，每月固定存款，到期时一次支取本息的一种储蓄方式。

零存整取具有计划性、约束性、积累性的特点，特别适合工薪家庭、单身一族和学生储蓄。

零存整取和普通的定期存款不一样，它有如图3-5所示的存款要点。

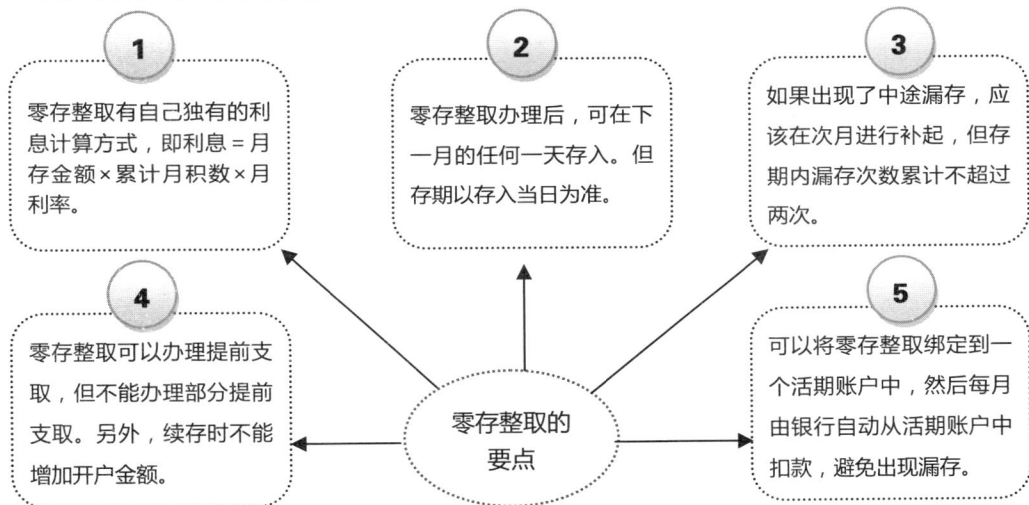

1 零存整取有自己独有的利息计算方式，即利息＝月存金额×累计月积数×月利率。

2 零存整取办理后，可在下一月的任何一天存入。但存期以存入当日为准。

3 如果出现了中途漏存，应该在次月进行补起，但存期内漏存次数累计不超过两次。

4 零存整取可以办理提前支取，但不能办理部分提前支取。另外，续存时不能增加开户金额。

5 可以将零存整取绑定到一个活期账户中，然后每月由银行自动从活期账户中扣款，避免出现漏存。

零存整取的要点

图3-5 零存支取要点

下面来看看如何在网上银行存入零存整取存款。

应用示例——在网上银行存入定期存款

Step01 登录中国工商银行网上银行，进入个人网上银行页面，在上方的菜单栏中单击"定期存款"超链接。

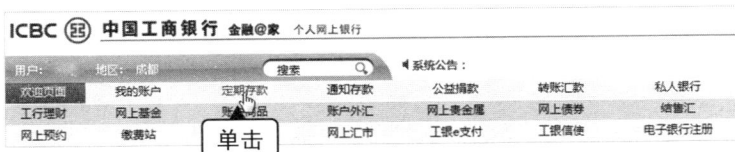

Step02 在该页面下方打开的"存入定期存款"选项组中选择零存整取定期种类，并查看最新的利率，单击右侧的"存入"超链接。

11	个人外币1年期整存整取存款	外币	1年	-	-	详情 存入
12	个人外币2年期整存整取存款	外币	2年	-	-	详情 存入
13	个人人民币1年存本取息	人民币	1年	2.35	5,000.00	存入
14	个人人民币3年存本取息	人民币	3年	2.55	5,000.00	存入
15	个人人民币5年存本取息	人民币	5年	2.65	5,000.00	存入
16	个人人民币1年期零存整取	人民币	1年	2.35	5.00	存入
17	个人人民币3年期零存整取	人民币	3年	2.55	5.00	存入
18	个人人民币5年期零存整取	人民币	5年	2.65	5.00	单击
19	个人人民币1年期教育储蓄	人民币	1年	2.75	50.00	存入
20	个人人民币3年期教育储蓄	人民币	3年	3.75	50.00	存入

Step03 在打开的页面中输入定存的金额（每月存入的金额），单击"提交"按钮，确认信息，完成安全支付即可。

第38项 整存零取、存本取息与定活两便

除了零存整取外，还有不少非常实用的定期存款方式，下面来简单认识它们。

（1）整存零取

整存零取是指在开户时约定存款期限、本金一次存入，固定期限分次支取本金的一种定期储蓄，具体有如图 3-6 所示的要点。

1	整存零取存期分一年、三年、五年，支取期分一个月、三个月及半年一次。
2	到期应付利息=（全部本金+每次支取金额）/2×支取本金次数×每次支取间隔期×月利率。
3	整存零取执行利率和零存整取利率一样。
4	整存零取的起存金额为 1 000 元。

图 3-6　整存零取的要点

（2）存本取息

存本取息和整存零取有相同的地方，存本取息是指个人将属于其所有的人民币一次性存入较大的金额，分次支取利息，到期支取本金的一种定期储蓄。具体的存款要点如图 3-7 所示。

1. 存本取息的存期分为一年、三年、五年。
2. 每次支取利息数=本金×存期×利率/支取利息的次数。
3. 执行利率与零存整取和整存零取一样。
4. 较低金额的存本取息没有太大意义，最低为 5 000 元起存。

图 3-7 存本取息的要点

（3）定活两便

在所有的储蓄中，有一种在定期与活期之间可以随意转变的存款，它是一种事先不约定存期，一次性存入，一次性支取的储蓄存款，具体有如图 3-8 所示的存款要点。

1. 起存金额 50 元，无上限。
2. 利息计算公式：利息=本金×存期×利率×60%。
3. 存期超过整存整取最低档次且在一年以内的，分别按同档次整存整取利率打六折计息。
4. 存期超过一年（含一年）的，一律按一年期整存整取利率打六折计息。
5. 存期不足 3 个月的，按支取日挂牌的活期储蓄利率计付利息。

图 3-8 定活两便的要点

第39项 适合短期储蓄的通知存款

在银行进行存款的时候，有一种较为灵活的存款方式，那就是通知存款。它是指存款人在存入款项时不约定存期，支取时提前通知银行，约定支取存款日期和金额方能支取的定期存款。

通知存款的定义比较简单，一般分为 7 天通知存款和 1 天通知存款。例如，存入了一笔7天通知存款后,要支取之前就必须提前7天通知银行。具体有如图3-9所示的要点。

通知天数

通知存款种类中的7天通知和1天通知,是表示通知支取存款时需提前通知银行的天数。部分银行还有14天及30天通知存款。

执行利率

与其他存款以存款日的利率为基础不同,通知存款按照支取日银行挂牌公告的相应利率和实际存期计息。

起点金额

通知存款的起存金额为5万元,无上限要求。

"取消提款通知"

办理通知存款转出前,需先办理"取消提款通知"后才能将通知存款资金转出。

通知未取款

如果未按照存款时确定的通知时间支取通知存款,通知存款将按照活期存款利率计算利息;对已办理通知存款手续而到期后不支取的情况,自通知到期日起,银行将不再计息。

图3-9 通知存款的要点

第40项 帮助学生族群理财的教育储蓄

对于一些低收入的家庭来说,子女的教育金问题是需要提前考虑的,此时选择"教育储蓄"是非常有用的。

所谓教育储蓄,是教育部门和中国人民银行在全国各大银行推行的一种专门针对学生教育的定期储蓄。为了更好地了解教育储蓄,下面来看一个例子。

应用示例——王女士的"教育储蓄"麻烦

王女士6年前替自己当时正在读小学6年级的女儿办理了一笔教育储蓄存款,期限为6年,每月存300元。

今年，王女士的女儿正好要读大学，需要一笔不小的学费。于是，王女士便想到了这笔教育储蓄。王女士通过上网查询与计算，这笔储蓄可以获得的利息为：300×72×5.85%×5＝6 138元。

于是王女士便拿着当初开户的存折去银行取钱，可到了银行才知道，因为当初开户的名字必须是王女士的女儿，所以必须要王女士的女儿到场办理，不仅这样，还需要到当初开具证明的小学再次办理教育储蓄需要的学生证明。

几经周折之后，王女士终于取出了这笔教育储蓄，但为什么利息只有5 995元呢。经过询问，原来教育储蓄的本金最高为2万元，每月多存的部分按照零存整取计算利息，王女士这才明白过来。

为了避免上述王女士一样的麻烦，我们需要了解图3-10所示的教育储蓄要点。

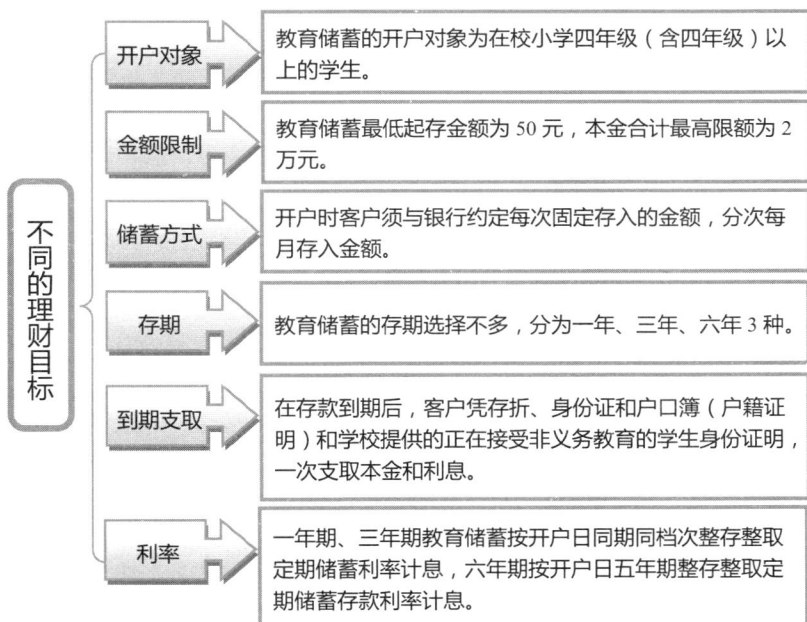

不同的理财目标	开户对象	教育储蓄的开户对象为在校小学四年级（含四年级）以上的学生。
	金额限制	教育储蓄最低起存金额为50元，本金合计最高限额为2万元。
	储蓄方式	开户时客户须与银行约定每次固定存入的金额，分次每月存入金额。
	存期	教育储蓄的存期选择不多，分为一年、三年、六年3种。
	到期支取	在存款到期后，客户凭存折、身份证和户口簿（户籍证明）和学校提供的正在接受非义务教育的学生身份证明，一次支取本金和利息。
	利率	一年期、三年期教育储蓄按开户日同期同档次整存整取定期储蓄利率计息，六年期按开户日五年期整存整取定期储蓄存款利率计息。

图3-10 教育储蓄的要点

第41项 4种科学的存款方式

以上就是银行存款中一些较为常见的存款方式，我们要如何利用定期存款来进行理财呢？具体有下述的4种存款方式。

（1）阶梯式储蓄法

阶梯式储蓄法是将资金按照存期进行不同的分类储蓄，具体的方式可见下面的例子。

现有 5 万元的资金，可以将它分成 5 个 1 万元，分别开设一年期存单、二年期存单、三年期存单、四年期存单（三年期自动约转一年期）、五年期存单各一份。

一年后，就可以用到期的一年期 1 万元，再去开设 1 份五年期存单。以后每年如此，5 年后即可拥有 5 张到期时间不同的 5 年期存单。

因为这 5 份 5 年期存单的到期年限不同，依次相差 1 年，所以在最后一个循环完成之后，总共形成了 10 年的期限，并可继续循环下去。

这种方法既可获取高息，又不影响资金的灵活使用；既可以与利率调整，又能获得 5 年期存款的高利息，生活节奏井井有条，也算保守型家庭中长期投资的一种方法。

（2）12 张存单法

12 张存单法也称月月存款法，顾名思义，就是保持手里有 12 张存单，具体的操作同样来看一个例子。

某储户从 1 月开始，每月从工资中拿出 1 000 元来储蓄，每月存一张一年期存单，一年后，手中便会有 12 张一年期的 1 000 元存单。

到了 12 月底，第一张存单到期，把第一张存单的利息和本金取出，与第二年第一个月要存的 1 000 元相加，再存成一年期定期存单。这样依此类推，手中一直都会有 12 张存单，每个月份的资金都在逐年增加，一旦急用，只要支取近期所存的存单就可以了。

12 张存单法不仅能够很好地聚集资金，还能最大限度地发挥储蓄的灵活性，即使急需用钱，也不会有太大的利息损失。既可减少利息损失，又能解燃眉之急，很适用于工薪家庭应急之需，同时也适合收入稳定的年轻人。

（3）四分储蓄法

如何做到活期的灵便同时又有较高的利息呢？四分储蓄法是个好选择。假设你有 10 万元，一年内要使用一笔钱，但用钱的具体金额、时间并不确定。为了让这 10 万元钱尽可能获取"高利"，此时可以选择四分储蓄法。

下面来看一个四分储蓄法的例子。

小王从名牌大学毕业后在一家大型外企上班，待遇丰厚，2014 年年底，小王一次性拿到了 10 万元的年终奖金。当时小王不知道如何花费这笔钱，于是在理财专业人士的介绍下，小王为这份年终奖选择了四分储蓄法。分为 1 万元、2 万元、3 万元、4 万元 4 份定期存款。

不久之后，小王看中了一款最新款的单反相机，价值 1 万多元，于是小王动用了其中 2 万元的存单，顺利地买下了心仪的相机，最大限度地减小了其余存款利息的损失。

把资金分别存成 4 张存单，当然也可以进一步细分成更多的存单。这样一来，遇到什么样的事动用什么样的存单，无须动用其他存单，减少不必要的利息损失。

（4）利滚利储蓄法

利滚利储蓄法是存本取息储蓄和零存整取储蓄二者有机结合的一种储蓄方法。具体的例子如下。

某储户现有 5 万元，他先把它存成存本取息储蓄。一个月后，取出存本取息储蓄的第一个月利息，再用这第一个月利息开个零存整取储蓄户。以后每月把利息取出后，都存到这个零存整取的储蓄户。

这样，不仅可以得到了利息，而且又通过零存整取储蓄使利息又生利息。这种储蓄方法，使一笔钱能取得两份利息，额度可大可小，只要长期坚持，也会有不错的回报。

利滚利储蓄法就是以利息赚钱，我们以此设计出很多种存款组合。

约定转存定期

现在多数银行都已开通"约定转存"业务，约定转存是指客户与银行事先约定好备用金额，当账户里金额超过指定金额时，银行系统自动根据客户的指令，将资金由活期转为不同期限的定期存款，通过这样的方法来提高利息收益，年综合收益率为 1.75% 左右。

三、银行理财产品

在银行中进行投资理财，购买银行理财产品是最常见的，所谓银行理财产品，它是银行针对特定目标客户群开发设计并销售的资金投资和管理计划。进行银行理财产品的投资，通俗来讲就是在银行购买理财产品。

我国的各大银行均推出有不同类型的银行理财产品，数量多达 3 万余款供投资者选择，在期限上也是从 7 天到一个月、3 个月、6 个月、1 年期、2 年期不等。接下来我们就来认识不同的产品及投资技巧。

第42项 不同类型的银行理财产品

银行理财产品的种类有很多，根据不同的投资渠道，我们可以将银行理财产品分为如图 3-11 所示的几种。

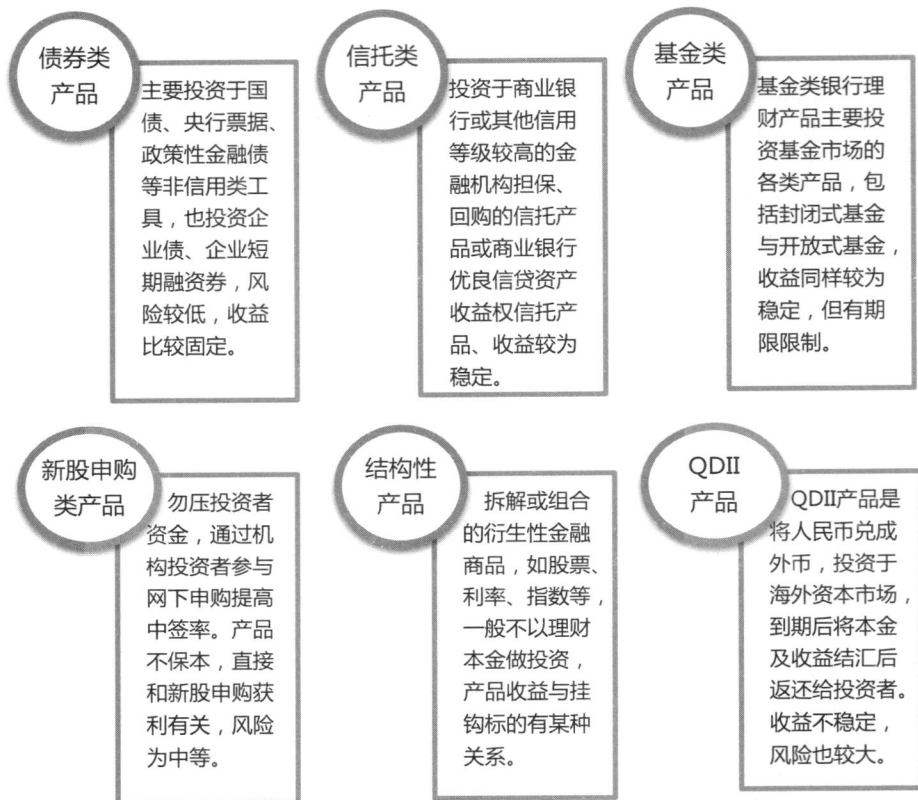

债券类产品　主要投资于国债、央行票据、政策性金融债等非信用类工具，也投资企业债、企业短期融资券，风险较低，收益比较固定。

信托类产品　投资于商业银行或其他信用等级较高的金融机构担保、回购的信托产品或商业银行优良信贷资产收益权信托产品、收益较为稳定。

基金类产品　基金类银行理财产品主要投资基金市场的各类产品，包括封闭式基金与开放式基金，收益同样较为稳定，但有期限限制。

新股申购类产品　勿压投资者资金，通过机构投资者参与网下申购提高中签率。产品不保本，直接和新股申购获利有关，风险为中等。

结构性产品　拆解或组合的衍生性金融商品，如股票、利率、指数等，一般不以理财本金做投资，产品收益与挂钩标的有某种关系。

QDII产品　QDII产品是将人民币兑成外币，投资于海外资本市场，到期后将本金及收益结汇后返还给投资者。收益不稳定，风险也较大。

图 3-11　分类的银行理财产品

除了从投资方向上对理财产品进行分类，在银行购买理财产品时，一般以风险大小来区分，具体内容如图 3-12 所示。

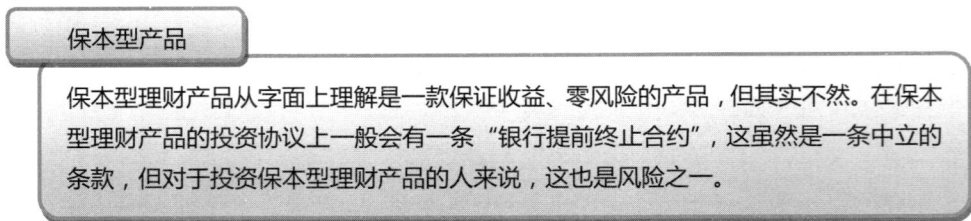

保本型产品

保本型理财产品从字面上理解是一款保证收益、零风险的产品，但其实不然。在保本型理财产品的投资协议上一般会有一条"银行提前终止合约"，这虽然是一条中立的条款，但对于投资保本型理财产品的人来说，这也是风险之一。

图 3-12　不同风险大小的银行理财产品

保本浮动型产品

保本浮动收益类理财产品又被称为"结构性存款"，它是由普通存款和衍生产品组合而成的，它的风险主要来自衍生产品这一部分，收益是与汇率、利率、债券、一篮子股票、基金、指数等金融市场参数挂钩的。

非保本浮动型产品

非保本浮动收益类理财产品，是指银行根据约定条件和实际投资情况向客户支付的收益，但并不保证本金安全，投资者自行承担风险。该产品投资渠道主要是期货、股票等市场。近年来发展速度很快，已经成为银行发行的主要理财产品。

图 3-12　不同风险大小的银行理财产品（续）

第43项　银行理财产品的产品说明书

在银行购买理财产品，最重要的就是了解产品说明书，它既是对一款产品的解释，也是我们投资的凭证，一份产品说明书一般有如下内容。

◆ **产品名称**：该产品的具体名称（银行名称、投资渠道等）及代码。

◆ **产品类型**：从风险大小分类上进行分类。

◆ **投资期限**：该产品的计息期时间，也就是投资期限。

◆ **产品募集期**：从发布该产品到产品计期开始的时间，公众购买的日期。

◆ **资金到账日**：产品结束后本金和收益到账的日期。

◆ **预期年化收益率**：根据往期收益和市场表现预估的收益率。

◆ **认购条件**：包括产品份额、上市地区等。

◆ **其他内容**：包括产品托管人、是否允许提前赎回、起点金额等内容。

表 3-1 列举了一份银行理财产品的产品说明书中的主要内容，根据不同的产品，还有风险提示，投资对象说明等内容，投资者可详细阅读。

表 3-1　银行理财产品的产品说明书

产品名称	中国工商银行"工银财富"资产组合投资型人民币理财产品
风险等级	RP2

续表

产品名称	中国工商银行"工银财富"资产组合投资型人民币理财产品
销售对象	个人高净值客户
目标客户	评定为稳健型、平衡型、成长型、进取型的有投资经验的客户
期限	120天
币种	人民币
产品类型	非保本浮动收益型理财产品
预计发行量	10亿元
销售范围	全国范围
预期年化收益率	5.250%
起始日到期日	2015年1月20日至2015年5月19日
到账日	到期日或提前终止日或提前赎回日后第2个工作日
托管费/手续费	托管费0.05%（年）/手续费0.4%（年）
是否允许募集日撤单	是
是否允许提前终止	否
产品托管人	中国工商银行北京分行
起点认购金额	5万元起购（1万元的整数倍递增）
成立条件	如产品募集规模低于1亿元，可宣布不成立
投资对象	高流动性资产15%～95%；债权类资产5%～85%

以上是一款银行理财产品的产品说明书的主要内容，根据不同的产品，还有风险提示、投资对象说明等内容。

第44项 银行理财产品的购买限制

许多时候我们在银行购买银行理财产品时，常常会出现无法购买的情况，这是因为银行对不同的产品做了一些购买限制。想要顺利购买，就必须了解如图3-13所示的内容。

总额度限制	单日购买限制	销售地区限制	起点金额限制
如果购买时发现"已销售完毕"的提示，那么就是总额度已经销售完毕，无法购买该产品，不过这类产品一般为系列产品，可以等待下一期。	一些产品规定了每日的销售额。如果第一天不能购买，可在第二天购买。另外，投资者不用等到银行开门，可24小时在网上银行进行购买。	地区购买份额的限制，是指某款理财产品只在某一地区进行销售，其他地区的投资者无法购买。另外，也可能是某地的销售额度已经满额。	起点金额也就是理财产品的起购金额，根据产品的不同，可能为5万元、10万元、50万元。达不到起点金额是无法购买产品的。

图 3-13　银行理财产品的购买限制

第45项 银行理财产品的风险

银行理财产品虽然常被看作稳定的理财方式，但它也是具有风险的，具体有如图 3-14 所示的八大风险。

市场风险

理财产品募集资金将由商业银行投入相关金融市场中，金融市场波动将会影响理财产品本金及收益，市场风险是一定会存在的。

信用风险

理财产品需要承担投资企业相应的信用风险，如果这个企业发生违约、破产等情况，理财产品的投资也会蒙受损失。

流动性风险

有些理财产品期限较长，理财产品投资期间，投资者如急需使用资金却无法赎回，这就出现了流动性风险。

图 3-14　理财产品的风险

通货膨胀风险

在通货膨胀时期，货币的购买力下降，理财产品到期后的实际收益下降，这将给理财产品投资者带来损失的可能。

托管风险

某些托付银行直接投资理财产品的投资者，会因为产品好坏、受托人理财水平、银行管理水平等因素造成损失。

信息传递风险

因通信故障、系统故障等原因，理财产品的信息传递不及时，交易指令为成交，最终出现损失。

政策风险

由于某些金融监管政策以及理财市场相关法规政策的影响，理财产品的投资、偿还等不能正常进行，最终出现损失。

不可抗力风险

因自然灾害、战争等不可抗力因素的出现，将严重影响金融市场的正常运行，可能导致理财产品的收益降低甚至是本金损失。

图 3-14　理财产品的风险（续）

银行理财产品的评级

银行对其发行的产品有一定的风险管理，主要是通过评级来体现，对理财产品的评级会根据当前金融市场的走势，由银行内部自行评定，这个评级标准一般不会轻易修改。

例如在中国工商银行，理财产品从低到高分为了 RP1～RP5。

第46项　购买银行理财产品的流程

在了解了银行理财产品的基础理论之后，我们就可以开始在银行购买银行理财产品了，完成一次完整的银行理财产品投资，有如图 3-15 所示的流程。

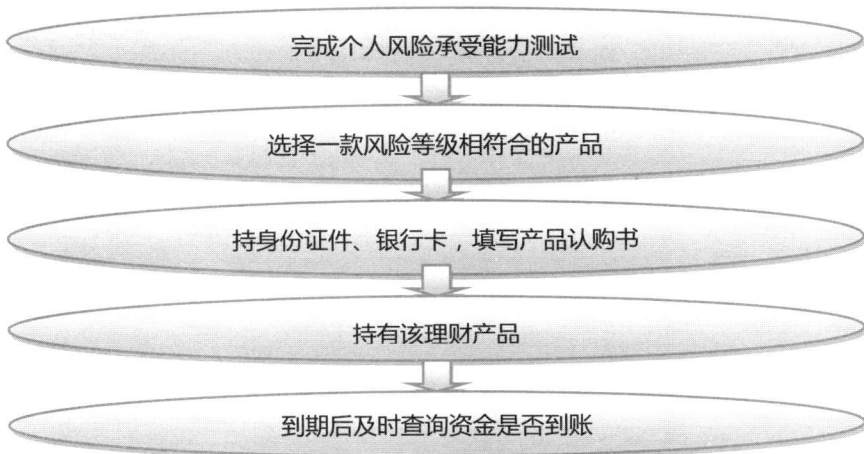

图 3-15　银行理财产品的投资流程

第47项　网上银行购买银行理财产品

前面介绍了购买银行理财产品也可以在网上购买，这样既可以节约时间，又可以保证买到最好的产品，网上银行买银行理财产品，其具体的操作如下。

应用示例——在网上银行存入定期存款

Step01　登录中国工商银行网上银行，进入个人网上银行页面，在上方的菜单栏中单击"工行理财"超链接。

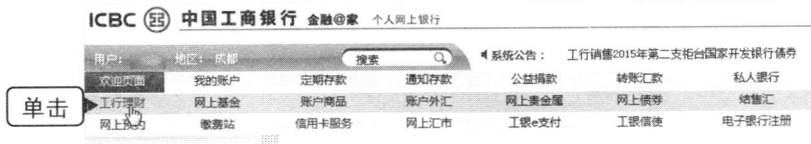

Step02　在打开的"购买理财产品"选项组中会看到最新推荐的理财产品，设置产品筛选条件，单击"查询"按钮。

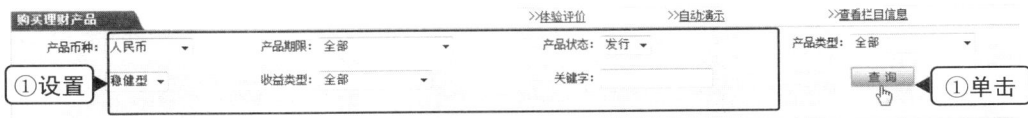

Step03　在打开的页面中即可看到该条件下所有的产品及投资期限与收益率，单击要投资的产品名称超链接。

Step04 在打开的页面中即可详细查看该产品的产品说明书，在该页面下方单击"购买理财产品"按钮。

Step05 进入产品购买页面，输入购买产品的金额和购买的份数，单击"确定"按钮，在打开的页面中确认投资信息，单击"确定"按钮完成安全支付。

银行风险承受能力测试

第一次在网上银行完成银行理财产品的购买之前，必须要在银行网点完成银行风险承受能力测试，由银行客户经理签字才可以顺利购买。

第48项 银行理财产品的投资技巧

了解了银行理财产品的购买细节之后，为了更好地利用银行理财产品获利，有很多技巧可用，本章最后一部分就简单来了解一些。

（1）预期收益率不等于实际收益率

产品有预期收益率和实际收益率两种，许多人不愿意为了一点利息就去冒风险，其实只有忽略了投资技巧，才会有如下例刘女士一样的麻烦。

应用示例——刘女士买理财产品

刘女士今年 30 岁，家庭幸福。半年前，刘女士在与朋友的聚会中，受到朋友的影响，决定购买银行理财产品。

原来，刘女士的朋友在一年前购买了 20 万元的一款期限为 180 天的理财产品，预期年化收益率 5.2%，而在到期时，实际收益率达到了 5.3%。从市场上来看，这确实是一款非常好的理财产品。

刘女士在朋友的推荐下，把刚刚存入银行的 50 万元定期存款提前取出，购买了一款和她朋友所购买的产品风险类型、时间、收益率全都相似的产品。期限为 181 天，预期收益率 5.3%。

如今刘女士的理财产品也到期了，可是实际收益率却没有达到预期收益率，只有 4.2%。

在这样的情况下，刘女士有如下的收益对比。

如果按照预期收益率计算，应获得利息约为：$50\ 000×5.3\%×181/365=1\ 314.1$ 元。

如果刘女士将钱存为定期存款（按一年期计算），应获得利息为 $50\ 000×3.25\%×181/365$（这里的 181/365 指的是理论计算）$=805.8$ 元。

也就是说，刘女士此次投资比预期收益损失了 272.7 元，比存在银行的定期存款半年内只多出了 508.3 元。

为了避免上述的失误，我们可以在投资之前充分分析当前市场的表现，参考往期实际收益与预期收益的关系，从而判断是否购买该产品。

（2）选择合适的时机购买产品

在众多的银行理财产品中，选择合适的购买时机是非常有必要的，好的产品一般会在固定的时间发行上市。

一般月末、季末、年末是银行吸筹存款最集中的时候，因此在此时发布的理财收益会比其他的时候高。

（3）风险承受能力与理财产品相符

我们完成个人风险能力测试并不只是一种责任划分，而是可以切实帮助完成银行理财产品的投资，具体如图 3-16 所示。

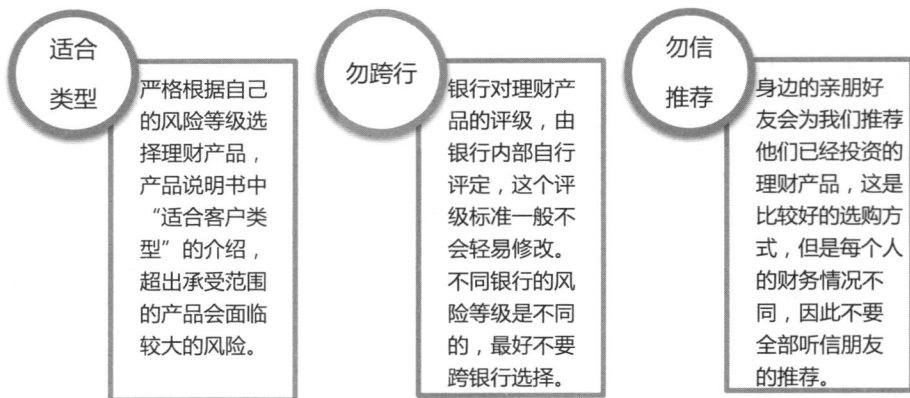

图 3-16　如何让风险承受能力与理财产品相符

（4）选择不同购买期限

从投资期限来看，合理的组合会让投资计划更具结构性。我们可以选择短期理财产品与长期理财产品相结合的方式。

市场的动向并不明确，所以银行理财产品市场 30～180 天的中短期产品相对较多，而 1 年或者 2 年的产品极为少见。在产品选择时，投资者可以同时选择 30～60 天的理财产品与 180～270 天的理财产品。这样的组合投资可以兼顾到两种不同的渠道，也将投资的风险分散。

第49项　超短期银行理财产品

在众多的银行理财产品中，有一种投资期限非常短的产品，我们称为超短期理财产品，其具体有以下的特征。

◆　投资期限一般为 1～7 天，最长的可能有 15 天。

◆　投资于市场信用级别较高、流动性较好的金融市场工具。

◆　强调投资稳健，基本可以做到保本或类似保本

◆　没有赎回时间限制，投资者可以随时赎回自己的资金。

◆　产品一般为品牌产品，长期进行发售。

下面来看一款超短期银行理财产品的产品说明书，如表 3-2 所示。

表 3-2　超短期银行理财产品

产品名称	"灵通快线"超短期个人人民币理财产品
风险等级	RP1
销售对象	个人普通客户
目标客户	保守型、稳健型、平衡型、成长型、进取型和无投资经验客户
期限	无固定期限
币种	人民币
产品类型	无固定期限理财产品
预计发行量	200 亿元
销售范围	全国范围
预期年化收益率	1.7%
产品封闭日	2015 年 2 月 3 日至 2015 年 2 月 17 日
到账日	到期日或提前终止日或提前赎回日后第 2 个工作日
托管费/手续费	0.23%（年）
是否允许募集日撤单	否
是否允许提前终止	封闭期内不允许赎回
产品托管人	工商银行北京分行
起点认购金额	5 万元起购（1 万元的整数倍递增）
赎回	募集期内网点营业时间及网上银行 24 小时接受购买申请；开放期投资人可主动购买、赎回，主动购买、赎回时间为每个工作日的 9：00～15：30

　　超短期理财产品和普通理财产品的投资方式基本一样，但在选择和投资时，有如图 3-17 所示的技巧。

到账时间

投资超短期银行理财产品的赎回时间是非常重要的，各家银行超短期理财产品的赎回和到账的时间不同，一般为在工作日内两个小时即可成功赎回产品，而有的产品则需要 T+1 个工作日。

超大金额

超短期银行理财产品适合较大金额的投资，因为较小金额的投资可能没有太大的意义，但超大额的投资在赎回时可能会触动银行超大额赎回条款而造成暂停赎回。需要投资者最好早做准备。

节假日产品

节假日是超短期理财市场最为火爆的时期，甚至银行会发布专属于某个节日的产品，对于投资理财者而言，节假日有更多的闲置资金用于理财，而银行也会在这期间提高超短期产品的利率。

与通知存款对比

超短期银行理财产品与活期存款、通知存款之间有相同的地方，从收益率上来看，超短期银行理财产品比活期存款、通知存款的利息都高，但通知存款有一个通知时间，损失了时间成本，而超短期银行的理财产品则需要支付手续费。

图 3-17 超短期银行理财产品购买技巧

第4章

选择合适渠道，轻松完成贷款

银行的主要业务有存款和贷款，所以贷款简单来说就是一种借款行为，如今我们老百姓的金融观念越来越强，大到车房，小到吃穿，每一处都可以和贷款相关，本章我们就一起来认识贷款相关技巧。

◇ 一次贷款需要哪些因素
◇ 个人贷款的基本流程
◇ 个人贷款的利息计算
◇ 个人办理住房贷款
◇ 住房公积金贷款
◇ 不同的还款方式
◇ 是否适合提前还贷

◇ 简单认识网上贷款
◇ 如何完成网上贷款
◇ 识别网上贷款的风险与陷阱
◇ 信用卡的基础使用
◇ 信用卡的两大日期
◇ 信用卡账单分期与最低还款
◇ 不过度使用信用卡

一、什么是贷款

贷款，也就是银行或其他金融机构按一定利率和必须归还等条件出借货币资金的一种信用活动形式。银行将钱借给需要的人，并收取一定的利息，借款人在使用后将本金和利息一起归还给银行，这就是贷款最简单的形式。

贷款的种类、方式还有很多，下面就详细来认识它。

第50项 一次贷款需要哪些因素

完成一次贷款，至少需要借款方与贷款方两者，同时还要有非常多的约束条件，具体如图 4-1 所示。

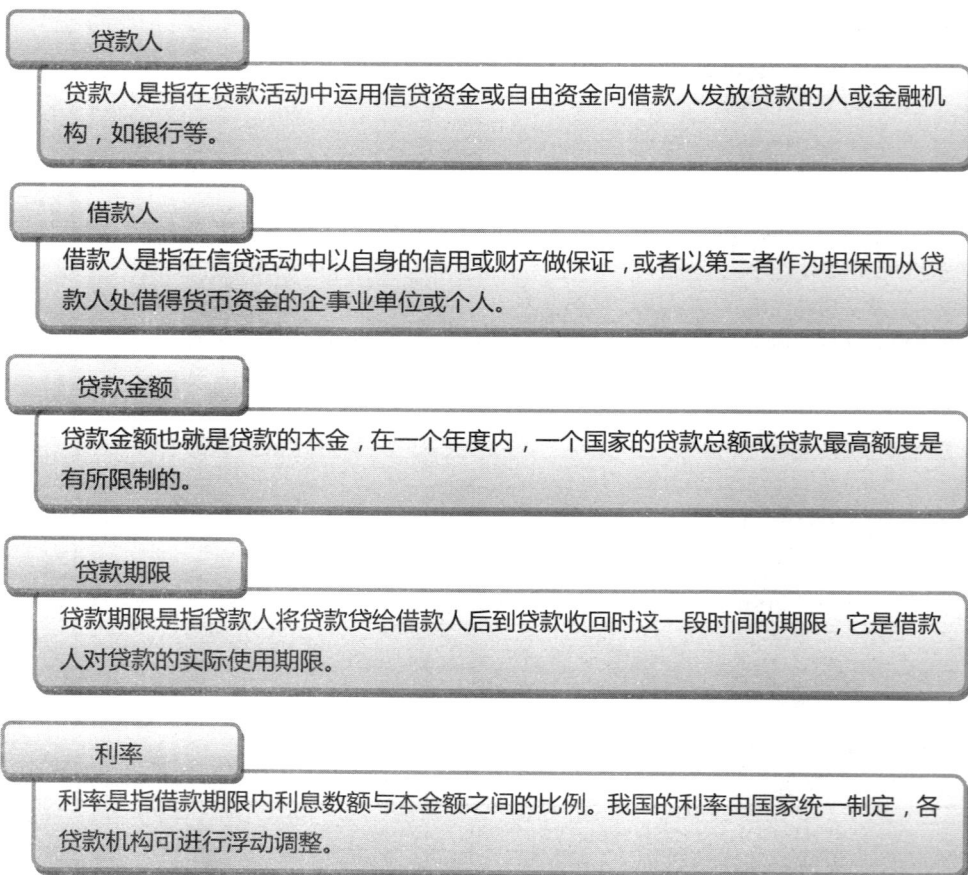

贷款人

贷款人是指在贷款活动中运用信贷资金或自由资金向借款人发放贷款的人或金融机构，如银行等。

借款人

借款人是指在信贷活动中以自身的信用或财产做保证，或者以第三者作为担保而从贷款人处借得货币资金的企事业单位或个人。

贷款金额

贷款金额也就是贷款的本金，在一个年度内，一个国家的贷款总额或贷款最高额度是有所限制的。

贷款期限

贷款期限是指贷款人将贷款贷给借款人后到贷款收回时这一段时间的期限，它是借款人对贷款的实际使用期限。

利率

利率是指借款期限内利息数额与本金额之间的比例。我国的利率由国家统一制定，各贷款机构可进行浮动调整。

图 4-1　贷款的基本要素

担保

贷款担保是指银行在发放贷款时，要求借款人提供担保，以保障贷款债权实现的法律行为，一般是以抵押物的形式出现。

偿还方式

贷款之后就需要偿还，偿还的方式一般分为等额本息、等额本金、等额递减、等额递增、季度还息，年底还本几种。

贷款的使用

贷款的使用是指资金的用途，一般分为商用和非商用，不同的用途有不同的贷款方式与限制条件。

图 4-1　贷款的基本要素（续）

下面通过一个简单的例子来看看贷款是如何帮助我们的金融生活的。

应用示例——李先生的贷款故事

李先生自己开了一家家具工厂，近年来生意还不错，现在需要扩大厂房，购买机器。但是因为公司的流动资金现在都压在生意流通中，暂时不能收回。

李先生手中唯一可用的资产就是位于市区的一处房产，评估价格为 120 万元，但是因为是自用房，如果把房子卖掉不但会严重影响到正常的生活，而且出售此房则面临最高达到 10.6% 的交易税费，非常不划算。

另外，如果要把房产典当，成本又太高（月息约为 3.32%）同样不太适合。

为了解决资金使用的问题，银行的贷款机构根据李先生的具体情况量身选择了贷款方案。

首先，将李先生的这套房产抵押给银行，向银行申请 70 万元的贷款，资金使用期限为 10 年。而且李先生以前没有贷过购房贷款，银行将根据他个人的资信情况决定执行基准利率下浮 10% 的利率。

在这样的情况下，李先生顺利地拿到了资金用于再生产，且资金使用灵活。由于生意较好，李先生没到 10 年，就很快归还了这笔贷款。

第51项 个人贷款的基本流程

个人贷款的流程一般大致上分为 4 步：申请贷款、审核贷款、发放贷款、收回贷款。具体有如下的内容。

（1）借款人提出贷款申请

借款人如果想要进行贷款，就需要向银行或其经办机构直接提出书面申请，也就是填写《贷款申请书》。《贷款申请书》的内容应当包括贷款金额、贷款用途、偿还能力及还款方式等，同时还须向银行提交如下的材料。

◆ 借款人及保证人基本信息，如身份证等。

◆ 财务部门或会计师事务所核准的上年度财务报告，以及申请贷款前一期财务报告。

◆ 原有不合理占用贷款的纠正情况。

◆ 抵押物、质物清单和有处分权人的同意抵押、质押的证明及保证人拟同意保证的有关证明文件。

◆ 项目建议书和可行性报告。

◆ 银行认为需要提供的其他有关材料，比如抵押物的公证书等。

◆ 固定资金贷款在申请时需附可行性研究报告、技术改造方案或经批准的计划任务书、初步设计和总概算等。

（2）银行的审批

银行在收到借款人的贷款申请后，就需要对贷款条件进行审批，具体的步骤如图 4-2 所示。

1	项目立项阶段主要工作是确认审查目的、选定主要考察事项、制订并开始实施审查计划。
2	信用等级是根据借款人的领导者素质、经济实力、资金结构、履约情况、经营效益和发展前景等因素来评定是否可以贷款。
3	进入可行性分析阶段，其中对企业或个人的财务状况的分析最为重要，因为它是银行掌握和判断企业偿还贷款能力的依据。
4	审查人员对调查人员提供的材料要进行核实，判断企业或个人目前的状况、中期的盈亏和长期的发展，复测贷款的风险度，提出意见，按规定权限审批。

图 4-2 银行审核贷款的流程

5　确定能否贷款，银行贷前审查的方式多种多样，主要有直接调查、侧面调查等。贷前审查结束后，由银行经办人员写出贷款审查报告进行审批，并明确能否给予贷款。

图4-2　银行审核贷款的流程（续）

（3）签订贷款合同

在经过银行的审批之后，如果借款人符合贷款规定，银行同意贷款，便会签订"贷款合同"，每个人的贷款合同是不同的，但其中必须包含如图4-3所示的内容。

贷款种类	贷款用途	贷款金额
执行利率	还款方式	借贷权利、义务
违约责任	贷款期限	其他个性条款

图4-3　银行贷款合同的主要内容

（4）贷款的发放

贷款合同生效后，借款人就可以到银行提款。借款人提款时，由借款人填写银行统一制定的提款凭证，然后到银行办理提款手续。

银行贷款从提取之日起开始计算利息。借款人取得借款后，必须严格遵守借款合同，按合同约定的用途方式合理使用贷款。

银行的贷后审查

银行在向借款人发放贷款之后，会对其贷款提取情况和有关生产、经营情况、财务活动进行监督和跟踪调查，以防止出现无法还款等贷款风险。

（5）贷款的收回

贷款的收回也就是还贷，借款人使用贷款之后，应该按照合同约定的内容，按时足额足息地向银行归还贷款。还贷具体有如图4-4所示的需要注意的事项。

银行还款通知	银行在短期贷款到期前1个星期、中长期贷款到期前1个月，向借款人发送还本付息通知单，还款通知单上会载明最后还款期及还款金额。
结算	借款人应在还款前及时筹备资金，贷款到期时，一般由借款人主动开出结算凭证，交银行办理还款手续。
银行主动扣款	贷款到期而借款人未主动还款的情况，银行可采取主动扣款的办法，从借款人的账户中收回贷款本息。例如，出现违约，则会启用法律条款。

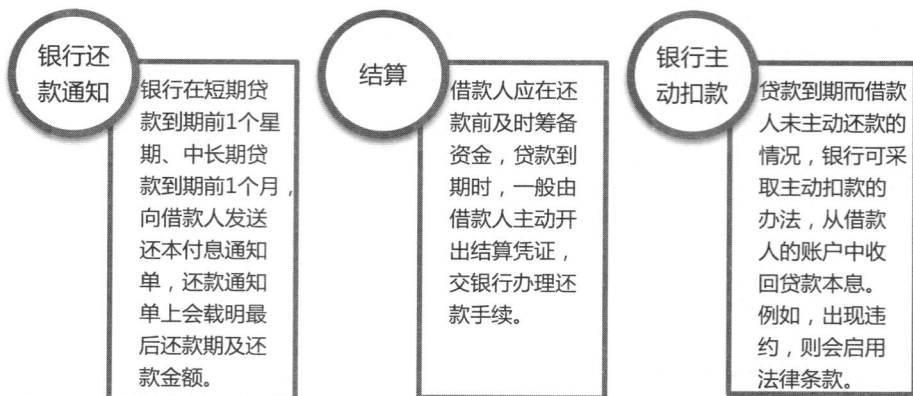

图 4-4　贷款收回的注意事项

第52项　个人贷款的利息计算

在贷款过程中，需要涉及利息的计算，现在银行一般采用积数计息法和逐笔计息法计算利息，具体内容如图 4-5 所示。

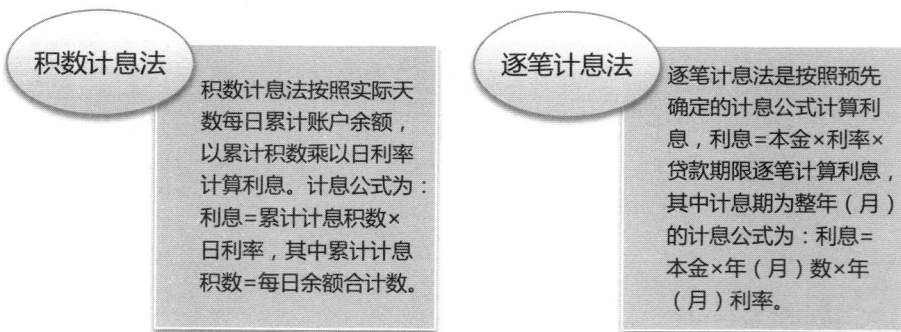

积数计息法	积数计息法按照实际天数每日累计账户余额，以累计积数乘以日利率计算利息。计息公式为：利息=累计计息积数×日利率，其中累计计息积数=每日余额合计数。
逐笔计息法	逐笔计息法是按照预先确定的计息公式计算利息，利息=本金×利率×贷款期限逐笔计算利息，其中计息期为整年（月）的计息公式为：利息=本金×年（月）数×年（月）利率。

图 4-5　银行贷款利息的计算

在计算利息的时候，要注意如下的 3 点限制，以防止生出更多的利息。

◆ 复利：按照央行的规定，借款方未按照合同约定的时间偿还利息的，要加收复利。

◆ 罚息：借款人未按照规定期限归还银行贷款，银行就会进行罚息。

◆ 贷款逾期违约金：性质与罚息相同，对合同违约方的惩罚措施。

二、住房贷款

房贷，也被称为房屋抵押贷款，是由购房者向银行填报房屋抵押贷款的申请，并提供其他所有贷款证明材料，银行经过审查合格后，向购房者承诺发放贷款。

如今大多数人购房都是选择通过贷款的方式，下面就详细来认识它。

第53项 个人办理住房贷款

由于国家政策的原因，一套房、二套房、二手房、商业用房的贷款流程均有所不同，而各个银行与不同房产开发商之间也有所不同。一般在进行个人第一套房屋贷款时，需要满足如图 4-6 所示的要求。

1	具有完全民事行为能力的自然人，年龄在 18（含）～65 周岁（含）。
2	具有合法有效的身份证明（居民身份证户口本或其他有效身份证明）及婚姻状况证明。
3	具有良好的信用记录和还款意愿。
4	具有稳定的收入来源和按时足额偿还贷款本息的能力。
5	具有所购住房的商品房销（预）售合同或意向书及支付所购房屋首期购房款能力。
6	开立个人结算账户并形成有效担保。
7	根据借款者的实际情况制定的不同房贷要求。

图 4-6　银行办理房贷的条件

在哪里办理个人房贷

办理房屋贷款并不是可以随意选择银行的，一般在买房时，开发商往往会指定一家银行办理贷款，因为所有贷款户用的是同一个房产证明（大房权证或土地规划等证明），这是不能分割的，而且银行会有专门的客户经理与客户建立长期联系，方便管理。

如果符合房贷条件，就可以着手办理购房贷款，从申请贷款到贷款进入开发商账户，具体有如图 4-7 所示的流程。

```
┌─────────────────────┐
│   客户提出贷款申请    │
└─────────────────────┘
          ↓
┌─────────────────────┐
│   客户提供相关资料    │
└─────────────────────┘
          ↓
┌─────────────────────┐
│  受理审查，贷前调查   │ ←──────────────┐
└─────────────────────┘                 │
      ↓       ↘                          │
┌──────────┐  ┌──────────────────┐       │
│ 调查通过  │  │  客户不符合贷款条件 │       │
└──────────┘  └──────────────────┘       │
     ↓              ↓                     │
┌──────────────┐  ┌──────────────┐        │
│ 客户确认签字  │  │ 资料退还客户  │        │
└──────────────┘  └──────────────┘        │
     ↓                  ↑                 │
┌────────────────────────┐               │
│  营业部个人贷款审批中心审批 │               │
└────────────────────────┘               │
   ↓            ↘                         │
┌──────────┐  ┌──────────┐  ┌──────────────┐ │
│ 审批通过  │  │ 审批不通过 │→│ 客户补充资料  │─┘
└──────────┘  └──────────┘  └──────────────┘
   ↓
┌──────────────┐  ┌────────────────┐
│ 客户确认签字  │→│ 办理担保抵押手续  │
└──────────────┘  └────────────────┘
                         ↓
                 ┌──────────────┐
                 │  支行行长签批  │
                 └──────────────┘
                         ↓
                 ┌────────────────┐
                 │ 贷款发放到开发商 │
                 └────────────────┘
                         ↓
                 ┌──────────────┐
                 │  客户归还贷款  │
                 └──────────────┘
```

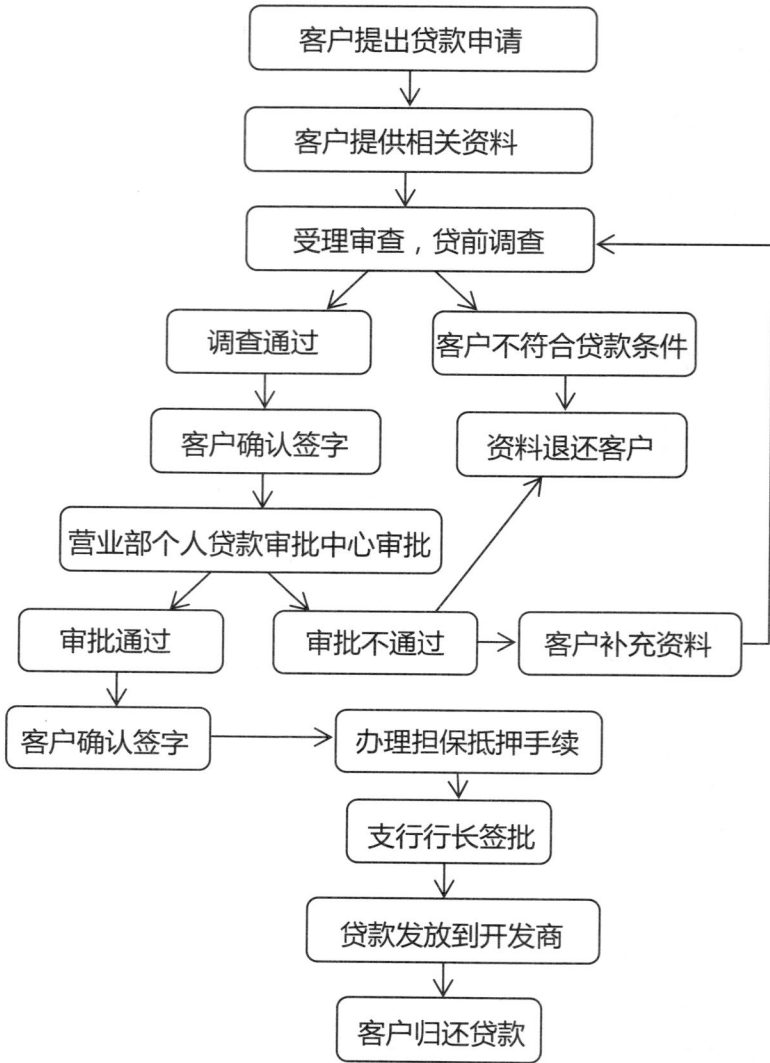

图 4-7 房贷流程

第54项 住房公积金贷款

面对房价飞涨的局面，许多人会选择使用住房公积金来买房。所谓住房公积金，是指国家机关、国有企业、城镇集体企业、外商投资企业、城镇私营企业及其他城镇企业、事业单位、民办非企业单位、社会团体及其在职职工缴存的长期住房储金。具有强制性、互助性、保障性的特点。

公积金贷款额度的计算，要根据还贷能力、房价成数、住房公积金账户余额和贷款最高限额 4 个条件来确定。这个过程一般比较复杂，贷款者可选择在当地的住房公积金网站上进行查询与计算。图 4-8 所示为北京住房公积金网首页。

图 4-8　北京住房公积金网首页

住房公积金的办理并不是每个家庭都适合的，它需要满足如下的条件。

◆　城镇职工个人与所在单位必须连续缴纳住房公积金满一年。

◆　借款人购买商品房的，必须有不少于总房价 30%以上的自筹资金作为房屋首付款。

◆　借款人有稳定的经济收入、信用良好、有偿还贷款本息的能力。

◆　夫妻双方都正常足额缴存住房公积金的，只允许一方申请住房公积金贷款。

◆　一个家庭同一时间只能申请一次住房公积金贷款购买一处住房。

◆　贷款人须有本省（市）城镇常住户口或有效居留身份。

◆　同意用所购住房做抵押。

在满足了相关的条件后，即可使用住房公积金贷款，公积金贷款的办理较为复杂，主要有如图 4-9 所示的 5 步。

贷款人申请住房公积金贷款需到银行提出书面申请，填写住房公积金贷款申请表并如实提供房产贷款所需的资料以及个人及配额的住房公积金缴存证明。

银行进行前期初步审核，对于资料齐全的贷款申请，银行即时受理审查，并及时送报公积金中心。

图 4-9　住房公积金贷款办理流程

住房公积金中心在接到贷款申请后，开始负责审批贷款条件，并及时将审批结果通知银行。

银行按照公积金中心审批的结果通知申请人办理贷款手续，由借款人夫妻双方与银行签订借款合同及相关的合同或协议，并将借款合同等手续送公积金中心复核，公积金中心核准后即划拨委贷基金，由受托银行按照借款合同的约定按时足额发放贷款。

以住房抵押方式担保的，借款人要到房屋坐落地区的房屋产权管理部门办理房产抵押登记手续，抵押合同或协议由夫妻双方签字。

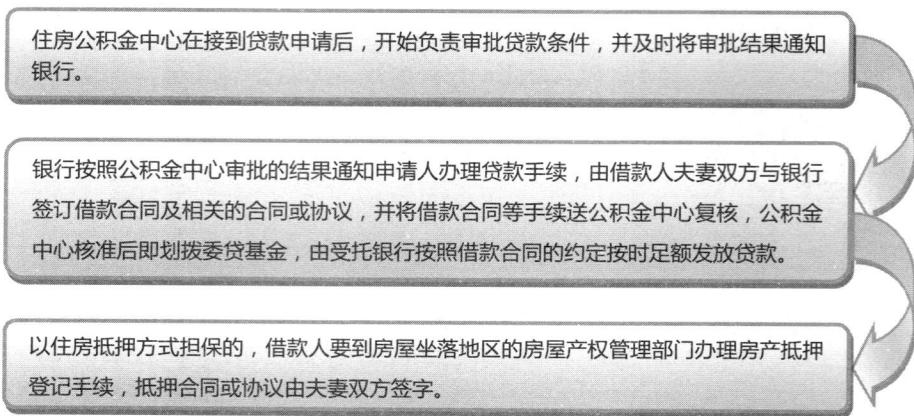

图 4-9　住房公积金贷款办理流程（续）

第55项　不同的还款方式

在前面的内容中，我们说到贷款的还贷当时有很多，人们进行房贷还款时，一般是采用等额本息还款法与等额本金还款法，具体如图 4-10 所示。

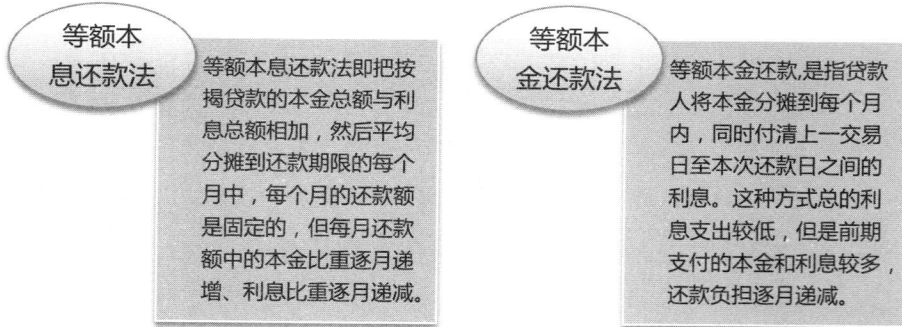

等额本息还款法

等额本息还款法即把按揭贷款的本金总额与利息总额相加，然后平均分摊到还款期限的每个月中，每个月的还款额是固定的，但每月还款额中的本金比重逐月递增、利息比重逐月递减。

等额本金还款法

等额本金还款，是指贷款人将本金分摊到每个月内，同时付清上一交易日至本次还款日之间的利息。这种方式总的利息支出较低，但是前期支付的本金和利息较多，还款负担逐月递减。

图 4-10　两种还贷方式

以上就是两种常见的还款方式，面对不同的贷款情况我们该如何进行选择呢？下面就来看一个例子。

应用示例——孙先生一家的还贷选择

孙先生与妻子两年前结婚，经过两年时间的奋斗，在 2015 年年初，夫妻俩终于通过按揭贷款的方式买下了自己的房子。贷款总金额 50 万元，还款期限 20 年。

可是在选择还款方式的时候，孙先生犹豫了，他不知道是选择等额本息还款还是等额本金还款。

通过计算，如果选择等额本息还款，孙先生和妻子每月需要还款 3 553.37 元，累计偿还了利息 355 336.99 元；如果通过等额本金还款，孙先生在第一年每月还款都在 4 500 元以上，而到了最后一年，则每月只需还款 2 000 元左右，累计还息 296 229.17 元。

如果从利息的角度来看，孙先生应该选择等额本息还款法，但有客户经理建议孙先生，由于现在夫妻俩还没有孩子，收入也稳定，最好采取等额本金还款，减少将来有孩子后的经济负担。

孙先生选择了适合自己的还贷方式，等额本息还款法与等额本金还款法适合什么样的人呢？具体如图 4-11 所示。

1	收入处于稳定状态的家庭，可选择等额本息还款法。
2	等额本息还款法每月偿还的资金相同，办理相对简单，适合对金融行业不太了解的人群。
3	等额本金还款法适合目前收入较高，但是已经预计到将来收入会减少的人群。
4	部分银行规定，只要还款满一年之后，是可以改变还款方式的。

图 4-11　如何选择还贷方式

第56项 是否适合提前还贷

我们每个人都不想欠着银行的钱，随着收入的增加，每个人都想将贷款提前还完，然而提前还贷是一门较深的学问，并不适合所有的人。

应用示例——刘先生的提前还贷案例

刘先生在 2010 年 8 月办理了一笔住房贷款，总金额为 20 万元，贷款期限为 10 年，执行 6.55% 的利率。

这些年，刘先生自己开始做生意，积攒下了一

些存款，因此他想在 2015 年 5 月之前一次性将贷款全部还清，在这样的情况下，刘先生算了如下一笔账。

当时选择了等额本息还款法，月还款金额 2 276.05 元，最后还款期为 2020 年 7 月，目前已经偿还 129 734.9 元，偿还利息 50 794.04 元。

当下选择提前还款，需要偿还 121 719.92 元，节省 21 671.28 元利息支出。

提前还贷的方式

提前还贷的方式非常简单，借款人将自己的贷款向银行提出提前还款的申请，并且保证以前的还款月份没有出现逾期且已经归还当月贷款即可。

另外，提前还款可分为部分偿还和全部偿还。

我们说提前还贷并不适合所有的人，那么哪些人不适合提前还贷呢？具体如图 4-12所示。

期限在 5 年以内

对于贷款使用期限在 5 年之内，或剩余还款时间小于 5 年的，提前还贷的意义不大，最好是每期按时还款。

利率折扣

贷款的执行利率和实际利率可能是不同的，如果有享受 7 折或者更低利率的贷款客户，不适合提前还贷。

利率下跌

国家的执行利率会适时发生变化，如果使用等额本金还款，可关注利率变化，当利率下降时，提前还贷也不划算。

理财产品

贷款可以和理财相结合，当贷款者手里持有的投资产品收益超过贷款利率或接近贷款利率时，可暂缓提前还贷。

收入不同

不同的收入情况有不同的提前还贷技巧，如年轻人收入不高但相对稳定，此时提前还贷就不太适合。

图 4-12　不适合提前还贷的情况

三、个人网上贷款

随着个人金融的发展，人们已经不再局限于在银行办理贷款，丰富的贷款渠道可以满足不同人群的贷款需求，网上贷款就是非常有效的办法。

第57项 简单认识网上贷款

所谓网上贷款，就是一切认证、记账、清算和交割等流程均通过网络完成，人们足不出户就可以轻松拿到贷款。

网上贷款充分利用小额与网络的优势，具体的优势特点如下。

◆ 审核相对银行较为宽松，借款者很容易拿到贷款。

◆ 执行利率可能比银行更低。

◆ 一般为小额无抵押借贷，满足各个阶层的不同贷款需求。

◆ 放款与还款更加容易，到账时间更快，期限更加灵活。

在网上贷款，具体的流程如图 4-13 所示。

借款人自行在网上考察选择合适的平台

注册平台账户，包括真实信息与银行账户

提出贷款申请，内容和银行贷款基本相同

贷款平台对借款人的申请进行审核

平台与符合要求的借款者签订借款合同

平台放款，借款者获得贷款

借款人在合理范围内使用贷款，并在到期前归还本息

图 4-13 网上贷款的流程

第58项 如何完成网上贷款

前面介绍了说网上贷款是比较简单的，下面就来看看如何在网上挑选一个合适的平台，并且完成贷款申请。

应用示例——通过"百度财富"完成网贷

Step01 进入百度财富首页（http://caifu.baidu.com/），在页面菜单栏中单击"贷款"超链接。

Step02 在打开的页面上方进行贷款条件筛选，包括地区、金额、期限及担保信息等内容，单击"重新查询"按钮。

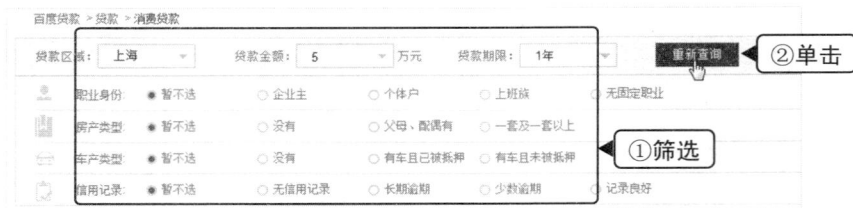

Step03 在该页面下方即可看到符合搜索条件的贷款平台及种类，单击后面的"查看详情"按钮。

Step04 系统进入该贷款平台首页，在产品项目中找到想要进行贷款的选项，单击其名称超链接。

无抵押贷款

张小敏 〔信〕〔诚〕〔章〕
产品类型：信用贷款
产品利率：0.75~2.30% 放款额度：3~300 万
专业咨询：目前已与28家银行合作，利息低，审批流程
务优质，真诚的接待每一一客户。来过公司的

单击 → 信用贷款咨询

高志 〔信〕〔诚〕 信用贷款咨询
产品类型：信用贷款
产品利率：0.60~2.30% 放款额度：1~500 万
专业咨询：专做大成都信用贷款咨询、办理
全款（按揭）房、全款（按揭）车即可申请

咨询电话：

输入手机号码 免费通话

或拨打：400 890 3298 转 11091

咨询电话：

输入手机号码 免费通话

还可以：免费申请贷款

Step05 进入贷款页面，详细查看该贷款产品的期限、利率及担保情况，在页面下方的贷款流程图中单击"在线申请"按钮。

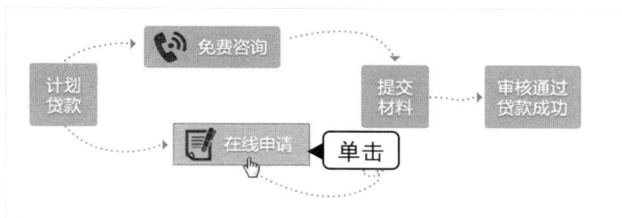

免费咨询

计划贷款 → 提交材料 → 审核通过贷款成功

在线申请 → 单击

Step06 在打开的页面中输入贷款金额、姓氏、手机号码及验证码、工作城市及年龄，在页面下方继续设置贷款征信情况。

贷款金额：	10	万元	您的年龄：	30	
输入 → 您的	刘	◉先生 ◎女士	贷款方式：	以个人名义贷款	▾
联系手机：			征信情况：	无逾期记录	▾
验证码：	514275	获取验证码	资产情况：	有房	▾
	或者获取语音验证码				
工作城市：	S四川 ▾ C成都(*) ▾		产品类型：	信用贷款	▾

Step07 在页面下方，会自动根据所选择的征信情况出现不同的征信证明下拉按钮，设置适合资金的选择，单击"下一步"按钮即可成功提交贷款申请。之后就会有工作人员与申请人取得联系，完成进一步的贷款手续。

当前单位工作时间：	1-3年	▼
工资发放形式：	请选择	▼
本地社保缴存情况：	有本地社保,已经连续缴存6个月以上	▼
本地公积金缴存情况：	有本地公积金,已经连续缴存6个月以上	▼
房产估值：	80	万

①设置

下一步 ②单击

第59项 识别网上贷款的风险与陷阱

网上贷款虽然非常方便，但很可能会遭遇诈骗的风险，下面来看一个例子。

应用示例——李先生遭遇网贷陷阱

李先生是一个小生意人，最近他急需资金进货，情急之下上网寻求无抵押贷款，但李先生却并没有充分考量网贷平台，最终遭遇了骗局。

李先生从某网站上看到"××贷款担保公司"发布的小额贷款广告，决定尝试网上贷款。尽管李先生并没有看到这家公司的相关证明文件，但他还是决定一试，很快与一位工作人员取得了联系。

李先生称，要贷款10万元，对方回复称要办理无须抵押贷款，利息是5%，钱会在申请贷款两小时之内入账，身份审核不需要身份证复印件，只需要提供姓名、身份证号码即可。

10分钟后，李先生的身份通过了审核，并被告知需缴纳300元代办费，但是李先生转账后，却被告知还需缴纳1 000元的"资产能力验证费"，于是李先生再次转账给了对方。

但是在两个小时之后，对方称还需要李先生支付2 000元的担保费用，并在后期会退回这2 000元。于是李先生开始犹豫了，自己是不是遭遇了骗局呢？

面对这样的情况，李先生提出要放弃贷款，拿回自己已经缴纳的1 300元费用。但对方称资金验证已经生效，现在是无法退款的，李先生认为，自己还没有拿到贷款，为什么会产生费用呢？争执之下，李先生选择了报警。

最终，经过调查，原来这家"××贷款担保公司"根本就是一个虚假公司，没有任何合法手续及贷款资格，其贷款网站也只是一个简单冒名的克隆网站。

以上示例的就是李先生没有看清网上理财陷阱才遭遇的骗局，图 4-14 总结了一些常见的网上理财骗局，投资者可着重留意。

1	一般未设立任何贷款条件，无抵押、无担保的网上贷款都需要谨慎处理。
2	贷款需要有一定的审核时间，网上小额贷款骗局一般会承诺较短的放款时间。
3	面对低利率要谨慎，网上小额贷款利率较低，但不可能过分低于标准利率。
4	无抵押贷款需要你有一定的收入证明，工作稳定，仅凭身份证办理贷款一般都是骗局。
5	没有贷款资质，不断向借款人收取"担保费"等费用的很可能是骗局。

图 4-14 网上贷款的骗局

四、轻松使用信用卡

如今信用卡已经走进了我们普通人的生活，许多人虽然在使用信用卡，但却并不清楚信用卡使用的技巧。信用卡，也可称为贷记卡，是由银行或信用卡公司依照用户的信用度与财力发给持卡人，持卡人持信用卡消费时无须支付现金，待账单日时再进行还款。下面就简单来认识信用卡的使用。

第60项 信用卡的基础使用

使用信用卡有如图 4-15 所示的优点。

1	不需要有存款就可以透支消费，并可享有 20 ~ 56 天的免息期。
2	可轻松实现刷卡消费与网上支付，账单明了，便于管理。
3	有打折消费、消费积分等丰富的优惠活动。
4	自由选择一卡双币形式，在全世界可进行消费结算。

图 4-15 信用卡的优点

作为刚使用信用卡的人来说，信用卡的申请与使用都是必须要了解的，具体有如图 4-16 所示的流程。

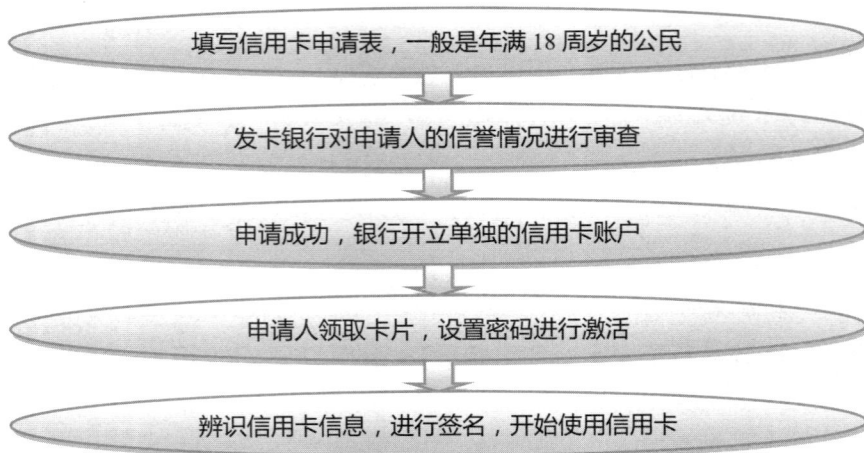

填写信用卡申请表，一般是年满 18 周岁的公民

发卡银行对申请人的信誉情况进行审查

申请成功，银行开立单独的信用卡账户

申请人领取卡片，设置密码进行激活

辨识信用卡信息，进行签名，开始使用信用卡

图 4-16　信用卡的申请与使用流程

第61项　信用卡的两大日期

信用卡在使用过程中，需要格外注意两大日期，分别是信用卡账单日与最后还款日，具体内容如图 4-17 所示。

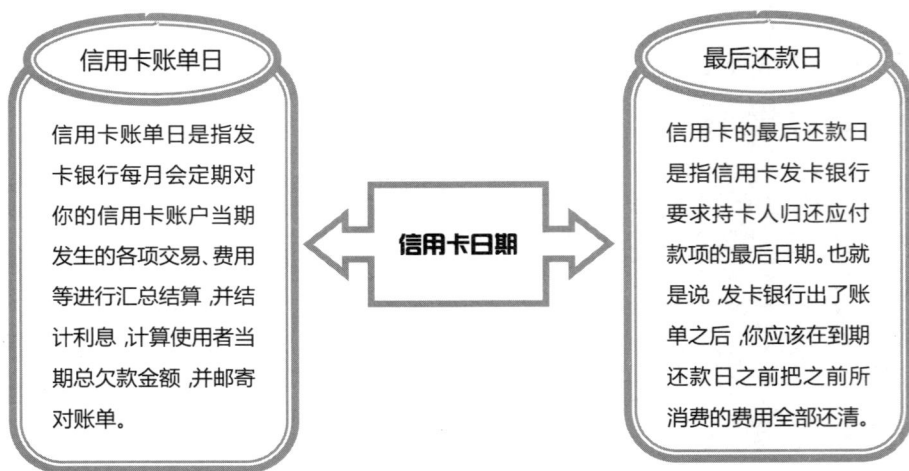

信用卡账单日

信用卡账单日是指发卡银行每月会定期对你的信用卡账户当期发生的各项交易、费用等进行汇总结算，并结计利息，计算使用者当期总欠款金额，并邮寄对账单。

信用卡日期

最后还款日

信用卡的最后还款日是指信用卡发卡银行要求持卡人归还应付款项的最后日期。也就是说，发卡银行出了账单之后，你应该在到期还款日之前把之前所消费的费用全部还清。

图 4-17　信用卡账单日与最后还款日

第62项 信用卡账单分期与最低还款

信用卡使用了之后就必须要偿还，如果没有偿还所有的账单，所有消费款项不再享受免息还款待遇，以日息万分之五，按月计收复利，同时冻结您的账户并将您的欠款记录反馈到中国人民银行记入您的信用档案，影响您的个人信用。

为了不影响信用记录，可以使用账单分期与最低还款。

(1) 最低还款额

在我们收到银行账单的时候，账单上会有一条最低还款额，这是银行规定我们在本期还款内的最低还款金额。

最低还款额的计算公式（以交通银行为例）为：信用额度内未还消费款的10%+预借现金交易款的10%+前期最低还款额未还部分的100%+超过信用额度消费款的100%+费用和利息的100%。

在偿还了最低还款额之后，不会影响到个人的信用，但剩余使用的金额同样会以日息万分之五收取利息。

(2) 账单分期

信用卡账单分期是指信用卡持卡人使用信用卡刷卡消费后向信用卡中心要求将消费金额分期归还给银行，一般是信用卡使用者通过电话或网络办理。

账单分期一般可以分为3期、6期、12期、18期、24期，和贷款一样，有的银行采用的是"等额本息"分期，有的银行使用的是"等额本金"分期。

第63项 不过度使用信用卡

信用卡的使用不像付现金那样一张一张地把钞票花出去，容易使人盲目消费或过度消费，最终造成无法还款或影响个人征信记录。

应用示例——小王过度消费使用信用卡

北京的小王使用真实的身份证分别申请办理了民生银行信用卡、招商银行信用卡、交通银行信用卡、中信银行信用卡，共计5张。有了信用卡以后，小王感觉自己瞬间"富裕"了，在消费的时候没有考虑过自己的刷卡金额，一不小心就透支过度了。

由于小王工作不稳定，使用后才发现自己无法还款，

结果因为无法按时还款，被银行收取了滞纳金以及利息费用。利滚利使得小王欠银行的钱越来越多，银行给小王发出了最后的催款通知单。如果小王还不能还款，银行将起诉小王。

被逼无奈的小王只得向自己的父母借钱，可是因为小王逾期还款，不仅被多收取了很多利息以及滞纳金费用，自己的征信记录也受到了影响。

上述的小王就是使用信用卡盲目消费的典型，我们在使用信用卡时，首先要做到不过度办理信用卡，同时在使用时不过度消费，在个人财务状况下合理使用，让信用卡真正成为个人金融生活的好帮手。

第5章

股市风云变幻，掌握操盘技巧

谈到不同的理财方式，人们可能第一个会想到的就是股票，随着经济社会的开放发展，"炒股"已经走进了千家万户，股票可以让你一夜暴富，也能让你输得一败涂地。本章就让我们一起来详细认识股票投资。

一、认识股票

我们每天都在说的"炒股"，也就是通过股票的价格波动来获利的机会，那么股票究竟是什么，投资者如何参与其中，它又有什么特点呢？本章的第一部分，我们一起来简单认识股票。

第64项 股票的特点

股票是一个股份公司股份证书的简称，是股份公司为筹集资金而发行给股东作为持股凭证并借以取得股息和红利的一种有价证券。每股股票都代表股东对企业拥有一个基本单位的所有权。它是股份公司资本的构成部分，可以转让、买卖或作价抵押，是资金市场的长期信用工具。

股票有如图 5-1 所示的特点。

不可偿还

股票是一种无限期的长期投资，一旦向股份公司购买股票之后，只要该公司依然存在，任何股票投资者都不能要求退股并返还资金。如果需要取回资金，可以在证券交易市场将股票转让给第三方，也就是买卖股票。

具有收益

作为一种有偿投资，股票持有者有权从股份公司获取投资回报，其收益的多少取决于投资者的成本、股份公司的盈利水平和盈利的分配政策。另外，投资者还可以通过转让股票并从中获取差价。

价格波动

股票作为在市场中流通的交易对象，与一般商品相似，股票的价格也是根据供求关系的变化而上下波动，其供求关系受到市场行情、公司经营状况、政策等因素的影响。这种波动也就形成了投资的价值。

流动性

股票作为有价证券，可以在市场上买卖、转让，也可以继承、抵押，因此股票具有流通性，吸引投资者不断地进行交易，使股票价格在交易过程中发生变动，并带动投资者的资金流动，从而实现社会资源优化配置的效果。

图 5-1　股票的特点

第65项　股票交易所

进行股票的交易必须要有一个市场，我们将这个交易市场称为二级市场，也称交易所，是指公司股票发行完毕后上市可以进行买卖交易的场所，我国一般是上海证券交易所与深圳证券交易所，具体内容如图5-2所示。

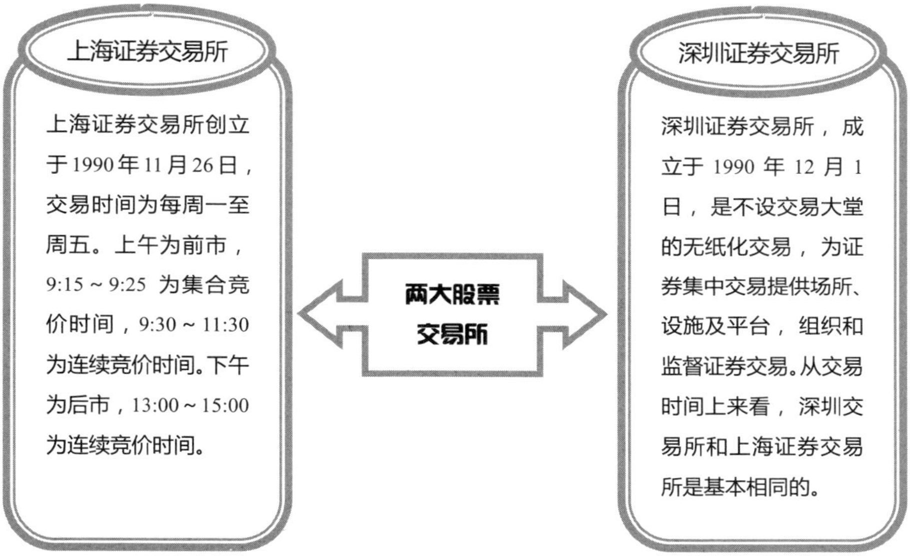

上海证券交易所

上海证券交易所创立于1990年11月26日，交易时间为每周一至周五。上午为前市，9:15～9:25为集合竞价时间，9:30～11:30为连续竞价时间。下午为后市，13:00～15:00为连续竞价时间。

两大股票交易所

深圳证券交易所

深圳证券交易所，成立于1990年12月1日，是不设交易大堂的无纸化交易，为证券集中交易提供场所、设施及平台，组织和监督证券交易。从交易时间上来看，深圳交易所和上海证券交易所是基本相同的。

图 5-2　上海证券交易所与深圳证券交易所简介

在正常交易情况下，股票交易所要履行如下的职能和义务。

◆　股票上市的条件、申请程序以及上市协议的内容及格式。

◆　上市公告书的内容及格式。

◆　交易股票的种类和期限。

◆　股票的交易方式和操作程序。

◆　交易纠纷的解决。

◆　交易保证金的交存。

◆　上市股票的暂停、恢复和取消交易。

◆　证券交易所的休市及关闭。

◆　上市费用、交易手续费的收取。

◆ 该证券交易所股票市场信息的提供和管理。

◆ 对违反证券交易所业务规则行为的处理。

第66项 股票的分类

在股票投资中，我们常常听到"A 股"、"B 股"等词汇，这些字母其实是根据股票的上市交易场所来对股票进行的分类，具体如表 5-1 所示。

表 5-1　按股票上市地点进行股票分类

股票	含义
A 股	A 股的正式名称是人民币普通股票，是由我国境内的公司发行，供境内机构、组织或个人（不含台、港、澳投资者）以人民币认购和交易的普通股股票
B 股	B 股的正式名称是人民币特种股票，属于境内上市的外资股。它是以人民币标明面值，以外币认购，供境内外投资者买卖的股票
H 股	H 股也称国企股，主要是指在内地注册，在香港特别行政区上市的外资股，因香港英文单词"Hong Kong"首字母为"H"因而得名 H 股
N 股	N 股主要是指在我国内地注册，在纽约上市的外资股，因纽约英文单词"New York"首字母为"N"而得名 N 股
S 股	S 股主要是指在我国内地注册，在新加坡上市的外资股，因新加坡英文单词"Singapore"首字母为"S"而得名 S 股

第67项 看懂一只股票的代码属性

要看懂一只股票所表示的意义，就需要从股票代码上下手，一般来说，证券代码采用 6 位阿拉伯数字编码，取值范围为 000000~999999，具体内容如下。

(1) 上海证券交易所股票代码

上海证券交易所股票代码的前 3 位为证券种类标识区，首位为证券产品标识，第 2~3 位为证券业务标识，后 3 位为顺序编码区，如图 5-3 所示。

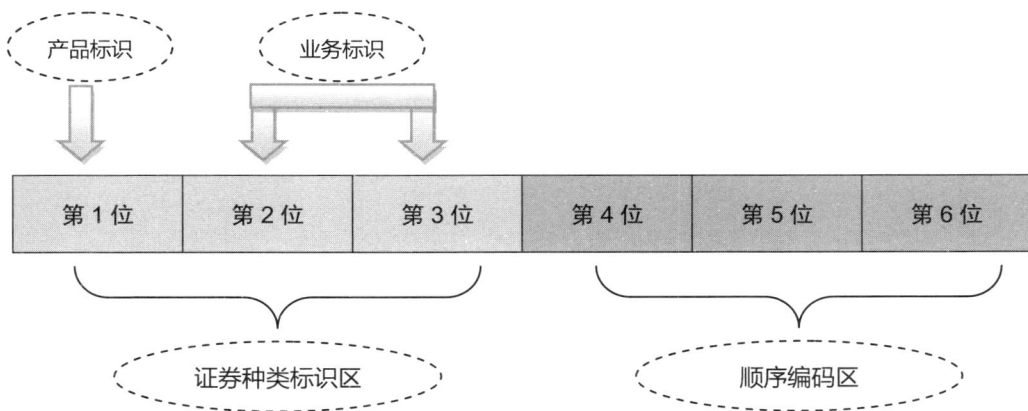

图 5-3 上海证券交易所股票代码的分配原则

在图 5-3 中，0 代表国债/指数；1 代表债券；2 代表回购；3 代表期货；4、8 位备用；5 代表基金；6 代表 A 股；9 代表 B 股。

（2）深圳证券交易所股票代码

深圳证券交易所股票代码的前两位为证券种类标识区，首位为证券产品的大类标识，第 2 位为证券产品大类下衍生的证券标识，后 4 位为顺序编码区，如图 5-4 所示。

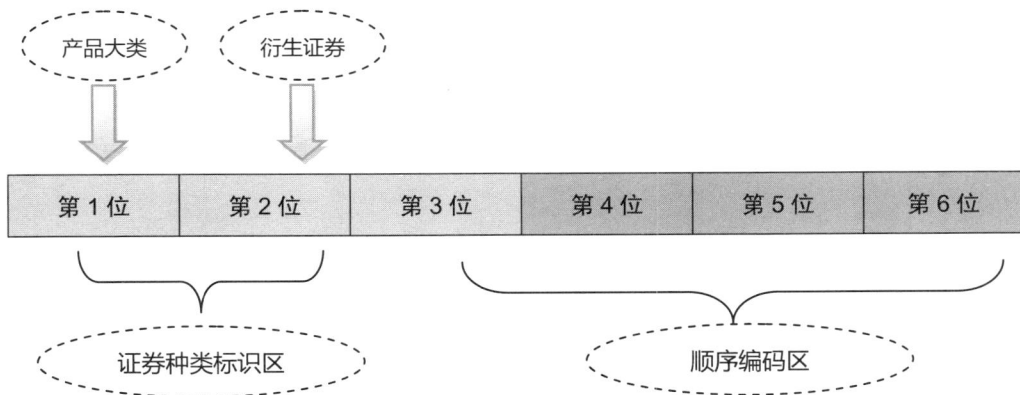

图 5-4 深圳证券交易所股票代码的分配原则

深圳证券交易所的证券产品大类代码的取值范围为 0～3，各证券产品类别下又衍生了其他证券，如表 5-2 所示。

表 5-2 深圳证券交易所证券种类代码的分配原则

第 1 位	第 2 位	含义	第 1 位	第 2 位	含义
0	0	A 股证券	0	3	A 股认购或认沽权证
	7	A 股增发		8	A 股配股权证
1	0	国债现货	2	0	B 股证券
	1	债券		8	B 股配股权证
	2	可转换债券	3	0	创业板证券
	3	债券回购		6	网络投票证券
	5	开放式基金		7	创业板增发
	6	开放式基金		8	创业板配股权证
	8	证券投资基金		9	综合或成分指数/成交量统计指标

第68项 一只股票的价格表示方式

要看懂一只股票，除了从其代码上下手外，最主要的是看懂其价格是如何表示的，我们以某交易软件为例，如图 5-5 所示。

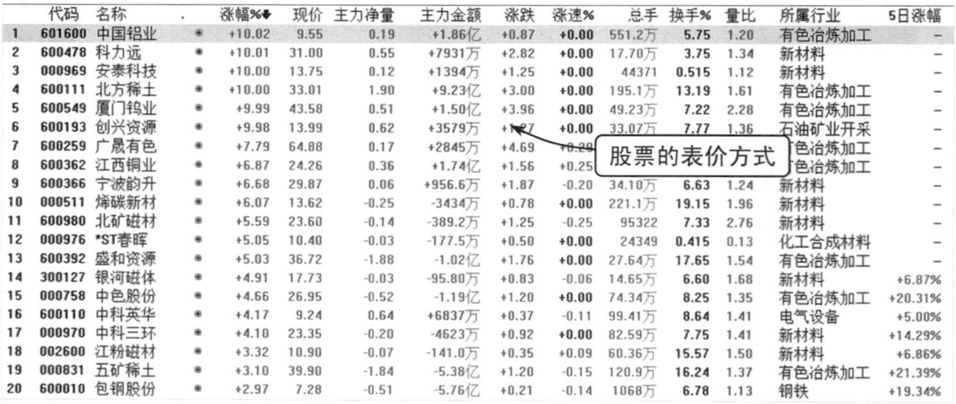

	代码	名称	.	涨幅%⬇	现价	主力净量	主力金额	涨跌	涨速%	总手	换手%	量比	所属行业	5日涨幅
1	601600	中国铝业	*	+10.02	9.55	0.19	+1.86亿	+0.87	+0.00	551.2万	5.75	1.20	有色冶炼加工	-
2	600478	科力远	*	+10.01	31.00	0.55	+7931万	+2.82	+0.00	17.70万	3.75	1.34	新材料	-
3	000969	安泰科技	*	+10.00	13.75	0.12	+1394万	+1.25	+0.00	44371	0.515	1.12	新材料	-
4	600111	北方稀土	*	+10.00	33.01	1.90	+9.23亿	+3.00	+0.00	195.1万	13.19	1.61	有色冶炼加工	-
5	600549	厦门钨业	*	+9.99	43.58	0.51	+1.50亿	+3.96	+0.00	49.23万	7.22	2.28	有色冶炼加工	-
6	600193	创兴资源	*	+9.98	13.99	0.62	+3579万	[illegible]	+0.00	33.07万	7.77	1.36	石油矿业开采	-
7	600259	广晟有色	*	+7.79	64.88	0.17	+2845万	+4.69	[illegible]	[illegible]	[illegible]	[illegible]	色冶炼加工	-
8	600362	江西铜业	*	+6.87	24.26	0.36	+1.74亿	+1.56	+0.25	[illegible]	[illegible]	[illegible]	色冶炼加工	-
9	600366	宁波韵升	*	+6.68	29.87	0.06	+956.6万	+1.87	-0.20	34.10万	6.63	1.24	新材料	-
10	000511	烯碳新材	*	+6.07	13.62	-0.25	-3434万	+0.78	+0.00	221.1万	19.15	1.96	新材料	-
11	600980	北矿磁材	*	+5.59	23.60	-0.14	-389.2万	+1.25	-0.25	95322	7.33	2.76	新材料	-
12	000976	*ST春晖	*	+5.05	10.40	-0.03	-177.5万	+0.50	+0.00	24349	0.415	0.13	化工合成材料	-
13	600392	盛和资源	*	+5.03	36.72	-1.88	-1.02亿	+1.76	+0.00	27.64万	17.65	1.54	有色冶炼加工	-
14	300127	银河磁体	*	+4.91	17.73	-0.03	-95.80万	+0.83	-0.06	14.65万	6.60	1.68	新材料	+6.87%
15	000758	中色股份	*	+4.66	26.95	-0.52	-1.19亿	+1.20	+0.00	74.34万	8.25	1.35	有色冶炼加工	+20.31%
16	600110	中科英华	*	+4.17	9.24	0.64	+6837万	+0.37	-0.11	99.41万	8.64	1.41	电气设备	+5.00%
17	000970	中科三环	*	+4.10	23.35	-0.20	-4623万	+0.92	+0.00	82.59万	7.75	1.41	新材料	+14.29%
18	002600	江粉磁材	*	+3.32	10.90	-0.07	-141.0万	+0.35	+0.09	60.36万	15.57	1.50	新材料	+6.86%
19	000831	五矿稀土	*	+3.10	39.90	-1.84	-5.38亿	+1.20	-0.15	120.9万	16.24	1.37	有色冶炼加工	+21.39%
20	600010	包钢股份	*	+2.97	7.28	-0.51	-5.76亿	+0.21	-0.14	1068万	6.78	1.13	钢铁	+19.34%

图 5-5 某板块股票价格盘面

在图 5-5 中，列举了某板块股票价格盘面，在我国，一般红色代表该股票当前状况为涨（涨幅前有“+”号），绿色代表该股票当前状况为跌（跌幅前有“-”号）。

股票的最小报价单位

　　最小报价单位是指在证券买卖申报时，申报价格的最小变动单位。一般情况下，最小报价单位越大，买卖价差就越大，市场流通性会降低，但是最小报价单位太小，随着买卖价差的减少，市场的成交量可能会下降。

　　在我国，A 股在上海证券交易所和深圳证券交易所的最小报价单位都为 0.01 元人民币，B 股在上海证券交易所为 0.001 美元，在深圳证券交易所为 0.01 港元。

第69项 股票投资的基础术语

　　要在股市中参与股票的投资，就必须要对一些专用术语进行了解，它是股票买卖以及价格分析中的基础，具体内容如表 5-3 所示。

表 5-3　股市的专用术语

术语	含义
开盘价	在交易所每个营业日的第一笔交易的成交价格
收盘价	在交易所一天交易活动结束前最后一笔交易的成交价格
最高价	某只股票在一个交易周期内的最高成交价格
最低价	某只股票在一个交易周期内的最低成交价格
长线	是指长期投资者买进绩优股后长期持有，以此来获取利润
短线	是指短期投资者在短时期内通过不断卖出买进来套取利润
看多	某只股票价格上涨，看好大盘或股市行情未来的投资者
看空	某只股票价格下跌，看坏大盘或股市行情未来的投资者
仓位	投资者买入股票花费的资金与资金总量的比例关系
开仓	开始买入一只股票
平仓	低价买入股票，高价卖出股票并有了成交结果的行为
牛市	多头市场，主要是指股票价格普遍上涨的市场
熊市	空头市场，主要是指股价长期呈下降趋势的市场

续表

术语	含义
套牢	预计股票将上涨，但在买进后，股价却持续下跌
垃圾股	是指公司业绩很差的股票，即每股收益和净资产连续几年为负值
绩优股	是指过去几年业绩和盈余很好，而且未来几年也看好的股票
蓝筹股	是指稳定的现金股，公司的经营业绩较好
黑马股	是指价格可能脱离过去的价位而在短期内大幅上涨的股票

二、股票的交易制度

股票的交易并不是随心所欲的进行，它必须要遵守一些教育的原则与制度，下面就来认识这些股票交易制度。

第70项 竞价成交原则

股票的竞价是将数笔委托报价或某个时段内的全部委托报价集中在一起，根据不高于申买价和不低于申卖价的原则产生一个成交价格。

股票竞价成交的原则都是按"价格优先、时间优先"的原则来进行交易的，具体内容如图 5-6 所示。

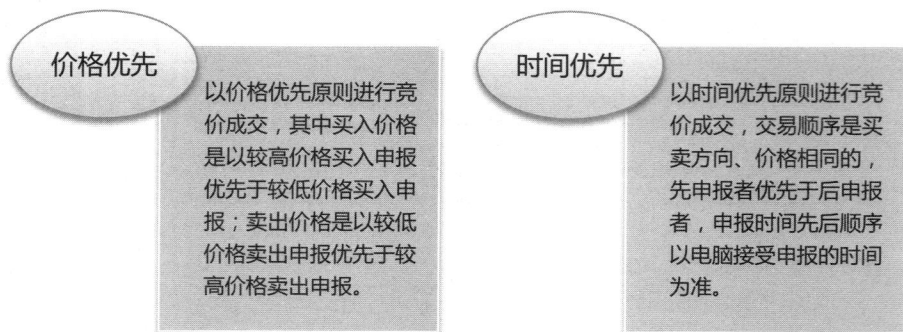

价格优先　以价格优先原则进行竞价成交，其中买入价格是以较高价格买入申报优先于较低价格买入申报；卖出价格是以较低价格卖出申报优先于较高价格卖出申报。

时间优先　以时间优先原则进行竞价成交，交易顺序是买卖方向、价格相同的，先申报者优先于后申报者，申报时间先后顺序以电脑接受申报的时间为准。

图 5-6　股票的竞价原则

第71项 委托原则

股票的交易是以委托的方式由客户向交易中心提出交易的，在委托过程中，必须遵守如下所示的委托原则。

- ◆ 买入委托必须为整百股（配股除外）。

- ◆ 卖出委托可以为零股，但如果为零股必须一次性卖出。

- ◆ 股票停盘期间委托无效。

- ◆ 买入委托不是整百股（配股除外）委托无效。

- ◆ 委托价格超出涨跌幅限制委托无效。

第72项 T+1 交易制度

从 1995 年 1 月 3 日开始，我国两大股票交易所中的 A 股、基金和证券的交割就实行了 T+1 交易制度，该制度对股票买卖和现金提取进行了规定，具体规定如下。

同一只 A 股股票，当天买入后不能卖出，必须要等到下一个交易日才能卖出；同一只 A 股股票，当天卖出后可以当天买入。

从现金的提取来看，A 股股票卖出当天，必须要等到下一个交易日才可以将资金提取出来。

> **什么是 T+0 交易制度**
>
> T+0 股票交易制度是指在成交的当天就可以获得的股票和现金，因为它的投机性太大，为了保证股市的稳定，因此我国暂不实行 T+0 交易制度。另外，我国沪深交易所对 B 股实行了"T+3"股票交易制度，买卖股票后，需要等到第 3 个交易日才可以卖出。。

第73项 涨跌停板制度

股票的价格每日都会出现变动，为了防止交易价格的暴涨暴跌，抑制过度投机的现象，对每只证券当天价格的涨跌幅度予以适当限制，这就形成了涨跌停板制度。

所谓涨跌停板，具体规定为沪深交易所对上市交易的 A 股、B 股，基金类证券的交易分别实行价格涨跌幅限制，即在一个交易日内，除首日上市证券外，上述证券的交易价格相对上一交易日收市价格的涨跌幅度不得超过 10%，超过涨跌限价的委托为无效委托，即涨停无卖盘、跌停无买盘。

如图 5-7 所示，中国铝业（601600）在 2015 年 4 月 23 日尾盘时涨幅达到了 10.02%，因此超过 0.02% 涨幅时的委托无效。

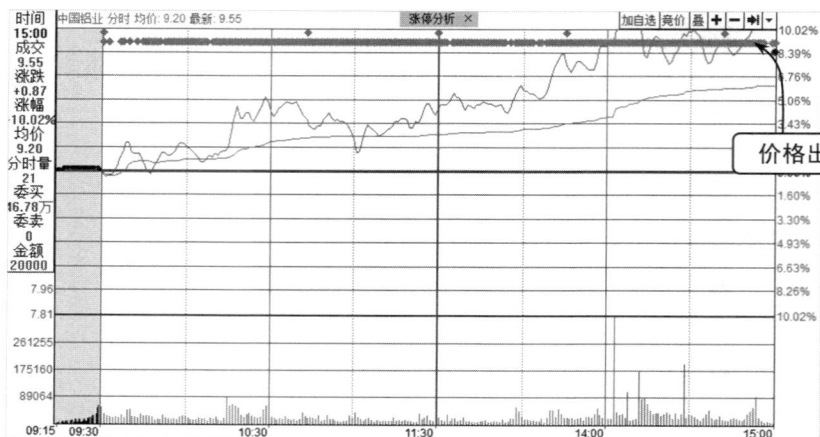

价格出现涨停

图 5-7　股票的价格涨停

第74项　停牌、摘牌制度

一只股票在上市之后，还会继续受到相关机构的监管，如果违反了证券上市规定，就会被停牌与摘牌，具体规则如图 5-8 所示。

1	公司股本总额、股权分布等发生变化不再具备上市条件。
2	公司不按照规定公开其财务状况，或者对财务会做报告做虚假记载。
3	公司有重大违法行为。
4	公司最近 3 年连续亏损。

图 5-8　股票停牌、摘牌的原因

三、如何完成股票的交易

通过前面的内容，我们已经对股票及其市场有了初步的了解，如果要进行股票的投资，还需要掌握开户、委托等流程。

第75项　买卖股票的全部流程

如今的股票投资，是可以完全通过电脑进行无纸化交易的，具体有开户、委托、成交、清算交割和过户等几个步骤，如图 5-9 所示。

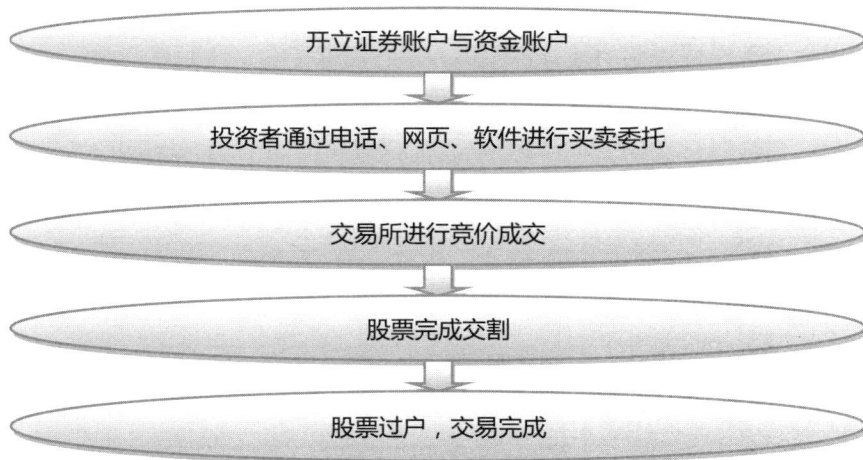

开立证券账户与资金账户

↓

投资者通过电话、网页、软件进行买卖委托

↓

交易所进行竞价成交

↓

股票完成交割

↓

股票过户，交易完成

图 5-9　股票的交易流程

第76项　股票账户的开立

图 5-9 所示为一只股票完成交易的全部流程，其中第一步与第二部账户的开立是非常重要的，具体的办理方法如图 5-10 所示。

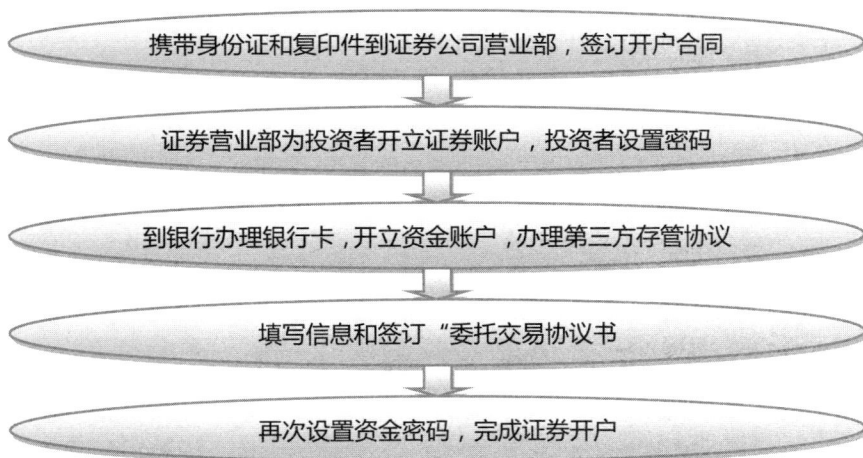

携带身份证和复印件到证券公司营业部，签订开户合同

↓

证券营业部为投资者开立证券账户，投资者设置密码

↓

到银行办理银行卡，开立资金账户，办理第三方存管协议

↓

填写信息和签订"委托交易协议书

↓

再次设置资金密码，完成证券开户

图 5-10　股票账户开立的流程

第77项 股票的委托

股票的买卖必须通过相关的证券经纪机构进行委托交易，下达买卖股票的指令，这个过程我们称为委托，一般有柜台委托、电话委托、电脑委托与终端委托。但无论是哪一种委托，都必须有如图 5-11 所示的内容。

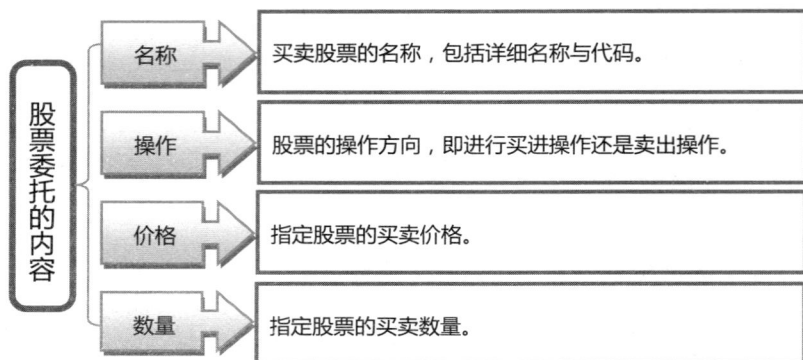

股票委托的内容		
	名称	买卖股票的名称，包括详细名称与代码。
	操作	股票的操作方向，即进行买进操作还是卖出操作。
	价格	指定股票的买卖价格。
	数量	指定股票的买卖数量。

图 5-11　股票委托的内容

第78项 股票竞价成交

前面我们介绍了股票的成交是通过集合竞价的方式来进行的，所谓集合竞价，是将数笔委托报价或某个时段内的全部委托报价集中在一起，根据不高于申买价和不低于申卖价的原则产生一个成交价格，在竞价过程中，通过一次次的对委托买入价格和委托卖出价格进行配对，达成交易。

集合竞价一般是由主机自动完成，会出现如图 5-12 所示的 3 种结果。

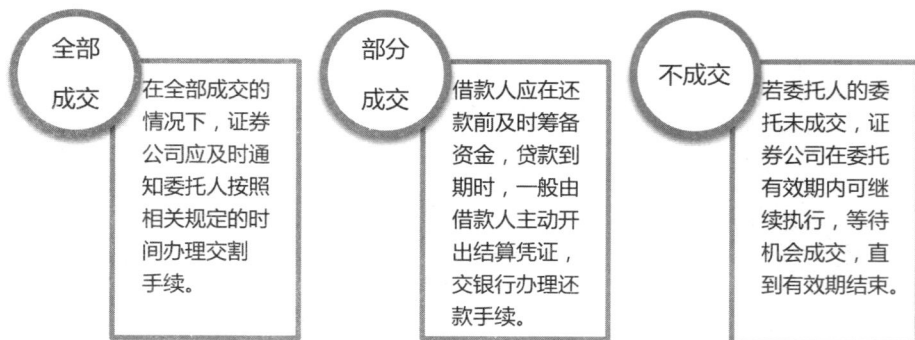

全部成交 在全部成交的情况下，证券公司应及时通知委托人按照相关规定的时间办理交割手续。

部分成交 借款人应在还款前及时筹备资金，贷款到期时，一般由借款人主动开出结算凭证，交银行办理还款手续。

不成交 若委托人的委托未成交，证券公司在委托有效期内可继续执行，等待机会成交，直到有效期结束。

图 5-12　股票竞价的结果

第79项 股票竞价交割与过户

买卖股票之后，只有股东名册上的原股东的姓名和持股信息更换为新股东的姓名和持股信息，新股东才持有股票，具有实权，该过程就被称为过户，此时才标志着股票交易的最终完成。

但在交易所交易过程中，不可能要求投资者去修改股票的所有人形成，因此一般采用的是电脑自动过户，买卖双方一旦成交，过户手续就已经办完。

> **股票有哪些交割方式**
>
> 股票的交割一般有当日交割、次日交割、第二日交割与例行交割 4 种。
> 我国证券交易一般实行的是次日交割，是指买卖双方在交易达成后的下一个交易日正午前办理交割事宜，休市时时间顺延。

第80项 认识看盘软件——同花顺

我们进行股票投资，就必须要掌握一款炒股软件。同花顺股票软件是一个提供行情显示、行情分析和行情交易的股票软件。下面简单来认识它。

下载安装同花顺软件之后，打开软件，就会看到如图 5-13 所示的主界面，包括各项数据菜单栏与报价区域。

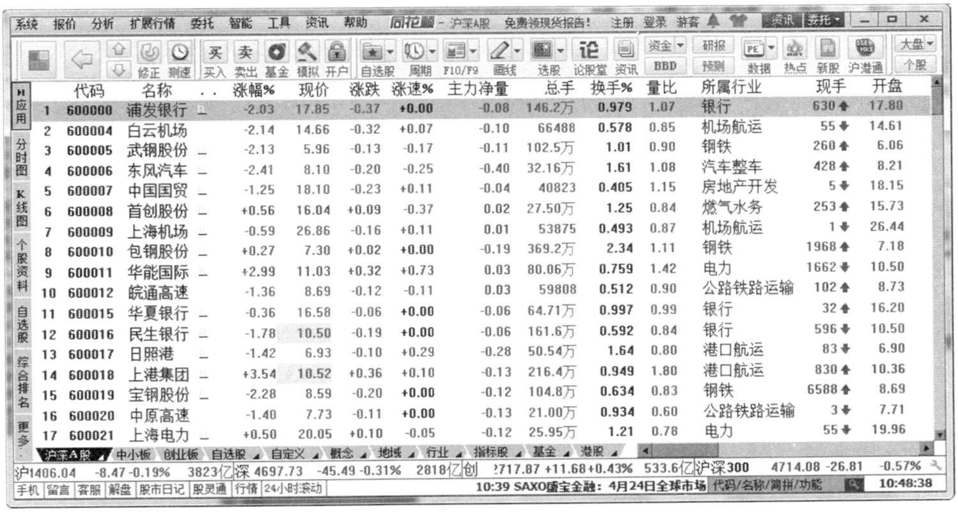

图 5-13 同花顺软件主界面

在报价区域中双击任何股票选择，进入该股票的详细行情页面，包括盘口信息及各类个股资讯、资金分析等，如图 5-14 所示。

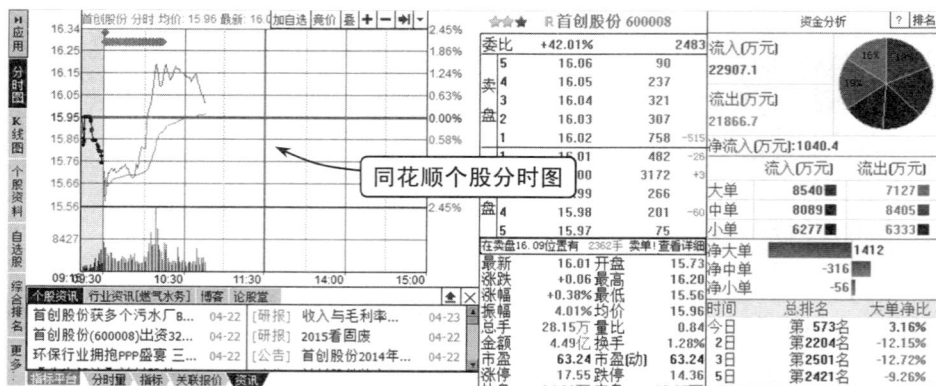

图 5-14　个股盘口及资讯

通过相关窗口的拖动与切换，可详细查看某一详细信息，如切换到个股 K 线图中，并将 K 线窗口放大，如图 5-15 所示。

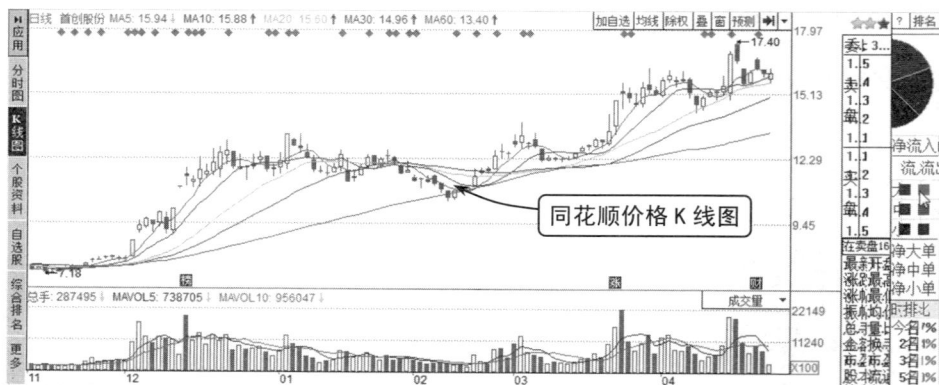

图 5-15　查看个股 K 线图

第81项　买入一只股票

如今的炒股软件功能非常丰富，投资者在炒股之前一定要熟练掌握这些软件的使用，下面来看看如何买入一只股票。

应用示例——在同花顺软件买入一只股票

Step01　在同花顺软件首页单击"买"按钮，在打开的对话框中选择开户营业部，输入账号及密码，单击"确定"按钮登录账户。

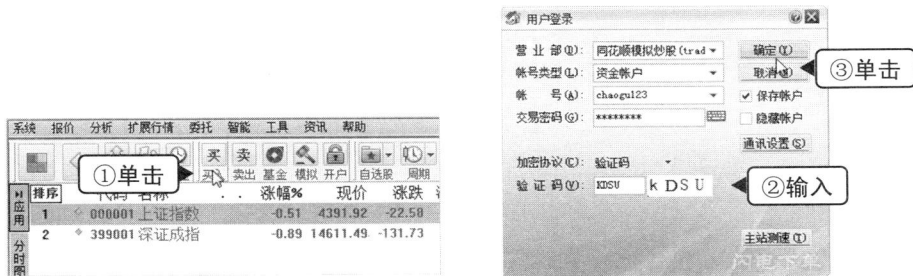

Step02 软件自动激活交易栏，输入证券代码、买入数量等信息，系统自动显示价格与可买数量，单击"买入"按钮。

Step03 在打开的对话框中确定交易信息，单击"是"按钮。

Step04 委托成交之后，在右侧的"持仓"区域中，即可看到股票持仓，包括具体的金额及盈亏状况。

第82项 卖出一只股票

了解了怎样买入一只股票后，下面来看看如何卖出一只股票。

应用示例——在同花顺软件卖出一只股票

Step01 在"持仓"区域中双击要进行卖出的股票选项，在左侧操作栏中输入卖出数量，单击"卖出"按钮。

Step02 在打开的对话框中确认卖出信息，单击"是"按钮即可成功卖出股票。

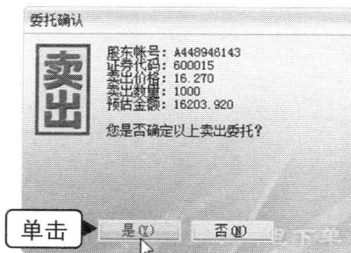

四、股票投资获利技巧

以上的内容就是股票投资的基础理论与买卖操作，作为新手投资而言，进入股市之前还需要掌握一些简单的获利技巧，从而在市场站稳脚步。

第83项 新手选股技巧

选择一只好的股票是成功投资的关键，选股技巧很多，我们可以从投资期限的长线与短线上进行选择。

（1）长线持有股票

长线持有股票的技巧如图 5-16 所示。

> **1** 长线投资股票，不能选普通的蓝筹股、绩优股，因为这些股票价高、成交量高，难以暴涨。长线可以选择一些冷门股，甚至是绩差股。

图 5-16　长线持有股票的技巧

| 2 | 长期持股最好不要选择"大盘"股票，一般选择一些中小盘股票更具潜力，后期表现可能较好。 |

| 3 | 高价股也是从低价股涨上来的，长线一般是长期持有，因此最好选择低价股或是中价股，坚决避开高价股。 |

| 4 | 要持有股票，在分析公司状况时，不要着重于眼前的业绩，而要选择那些具有成长空间的公司股票。 |

图 5-16　长线持有股票的技巧（续）

（2）短线持有股票

如果是短线持有股票，则有如图 5-17 所示的技巧。

| 1 | 选择强势产业和行业的龙头上市公司，当该行业有利好消息时，这类股票会最先显露涨势。 |

| 2 | 短线持股可以选择一些在最近特别走红，成交量较高，涨幅靠前的股票，这些股票很可能在近期还会继续上涨。 |

| 3 | 一只股票如果在某天内出现较大的换手率，或尾盘成交量突变，可在关注后两日的走势后进行短线买卖。 |

| 4 | 在图形分析时，如果出现了明显的见顶、见底信号，短期持有者可对该类股票进行重点关注。 |

图 5-17　短信持有股票的技巧

短线和长线的相互转换

在持仓过程中，短线和长线并不是一定的，可根据实际情况进行变更，如确定了是短线持有，但如果后市出现了持续整理形态，则可继续持有该股。

第84项　股票的基本面分析

在本书第一章中，简单介绍过基本面分析。在股票投资时，善于使用基本面来分析行情情况，对后期价格判断是比较有效的，具体例子如下。

应用示例——商品房销售对房地产行业板块股票的影响

在 2014 年全年的我国商品房销售面积累计增长率走势图中,其走势总体呈下降趋势,表示 2014 年全国商品房销售数量在减少，如图 5-18 所示。

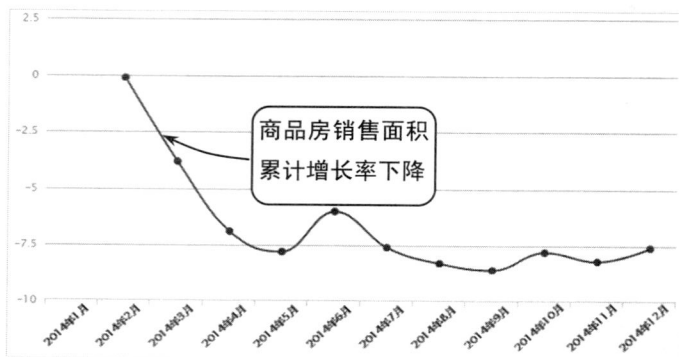

图 5-18　2014 年商品房销售面积累计增长率

在这样的情况下，国内房地产行业较为领先的保利地产（600048）价格在 2014 年全年出现了下跌，并且和商品房销售面积累计增长率走势图类似，同样在 4～5 月出现了短暂的上涨，如图 5-19 所示。

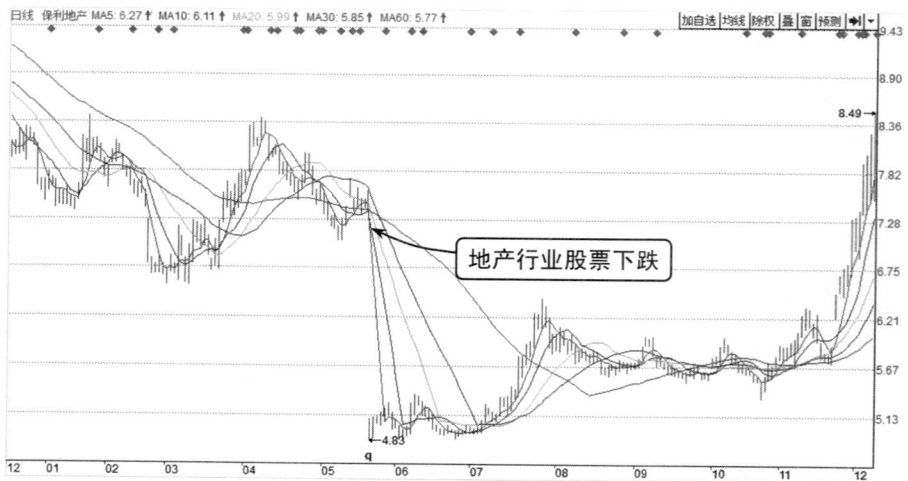

图 5-19　保利地产 2014 年价格走势图

除了上述例子的行业分析外，股票的基本面分析还有如图 5-20 所示的内容。

国家经济政策

国家的经济政策是影响股票价格非常重要的因素，如国家对三农的扶持政策出台后，和农业有关的股票普遍都会出现上涨。反之，如果国家抑制某行业的发展，该行业的股票就会下跌。

GDP

GDP 高，表示经济繁荣，企业经营良好，股价上涨；GDP 低，表示经济不景气，企业利润下降，股价下跌。

利率

利率上升，公司生产成本上涨，股票价格可能出现下跌；利率下降时，借贷产生良性发展，快速盈利，闲置资金流向股市，股价上涨。

汇率

汇率的波动会给进出口贸易带来大范围的波动，与进出口贸易相关的股票会出现剧烈波动，一般汇率与股价成正比。

CPI

CPI 上涨，表示此时正处于通货膨胀期，一般相关股价会出现上涨；CPI 下降，股价会下跌。

突发事件

政治或突发事件都会对股价造成影响，这一般和舆论有关，如出现空难事故，航空公司的股价就可能下跌。

图 5-20　影响股票价格的基本面内容

第85项　巧妙避免被套牢

前面介绍到，套牢是指投资者买入股票后，股价一直下跌，由于现价总是低于买入价，从而导致投资者不能无亏损地将股票抛出。新手投资者投资股票，被套牢是必然会出现的问题，具体有如下的解决办法。

◆ 将所有持股全盘卖出，以免遭受更大的损失。

◆ 将弱势股抛出，并买入刚刚发动的强势，以弥补套牢的损失。

◆ 先停损，在价格到达较低价位时再买进。

◆ 随股价下挫幅度扩增反而加码买进，降低成本，期待价格回升。

◆ 套牢股票占仓位比例不高，可以不变应万变，不做任何操作。

第86项 简单快读的获利技巧

在本章的最后，可以总结一些简单实用的炒股技巧，新手投资者可进行参考，具体如图 5-21 所示。

1	设置止盈、止损点，当盈利或亏损到达该点位时，无论盈亏，都要撤出资金。
2	进行分散购买股票，不买同一板块的股票，不买同一地区的股票。
3	不要一次性做满仓操作，分段买入或卖出一只股票。
4	当出现获利机会时，不要畏首畏脚，应果断下单。
5	买涨不买跌并不完全适用，当后市即将反转时，下跌前期正好下手。
6	不在价格高点或低点买入股票，不刻意追求整数点。
7	不要领先市场而动，要学会等待主力资金的进场与出场信号。

图 5-21　股市快速获利技巧

第6章

大盘个股走势，巧用K线分析

要更好地投资股票或是其他的理财工具，对图形的分析是非常重要的，在图形分析中，K线形态、K线组合、趋势线等都对价格起着指导性作用，本章我们就一起来认识图形分析。

一、用分时图分析价格

股票的价格在一天之内会出现较大的变化，如何在短期内找到最佳的交易时间呢？分时图会帮助我们进行简单分析与预测。

第87项 简单认识分时图

所谓分时图，是指盘面的动态实时（即时）分时走势图，其在实战研判中的地位极其重要，分时图是即时把握多空力量转化即市场变化直接的根本所在。

图6-1列举了某只股票某日的价格分时图。

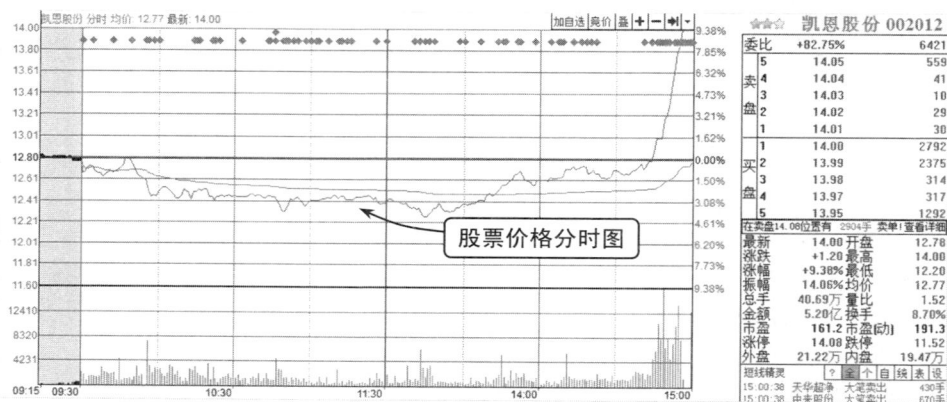

图6-1 价格分时图

在价格分时图中，一般包含如图6-2所示的内容。

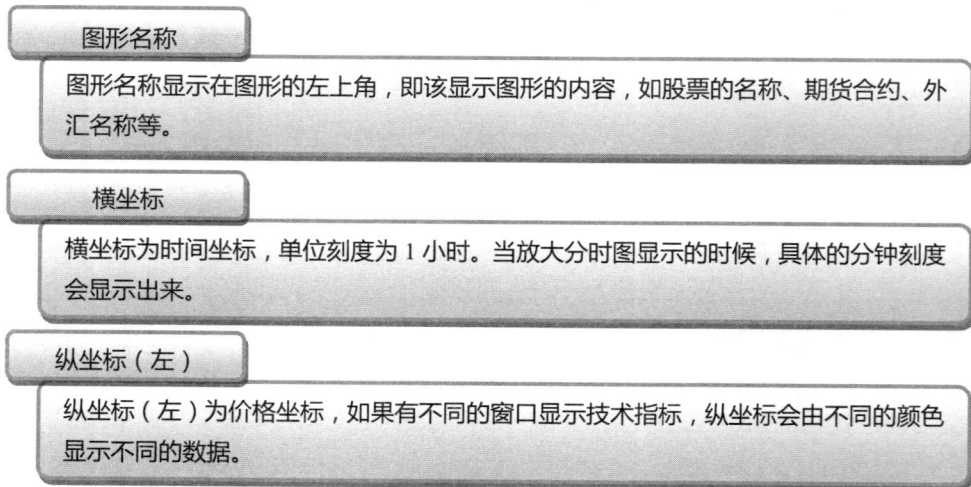

图形名称

图形名称显示在图形的左上角，即该显示图形的内容，如股票的名称、期货合约、外汇名称等。

横坐标

横坐标为时间坐标，单位刻度为1小时。当放大分时图显示的时候，具体的分钟刻度会显示出来。

纵坐标（左）

纵坐标（左）为价格坐标，如果有不同的窗口显示技术指标，纵坐标会由不同的颜色显示不同的数据。

图6-2 分时图中内容

纵坐标（右）

涨幅具体为涨跌幅度，是在分时图右侧的纵坐标，表示当前价格相对于开盘价的涨跌幅度。

均线

均线表示当日成交金额除以总成交量的曲线，一般和价格曲线颜色相反，一幅图中可能有多条均线。

成交量

成交量是反应当前价格成交数量的数据，在上图中的成交量是向上或向下不同颜色的柱体。

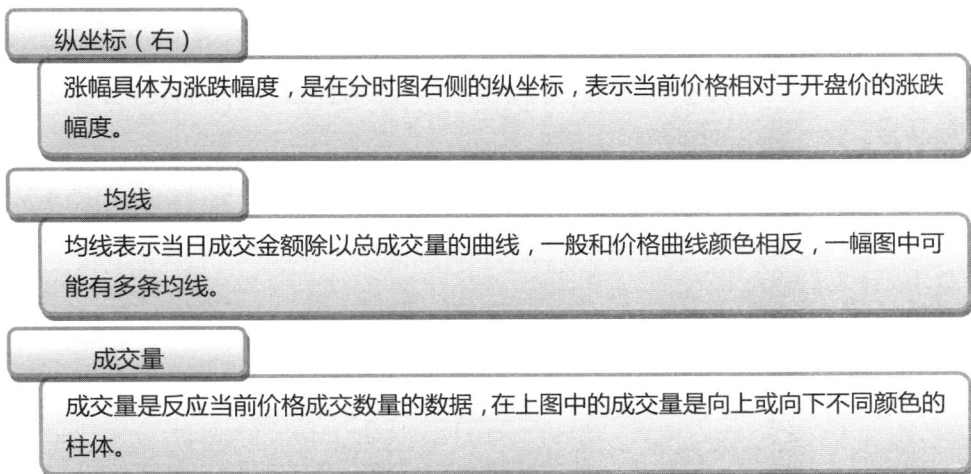

图 6-2 分时图中内容（续）

第88项 分时图的开盘技巧

在开盘时，分时图往往对一天的价格走势起着非常重要的指导作用，我们可以从其特点分析出一天的走势，具体如下。

◆ 跳空高开后半个小时内，如价格一直运行在缺口上方强势上涨，则当日上涨。

◆ 跳空高开后半个小时内，如在 10：00 时处于上涨状态的话，也应判断当日上涨。

◆ 在开盘半个小时内，如果价格一路强势上扬，则当日收阳。

◆ 在开盘半个小时内，如果价格一路下跌，则当日收阴。

◆ 如低开后半个小时内持续下跌，则判断当日大盘收阴，且当日容易大跌。

◆ 当低开后半个小时内马上补缺口一路上扬，则当日收阳的概率很高。

◆ 当低开后半个小时内先出现反弹，但缺口没有补完，10：00 又下跌，则当日下跌。

第89项 分时图的回调技巧

在开盘之后，价格会不断出现变化，这就被称为回调，在价格的回调中，要注意看如图 6-3 所示的 3 方面的因素。

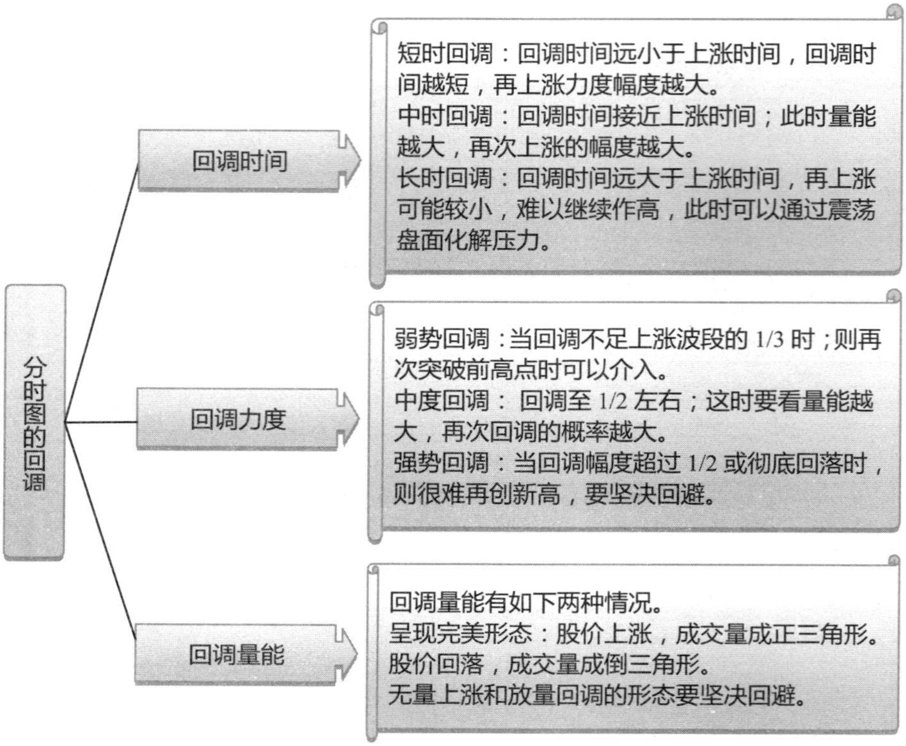

短时回调：回调时间远小于上涨时间，回调时间越短，再上涨力度幅度越大。
中时回调：回调时间接近上涨时间；此时量能越大，再次上涨的幅度越大。
长时回调：回调时间远大于上涨时间，再上涨可能较小，难以继续作高，此时可以通过震荡盘面化解压力。

弱势回调：当回调不足上涨波段的 1/3 时；则再次突破前高点时可以介入。
中度回调：回调至 1/2 左右；这时要看量能越大，再次回调的概率越大。
强势回调：当回调幅度超过 1/2 或彻底回落时，则很难再创新高，要坚决回避。

回调量能有如下两种情况。
呈现完美形态：股价上涨，成交量成正三角形。股价回落，成交量成倒三角形。
无量上涨和放量回调的形态要坚决回避。

回调时间

回调力度

分时图的回调

回调量能

图 6-3　分时图回调技巧

二、简单认识 K 线图

相比于分时图，K 线图对价格的指导作用可能更大，是人们分析金融工具的重要手段。接下来的内容就来简单认识 K 线图。

第90项　什么是 K 线图

K 线图，又称阴阳线图，起源于日本。因为 K 线图的画法独特，效果显著，被人们广泛运用于股票、贵金属、期货的价格分析中。

K 线图的画法包含四个数据，即开盘价、最高价、最低价、收盘价，一幅完整的 K 线图如图 6-4 所示。

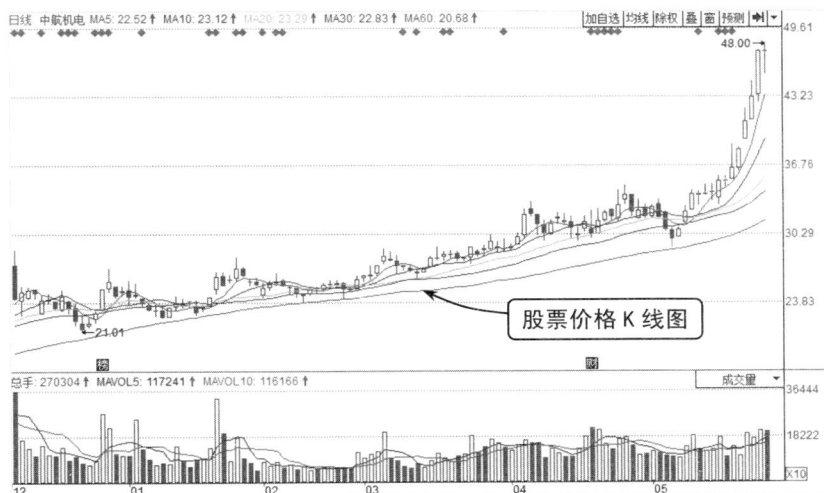

图 6-4 一幅完整的 K 线图

在 K 线图中，图形名称、横纵坐标所表示的内容，和分时图中各要素表示的内容基本一致。

第91项 K 线图的画法

要看懂 K 线图，就要明白一根 K 线是如何绘制出来的，完整的一根 K 线往往是由实体和影线两部分组成，在实体上方的影线叫作上影线，在实体下方的影响叫作下影线，而实体有阴线和阳线的区分，各部分具体如图 6-5 所示。

阴线	在一天的价格中，如果收盘价低于开盘价，则画出一根阴线，用一根实心的柱体表示。
阳线	在一天的价格中，如果收盘价高于开盘价，则画出一根阳线，用一根空的柱体表示。
上影线	在 K 线图中，柱体上方的线就称为上影线，它表示一天之中价格向上运行的价位走势。
下影线	在 K 线图中，柱体下方的线被称为下影线，它表示一天之中价格向下运行的价位走势。

图 6-5 K 线各部分的意义

下面，通过图 6-6 来看看 K 线图的画法。

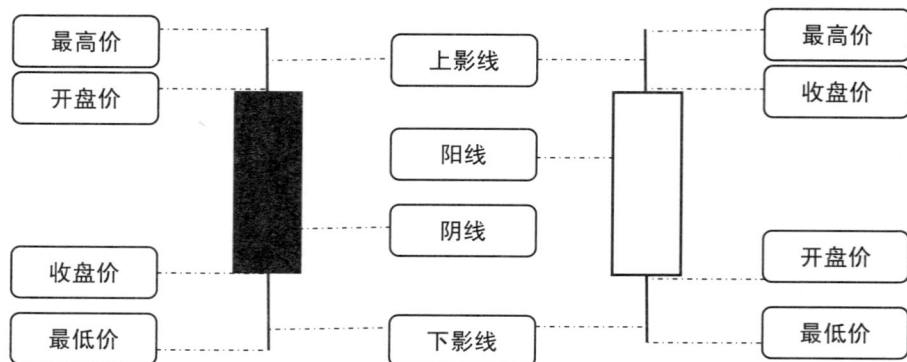

图 6-6　K 线图的画法

第92项　K 线的种类

在后面分析价格的时候，我们会提到很多 K 线的种类，了解这些种类的意义，对分析价格走势是非常有用的。按照柱体的长短，又可分为大阳线、中阳线、小阳线、小阳星以及大阴线、中阴线、小阴线、小阴星，具体如图 6-7 所示。

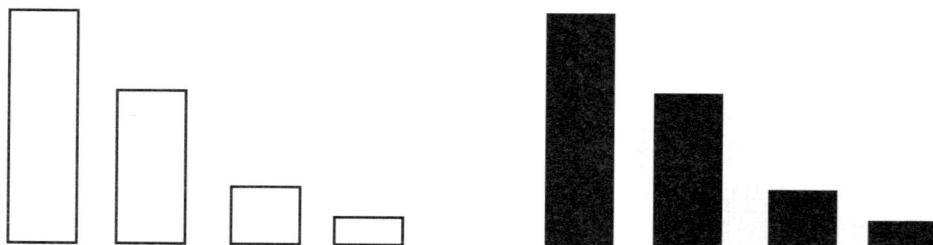

图 6-7　不同长度的 K 线

除此之外，根据不同的统计周期，还可以将 K 线图进行时间分类，不同的统计周期，可将 K 线图分为日 K 线、周 K 线、月 K 线或 5 分钟 K 线、15 分钟 K 线、60 分 K 线等。

三、单根 K 线的意义

单根 K 线就是只有一根柱体的 K 线，它是 K 线图的组成部分，是趋势变化的奠基石。下面我们就一起来认识不同的单根 K 线及其应用。

第93项　小阳星和小阴星

小阳星是一种柱体很短的阳线，并包含上、下线影线，如图 6-8 所示。

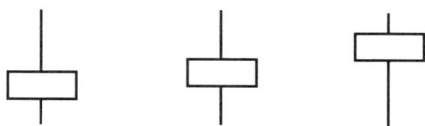

图 6-8　小阳星

小阳星表示全天的价格波动很小，开盘价与收盘价非常接近，但收盘价略高于开盘价。小阳星表示当前的行情处于混乱的结算，后市的涨跌一般较难预测。小阳星常常被看作 K 线组合形式的标志。

小阴星是由一根柱体很短的阴线以及上下影线组成，具体形态如图 6-9 所示。

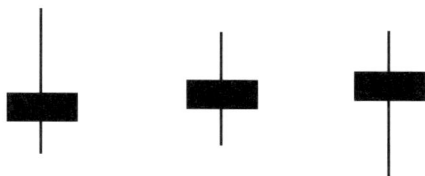

图 6-9　小阴星

小阴星表示收盘价略低于开盘价，整个趋势趋于疲软，但总体方向尚不明确。

此外，虽然小阳星和小阴星并不能直接作为判断走势的信号，但如果连续出现小阳星或者小阴星，就可以初步判断未来的涨跌。

第94项　上吊阳线

上吊阳线也可以叫作吊颈线，是一种柱体为阳线，长度很短，无上影线，下影线很长，且下影线长度必须超过实体的 K 线，具体的形态如图 6-10 所示。

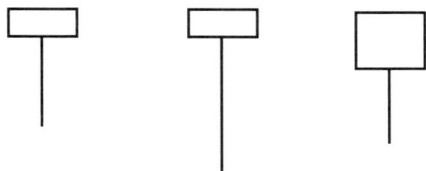

图 6-10　上吊阳线

上吊阳线出现在不同的价格区域会发出不同的涨跌信号，上吊阳线如果出现在价格的底部，并伴随成交量的逐步上涨，则后市是看涨的，简单来看一个例子。

应用示例——上吊阳线出现在价格底部

在山东威达（002026）2015 年 5 月的价格 K 线图中，5 月初价格一直在底部进行整理，5 月 8 日出现一个底部是上吊阳线，成交量也有所放大，因此后市 5 月后期的价格开始上涨，如图 6-11 所示。

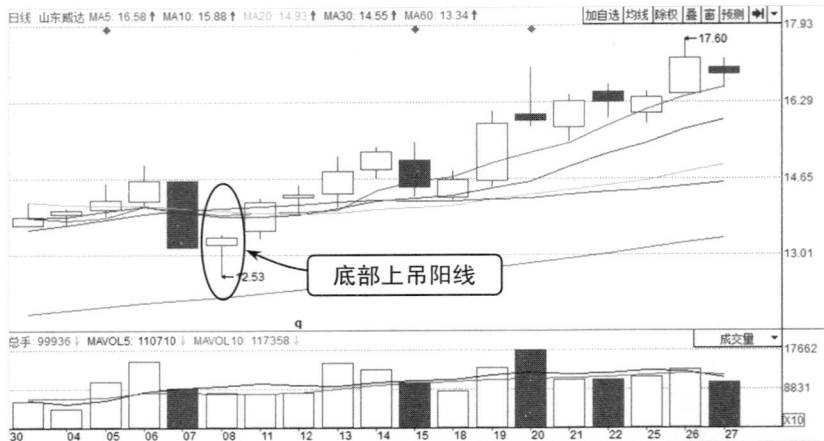

图 6-11　山东威达（002026）2015 年 5 月的价格 K 线图

除了上吊阳线，还有一种上吊阴线，它是一种柱体为阴线，长度很短，无上影线，下影线很长的 K 线，它与上吊阳线完全相反，当出现的位置相同时，预示的后市走势是完全不同的。

第95项 光头光脚阳线

光头光脚阳线，也就是说以最低价开盘、最高价收盘的阳线。光头光脚阳线的形态比较多，即可以是大阳线，也可以是小阳线，具体形态如图 6-12 所示。

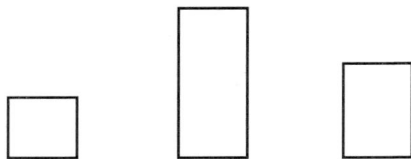

图 6-12　光头光脚阳线

光头光脚阳线一般是牛市持续或熊市反转的信号，柱体越长，信号越强烈。具体的案例如下。

📈 **应用示例——光头光脚阳线分析价格**

在三花股份（002050）2015年3月~4月的价格日K线图中，进入3月开始，价格开始有微幅的上涨，但后市并不明显，3月25日，出现了一根光头光脚阳线，这预示着后市价格会上涨，而进入4月，三花股份价格开始突破趋势上行，如图6-13所示。

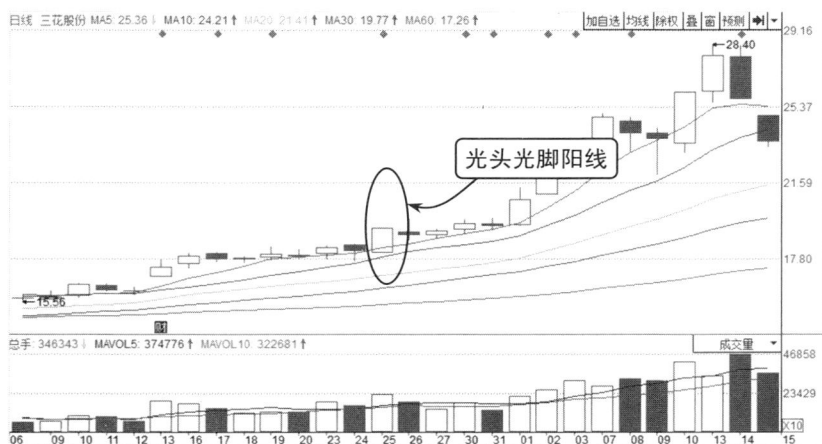

图6-13　三花股份（002050）2015年3月~4月的价格日K线图

第96项　光头光脚阴线

光头光脚阴线是K线的上下两头都没有影线的阴线，收盘价等于开盘价，这与光头光脚阳线相反。在实际分析中，光头光脚阴线通常成为熊市继续或牛市反转的信号。具体的形态如图6-14所示。

图6-14　光头光脚阴线

下面来看看光头光脚阴线的具体应用。

📈 **应用示例——光头光脚阴线分析价格**

在荣信股份（002123）2015年3月~5月的价格K线图中，3月底~4月初价格连续快速上涨，但是到了4月中旬价格开始横盘整理，4月15日出现了光头光脚阴线，此后价格继续整理，并形成了下跌趋势，如图 6-15 所示。

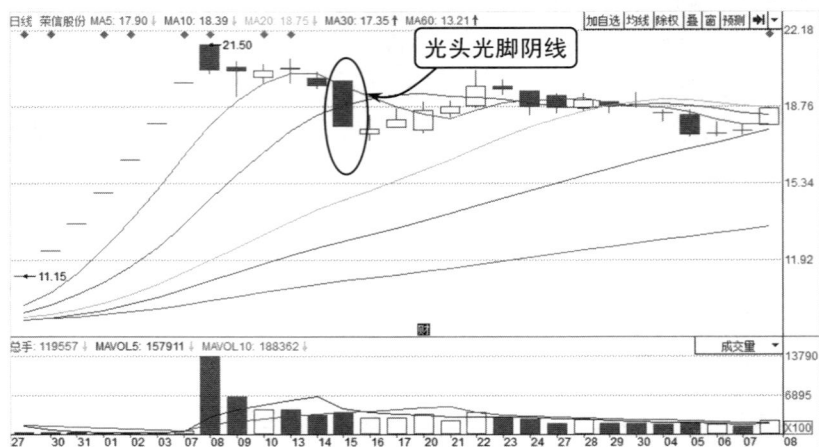

图 6-15　荣信股份（002123）2015 年 3 月～5 月的价格 K 线图

第97项　十字星

在 K 线图中还有一种比较特殊的，即收盘价与开盘价是相等的，一天之内开盘价与收盘价相等，我们称为同价线。这种 K 线一般是用"十"字或"T"字来表示的，具体的形式如图 6-16 所示。

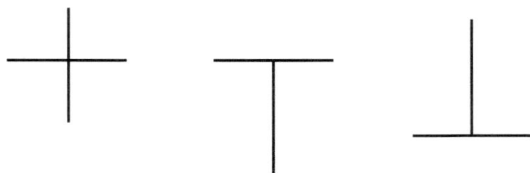

图 6-16　十字星

在十字星形态中，还有上影十字星和下影十字星两种区分。上影十字星是开盘价等于收盘价，没有实体的 K 线，但上影十字星的上影线较长，下影线较短。上影十字星表示多空双方在交战时多方稍占上风。

下影十字星与上影十字星相反，虽然同样是开盘价等于收盘价，没有实体的 K 线，但下影十字星的下影线较长，上影线较短。表示多空双方正处于交战，但空方稍占上风。下面来简单看一个例子。

应用示例——十字星分析价格

在常铝股份（002160）2015 年 2 月～5 月的价格 K 线图中，从 2 月开始该股价格就一直处于震荡上行阶段，并在经历停牌之后出现了大幅上涨，但到了 5 月 5 日，出现了一根下影 T 字线，因此后市并不继续上涨，而开始了横盘整理，如图 6-17 所示。

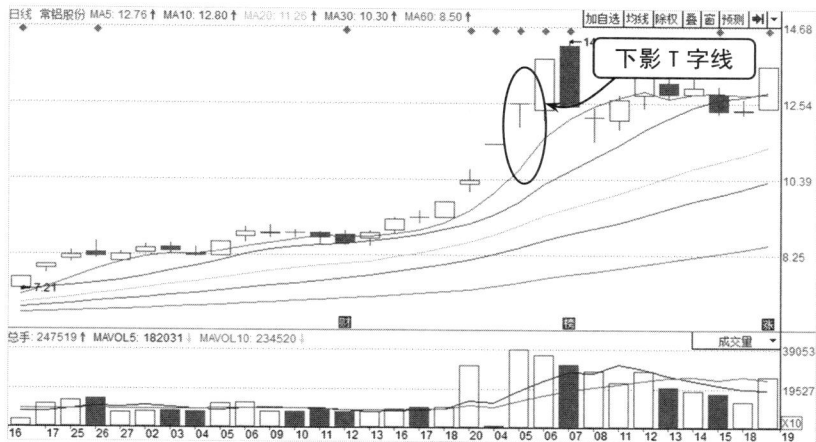

图 6-17　常铝股份（002160）2015 年 2 月～5 月的价格 K 线图

四、K 线组合分析价格

单根 K 线在分析价格时可能并不是那么准确，我们需要由几根 K 线组成的组合来预判涨跌。

第98项　上涨两颗星和下跌两颗星

在股票价格 K 线图中，上涨两颗星或是三颗星是非常容易出现的一种看涨信号，它有如下的特征。

◆　在涨势初期、中期出现。

◆　一大两小的 K 线组合，先是一根中阳线或大阳线，后面两根小阴线或小十字线或小阳线，位置在第一根 K 线的上方。

◆　强烈续涨信号，可继续看多。

上涨两颗星的具体形态，如图 6-18 所示。

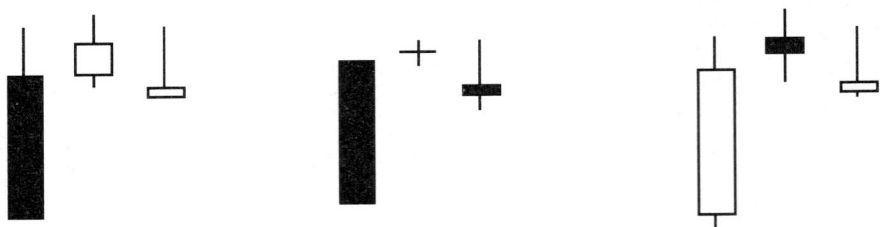

图 6-18　上涨两颗星 K 线组合

应用示例——上涨两颗星分析价格

在紫金矿业（601899）2015 年 3 月~4 月的价格 K 线图中，从 3 月开始，价格就开始持续的上涨，到了 3 月 24 日，出现一个较长的阳线，此后两个交易日出现在其上方的较短 K 线，形成了上涨两颗星，后市虽然有短暂的整理，但也继续上涨，如图 6-19 所示。

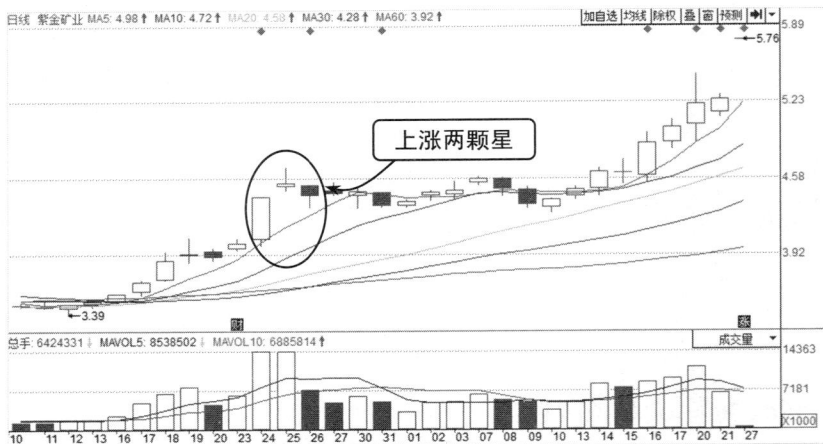

图 6-19　紫金矿业（601899）2015 年 3 月~4 月的价格 K 线图

下跌两颗星是和上涨两颗星相反的 K 线组合，它是预示后市反转下跌或继续下跌的信号，有如下的特征。

◆　下跌两颗星一般出现在下跌初期或中期。

◆　一大两小的 K 线组合，先是一根中阳线或大阳线，后面两根小阴线或小十字线或小阳线，但位置在第一根 K 线的下方。

◆　如果出现三颗星，则信号更为强烈。

下跌两颗星具体的形态如图 6-20 所示。

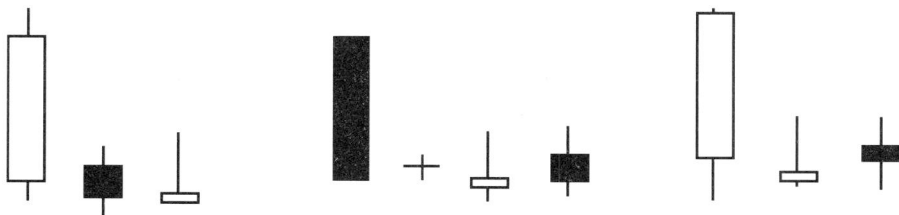

图 6-20 下跌两颗星的 K 线组合

第99项 红三兵和三只黑乌鸦

红三兵是指连续阴线后又拉出 3 根阳线，短期内有上扬空间。一般是价格在底部区域经过较长时间的整理之后，连续拉出 3 根阳线。红三兵组合有如下的特征。

◆ 在价格运行过程中连续出现 3 根阳线，每天的收盘价高于前一天的收盘价。

◆ 每天的开盘价在前一天阳线的实体之内。

◆ 每天的收盘价在当天的最高点或接近最高点。

常见的红三兵组合，形态如图 6-21 所示。

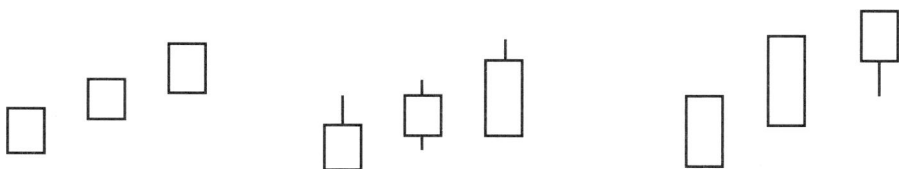

图 6-21 红三兵 K 线组合

三只黑乌鸦是一种信号非常强的看跌 K 线组合，当它还未形成时，就能引起投资者的警惕。其特征如下。

◆ 由三根 K 线组成，但 3 个黑乌鸦的前天为一个较长阳线。

◆ 在上升趋势中连续 3 天出现长阴线，每根阴线的收盘价低于前一天的最低价。

◆ 每天的开盘价在前一天的实体之内，每天的收盘价等于或接近当天的最低价。

三只黑乌鸦组合的具体形态如图 6-22 所示。

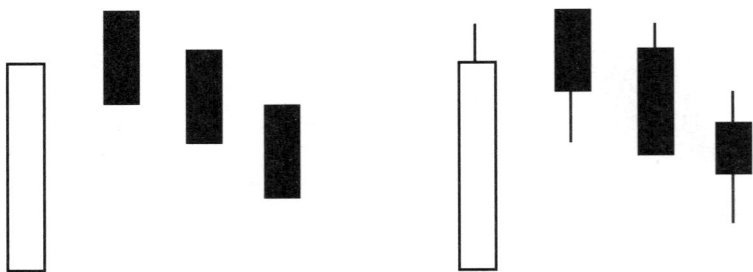

图 6-22　三个黑乌鸦的 K 线组合

第100项　两阳夹一阴和两阴夹一阳

两阳夹一阴组合就是由两根阳线与一根阴线组成，它也是明显的看涨信号，有如下的特征。

◆　由3根不同的K线组成。

◆　左右两边是阳线，中间是阴线，阳线实体较长，阴线实体较短。

◆　两阳夹一阴K线组合在底部买入适合中长线;而在上升途中出现,适宜做短线投资。

两阳夹一阴组合的具体形态，如图6-23所示。

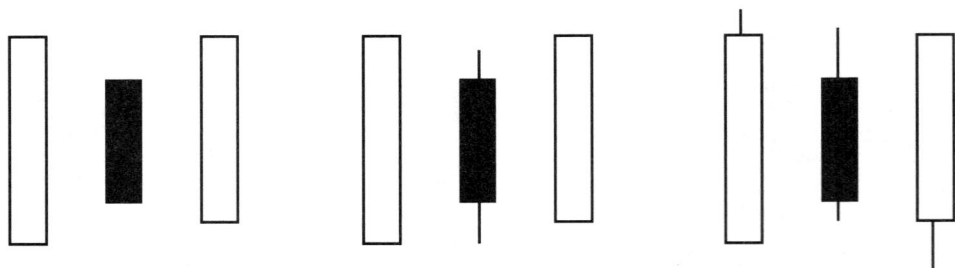

图 6-23　两阳夹一阴的 K 线组合

两阴夹一阳是和两阳夹一阴完全相反的 K 线组合，是一种比较有效的看跌信号，两阴夹一阳有如下的特征。

◆　由3根不同的K线组成。

◆　左右两边是阴线，中间是阳线，两根阴线实体较长，中间阳线实体较短。

◆　可在涨势中出现，也可在跌势中出现，在涨势中出现是见顶信号，在跌势中出现继续看跌。

两阴夹一阳的 K 线组合的具体形态如图 6-24 所示。

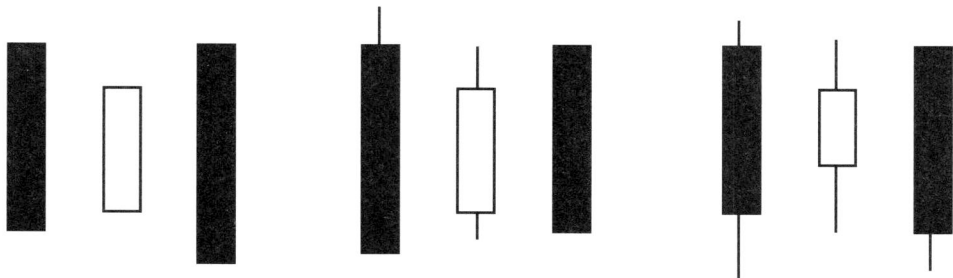

图 6-24 两阴夹一阳的 K 线组合

第101项 多方尖兵与空方尖兵组合

多方尖兵组合在 K 线图中出现的频率可能不太多，但却是非常强烈的上涨信号，具有很强的可信度。多方尖兵组合有如下的特征。

◆ 具体的 K 线数量不限制，第一根 K 线为中阳线或大阳线，带有上影线，上影线一般为阳线实体的 1/3 左右，随后股价回落整理。

◆ 当多方发动进攻上涨时，股票价格上穿前面第一根阳线的上影线时，就形成多方尖兵的 K 线组合。

◆ 在上升途中出现，特别是在上升初期出现更有实战意义。

◆ 多方尖兵一般出现在 K 线的上涨过程中，是预示继续上涨的信号。

多方尖兵的变化形态很多，常见的有如图 6-25 所示的内容。

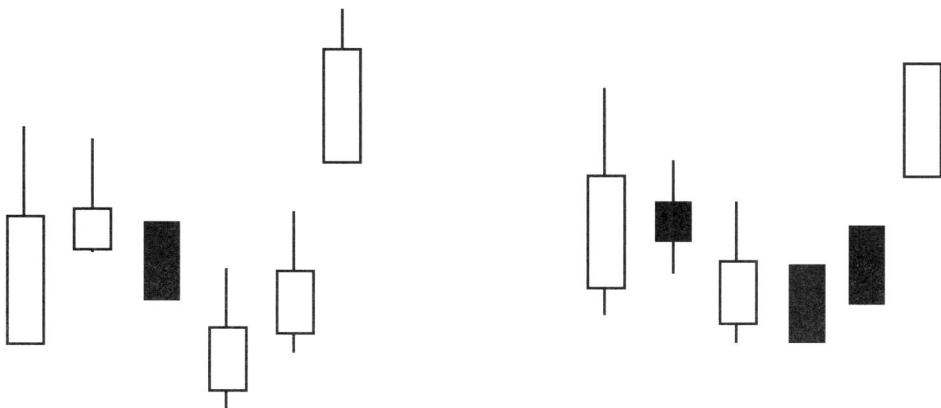

图 6-25 多方尖兵的 K 线组合

与多方尖兵组合相反的是空方尖兵组合，它出现的频率同样不高，但却是非常有效的看跌信号，具有如下的特征。

◆ K 线数量不限。刚开始卖方攻势强烈，出现一根较长的下影线的阴线，之后出现了反弹的迹象，但卖方随之发动新一轮攻势，价格下跌到第一根阴线的影线之下。

◆ 空方尖兵出现在下跌过程中，特别是在下跌初期信号最为明显。

空方尖兵组合的具体形态如图 6-26 所示。

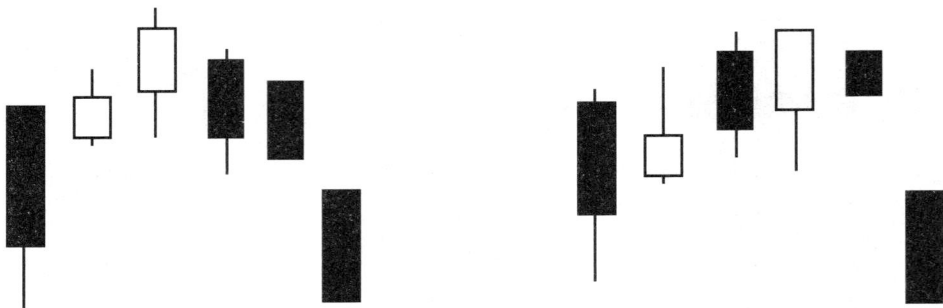

图 6-26　空方尖兵组合

五、K 线整理、反转形态

除了从 K 线组合中预判走势之外，对长线投资者而言，可以通过不同的 K 线形态来预测走势，找到买卖时机。

第102项　三角形整理形态

整理形态是指当形态结束后，股票价格继续按照形态原来的方向运动。其中，三角形形态是期货价格趋势在一个三角形中运行，当价格到达三角形的顶点时，表示这种形态的结束，具体有如图 6-27 所示的三种。

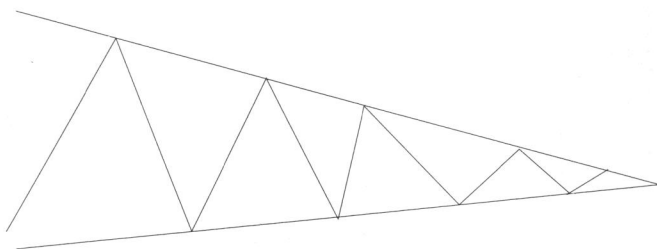

图 6-27　对称三角形、上升三角形与下降三角形

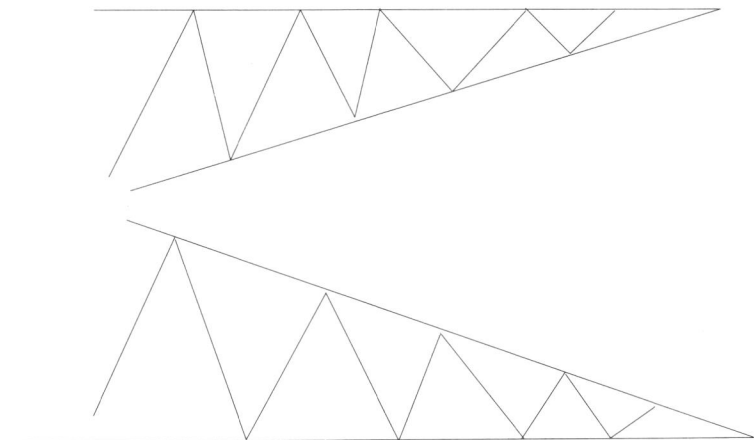

图 6-27　对称三角形、上升三角形与下降三角形（续）

具体应用我们来看一个简单的例子。

应用示例——三角形整理形态分析价格

在莎普爱思（603168）2015 年 1 月～5 月的价格 K 线图中，从 1 月开始，价格持续震荡整理，形成了上升三角形形态，价格在 3 月中旬突破三角形，后市持续上涨，具体如图 6-28 所示。

图 6-28　莎普爱思（603168）2015 年 1 月～5 月的价格 K 线图

第103项　楔形整理形态

当价格运行于两条趋势线之间，并逐渐向中间靠拢时，就形成了楔形形态，楔形的本质含义是趋势攻击能力渐次衰竭，趋势通道角度迅速变小，转折随即到来。

楔形形态分为上升楔形与下降楔形，上升楔形形态一般发生在一段较长时间的下跌趋势中，在形态中虽然价格在不断地上涨，但每一次上涨波动都比较弱，这说明多方的力量逐渐衰退，当市场出现强大空方力量时，就会立即反转下跌。具体如图6-29所示。

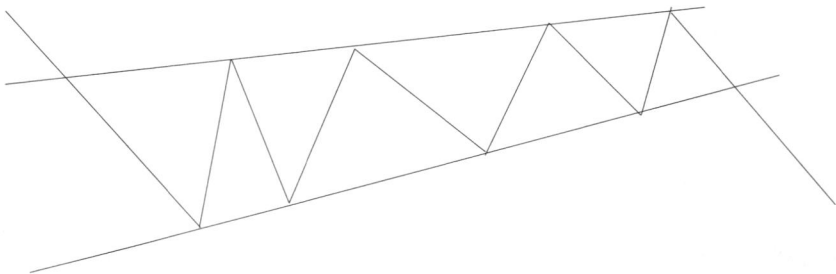

图6-29　上升楔形

与上升楔形形态正好相反，当价格在下降一段时间后，开始出现涨势，而上涨的能量并不强，价格逐渐向高点和低点的中间靠拢，形成下降楔形。下降楔形形态说明多方力量并不强，当股票价格靠近边界时，就需要投资者做好下跌的准备。

下降楔形形态的具体图形如图6-30所示。

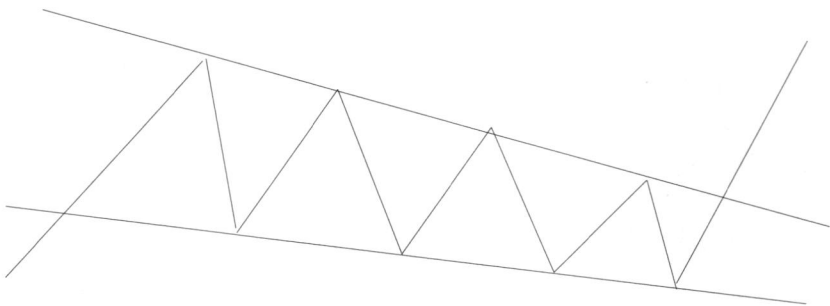

图6-30　下降楔形

第104项　旗形整理形态

旗形形态是在K线图中较为常见的一种，它是在区域内两条平行线之间的形态，不同于矩形形态，旗形形态的两条平行线并不是水平方向，而是呈现一定倾斜的。

旗形形态同样分为上升旗形与下降旗形，当价格在上涨后形成了一个短期的调整区域，这个区域的高点与低点都平行状倾斜向下，这就是上升旗形，上升旗形预示价格仍会沿着原来的趋势运行，是做多的好机会。具体如图6-31所示。

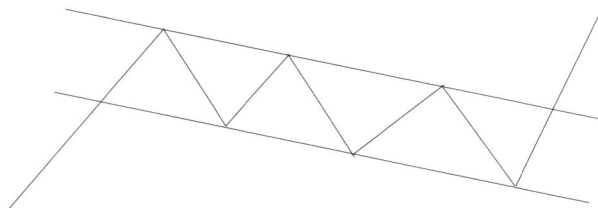

图6-31　上升旗形形态

当价格经过大幅度的下跌后遇到短期的反弹，形成价格密集的上扬反弹区域，如果我们用直线将这些上扬区域的高点、低点分别连接起来，就会形成两条倾斜向上的直线，并呈现平行趋势，出现下降旗形形态，后市会继续下跌。具体图形如图6-32所示，

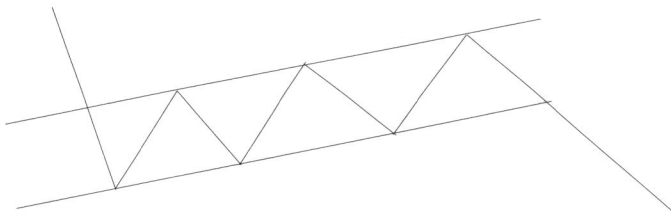

图6-32　下降旗形形态

第105项　V形反转与倒V形反转

反转形态预示着股票价格将改变原有的趋势，向新相反的方向运行的图形，其中，V形反转与倒V形反转是最常见的。

V形反转是指价格在快速下跌之后，又立刻上涨，在反转期间只留下一个低点，具体的形态如图6-33所示。

图6-33　V形反转

倒 V 形反转是和 V 形反转相反的反转形态，出现在价格顶部，一般呈现"^"形态，一般如图 6-34 所示。

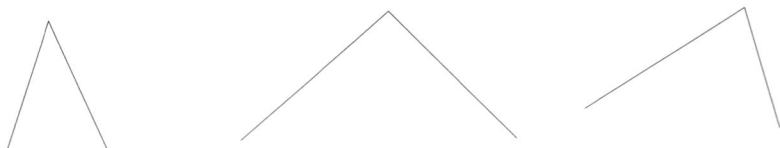

图 6-34　倒 V 形反转

应用示例——倒 V 型反转分析价格

在斯米克（002162）2015 年 2 月～5 月的价格 K 线图中，价格在 4 月 8 日之前处于上涨阶段，8 日之后立刻下跌，形成了倒 V 形反转，后市持续下跌，如图 6-35 所示。

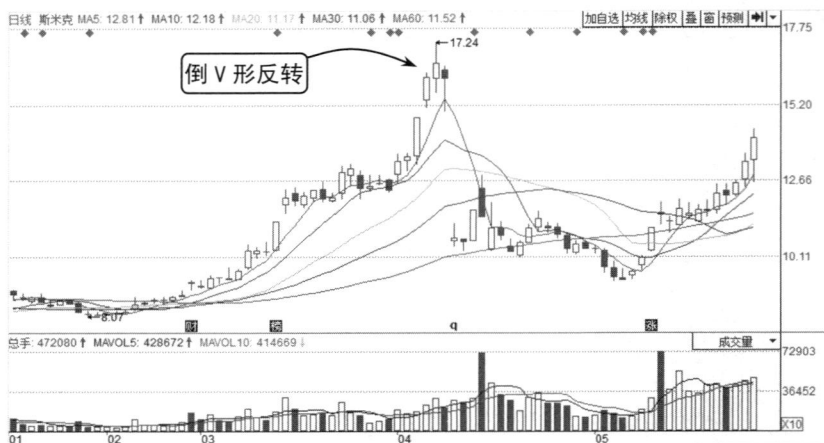

图 6-35　斯米克（002162）2015 年 2 月～5 月的价格 K 线图

第106项　双重顶与双重底

双重底与双重顶是比 V 形信号更强的反转形态，双重顶是指在 K 走势的顶部，出现一个"M"形的走势，可视为股票价格见顶的信号，具体图形如图 6-36 所示。

图 6-36　双重顶形态

双重底也就是双重顶的镜像图，形成"W"形态，具体如图 6-37 所示。

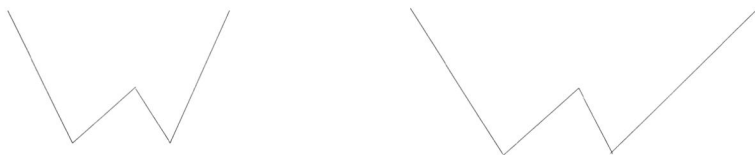

图 6-37　双重底形态

第107项　圆弧顶与圆弧底

圆弧顶就是股票价格缓慢上涨，在顶部经过短暂的上涨，最后在缓慢的下跌，在顶部形成了一个圆弧。而圆弧底是圆弧顶的镜像，是在底部形成相反的圆弧。二者具体的形态如图 6-38 所示。

图 6-38　圆弧顶与圆弧底

第108项　头肩顶与头肩底

头肩顶是一种价格见顶的信号，价格在上涨中，先回落，然后再升到最高点，之后再次下跌，然后再次升高到一个高点，之后出现下跌趋势，形态类似人的头部与肩部，所以称为头肩顶。而头肩底是头肩顶的镜像，预示着未来价格将上涨。

头肩顶与头肩底具体的形态如图 6-39 所示。

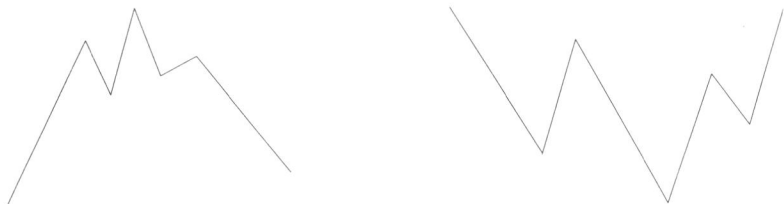

图 6-39　头肩顶与头肩底

第109项 喇叭形反转分析外汇

在反转形态中，还有一种比较特殊的形态，它没有顶部和底部之分，且一般是出现在高价区域，这就是喇叭形反转。

喇叭形反转是指外汇价格在连续冲高之后出现小幅回落，然后再次回升，之后再次跌落，在这个过程中高点越来越高，而低点越来越低，类似于一个喇叭形态。具体的形态如图 6-40 所示。

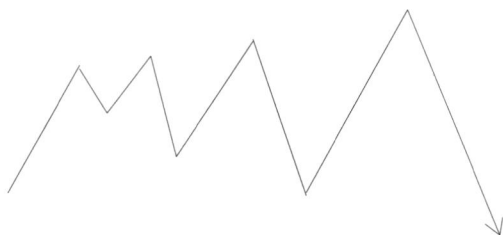

图 6-40　喇叭形反转形态

第7章

债券、基金投资，重在稳定保本

刚进入投资市场的投资者，并不适合参与一些高风险、较复杂的产品，而更适合投资基金和债券这两种非常稳定且交易简单的投资工具。本章我们就一起来看看如何顺利高效地完成债券基金的投资理财。

✦　债券的不同种类

✦　债券中的必备因素

✦　债券的交易流程

✦　在网上银行买入债券

✦　债券回购与逆回购

✦　如何买到好的债券

✦　巧妙应用债券评级

✦　债券投资三大技巧

✦　基金的种类

✦　基金的收益计算

✦　基金的投资流程

✦　网上银行购买基金

✦　适合积累的基金定投

✦　简单的基金获利技巧

一、认识债券投资

所谓债券，它是一种有价证券，是承诺在一定的时期归还本金并支付利息的一种债券凭证。当政府或者企业缺钱的时候，除了发行股票外，还可以通过债券的方式筹资，从投资理财来说，投资债券就是赚取其中的利息。

第110项　债券的不同种类

债券最简单的分类方式可分为公募和私募，公募是指按照法定程序，经证券主管机关批准在市场上公开发行的债券；私募是指只向少数与发行者有特定关系的投资者发行。除此之外，债券还可以从债券的载体上进行分类，具体如图 7-1 所示。

记账式债券

记账式债券也就是没有实物票据的债券，又称为账户债券或无纸化债券。投资者在债券账户中进行债券的投资，它与债券的实际意义是一样的。在我国，一般可以利用证券交易所的交易系统来完成债券的投资。

凭证式债券

凭证式债券是债权人认购债券的凭证，而不是债券发行人制定的标准格式的债券，凭证式债券在票面上不印制票面金额，而是根据认购者的认购金额填写实际的缴款金额。凭证式债券可记名、可挂失，不能进行流通交易。

无记名式债券

无记名式债券是一种票面上不记载投资人姓名的债券，通常以实物券的形式出现。券面上印有发行时间、券面金额等内容。无记名债券可随意转让，不需办理过户手续，可快速变现。

回购式债券

回购式债券即一种债券种类，也是一种投资方式，是指债券买卖双方在成交的同时，约定在未来某一时间以某一价格双方再进行反向成交的交易，是一种以有价证券为抵押品拆借资金的信用行为。

柜台式债券

柜台式债券是一种债券售卖的方式，一般是银行柜台或专门出售债券的地方进行发售，可体现在银行账户中。

图 7-1　不同种类的债券

国债和企业债

　　如果按照发行主体对债券进行分类，一般可分为国债和企业债。国债又称国家公债，是国家以其信用为基础，按照债券的发行原则向社会发行的债券，；业债券也可称为公司债券，它的发行主体是股份公司。

第111项　债券中的必备因素

　　要投资债券，就必须要了解债券中包含的因素，在一张完整的债券或一份电子债券凭证中，必须要有如图 7-2 所示的内容。

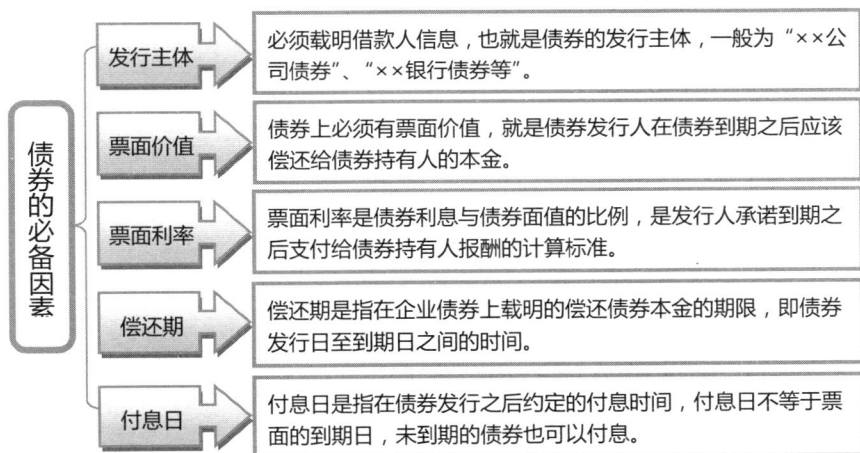

债券的必备因素	发行主体	必须载明借款人信息，也就是债券的发行主体，一般为"××公司债券"、"××银行债券等"。
	票面价值	债券上必须有票面价值，就是债券发行人在债券到期之后应该偿还给债券持有人的本金。
	票面利率	票面利率是债券利息与债券面值的比例，是发行人承诺到期之后支付给债券持有人报酬的计算标准。
	偿还期	偿还期是指在企业债券上载明的偿还债券本金的期限，即债券发行日至到期日之间的时间。
	付息日	付息日是指在债券发行之后约定的付息时间，付息日不等于票面的到期日，未到期的债券也可以付息。

图 7-2　债券的必备因素

　　因为债券具有图 7-2 所示的因素，使得债券发行人和投资者之间有了利益关系，也因此使其有了如下的特点。

◆　债券规定了其偿还期限，发行人必须按照约定条件偿还给认购者本息。

◆　债券一般都可以在流通市场上自由转让。

◆　债券通常规定有固定的利率，收益比较稳定，风险较小。

◆　债券的自由交易让投资更加灵活。

第112项　债券的交易流程

　　债券的交易流程和股票比较类似，有开户、委托、成交及过户的流程，具体如图 7-3 所示。

投资者可选择证券公司或银行进行开户，账户类型有现金账户和证券账户，现金账户是用来买入、支付债券费用的账户，而证券账户则用来交割债券或进行交易。

与各大证券公司办理委托关系。委托的方式多种多样，包括多日委托；买进、卖出委托；现价、随市委托；停止损失、授权委托；整数、零数委托等。

在证券交易所内的交易，无论是买方还是卖方，一般证券公司会遵循"三先"原则，具体是指价格优先、时间优先和委托优先。

成交后就面临债券交割，卖方将债券交给买方，买方将价款支付给卖方的过程，在证券交易所进行交割。

在完成交割后，还需要有一个过户的程序，在债券交易中主要是资金账户的金额增减。这个程序一般在债券的交割时就由交易系统同时完成。

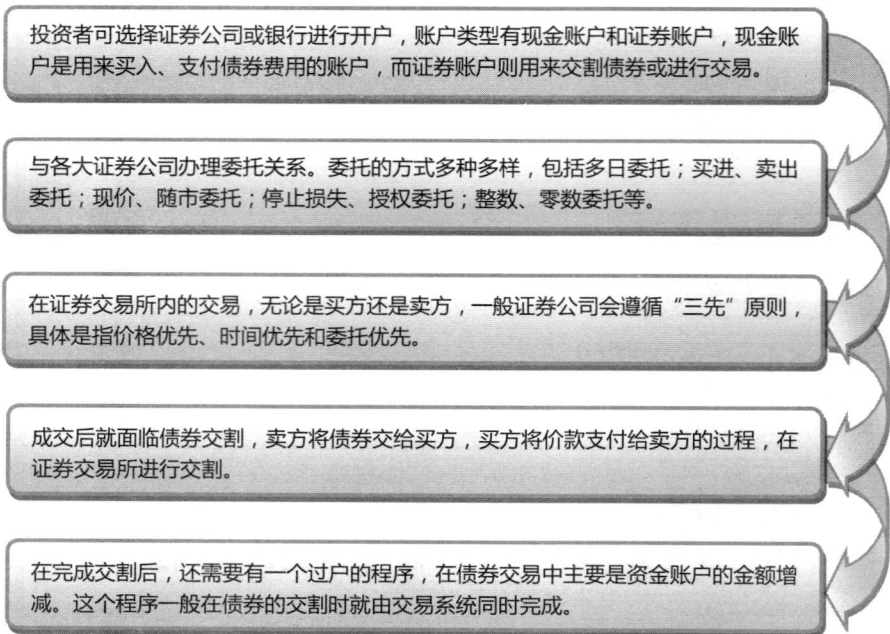

图 7-3　债券的交易流程

什么是撮合成交

撮合交易是指卖方在交易市场的所有委托，交易市场按照价格优先、时间优先原则确定双方成交价格并生成电子交易合同，并按照交易定单指定的交割仓库进行实物交割的一种交易方式。撮合成交既显示了公平性，又使成交价格具有相对连续性。

第113项　在网上银行买入债券

银行是购买债券的重要渠道，因此自然也可以在网上银行购买债券，下面就来看看具体的操作。

应用示例——在网上银行买入债券

Step01　进入中国工商银行个人网上银行页面，在上方的菜单栏中单击"网上债券"超链接。

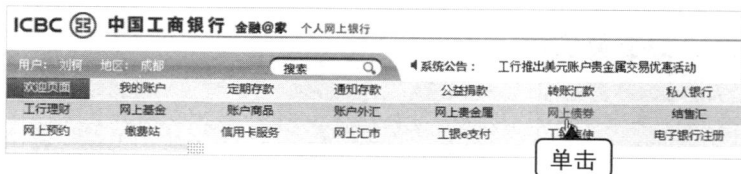

Step02　在打开的页面中，可以看到正在销售的债券产品，选择一款产品，单击其名称超链接。

序号	债券代码	债券名称	期限	剩余期限	到期日	票面利率/折合年化收益率（%）	客户买入价 到期收益率%	客户卖出价 到期收益率%	操作
1	150003	2015年记账式附息（三期）国债	60月	4年346天	2020-02-05	3.3100	3.1919	3.2894	购买
2	150202	国家开发银行2015年第二期金融债券	12月	346天	2016-02-05	3.6400	3.6546	3.7311	购买
3	150002	2015年记账式附息（二期）国债	84月	6年332天	2022-01-22	3.3600	3.1010	3.3005	购买
4	150001	2015年记账式附息（一期）国债	12月	325天	2016-01-15	3.1400	3.0367	3.0944	购买
5	140029	2014年记账式附息（二十九期）国债	120月	9年298天	2024-12-18	3.7700	3.3292	3.4369	购买
6	140028	2014年记账式附息（二十八期）国债	12月	290天	2015-12-11	3.4200	1.9190	3.1259	购买
7	140026	2014年记账式附息（二十六期）国债	60月	4年248天	2019-10-30	3.5300	3.2070	3.3488	购买
8	140024	2014年记账式附息（二十四期）国债	84月	6年241天	2021-10-23	3.7000	3.2454	3.4012	购买

Step03　进入该款债券详细投资页面，查看具体价格数据、收益走势等情况，单击"买入"按钮。

Step04　在打开的页面中输入购买债券的总面值，单击"提交"按钮，在新打开的页面中确认购买信息，单击"确定"按钮，完成安全支付即可成功购买债券。

第114项　债券回购与逆回购

在债券投资中，有一种比较独特的方式，我们称为债券的回购与逆回购，具体如下。

（1）债券回购

债券回购是指债券交易的双方在进行债券交易的同时，以契约方式约定在将来某一日期以约定的价格，由债券的"卖方"（正回购方）向"买方"（逆回购方）再次购回该笔债券的交易行为。

债券回购的收益=成交额×年收益率×回购天数/360天。

债券回购的收益远高于货币存款，同时不承担债券风险，因此非常安全，但债券回购是有一定限制的，如在上海证券交易所，需满足如图7-4所示的条件。

1	申报单位为手，1 000元标准券为1手。
2	计价单位为每百元资金到期年收益。
3	申报价格最小变动单位为0.005元或其整数倍。
4	申报数量为100手或其整数倍，单笔申报最大数量应当不超过1万手。
5	申报价格限制按照交易规则的规定执行。

图7-4　债券回购的条件

（2）债券逆回购

债券逆回购为中国人民银行向一级交易商购买国债、政府债券或企业债券，并约定在未来特定日期将有价证券卖给一级交易商的交易行为，可以理解为第二次回购。债券逆回购的风险较低，安全性较高，是一种短期投资手段。

逆回购的收益=成交额×年收益率×回购天数/360天。

二、债券投资技巧

债券作为一种稳定的理财产品，并不意味着可以随意投资，只有掌握了一定的技巧，才能利用债券稳定获利。

第115项　如何买到好的债券

一款好的债券在发行之后可能很快就被抢购一空，为了及时买到这些债券，同时了解其好坏，我们可以利用一些债券综合网站。

中国债券信息网（http://www.chinabond.com.cn）是中国人民银行指定的债券市场信息披露的官方平台之一，上面会非常及时地公示各类债券的发布、招标及定期结算信息。投资者不仅可以找到最新的债券发布情况，而且更能查看已持有债券的最新公告。其首页如图 7-5 所示。

图 7-5 中国债券信息网

其他债券网站

互联网上的债券网站还有很多，如和讯债券（http://bond.hexun.com）就是一个信息及时、准确且全面的债券网站，新手投资者可时时关注其信息发布。

另外，网上银行的公告也会发布债券上市信息。

第116项 巧妙应用债券评级

银行理财产品有风险等级的区分，债券也有风险评级系统。债券评级就是对具有独立法人资格的企业所发行的某一种特定债券，对按期还本付息的可靠程度进行评估，并通过不同的级别标示其等级。

对债券评级的应用，首先来看一个简单的例子。

应用示例——邓先生的债券投资案例

邓先生是一个生意人，近些年来也赚了不少钱。为了让自己的钱得以保值，他决定拿出自己的 50 万元存款用于债券的投资。

在银行挑选债券时，邓先生过分估计了自身的投资实力，他选择了债券评级中级别较低的 A 款债券（信用评级 B），他认为这款债券可以为自己带来较高的收益，而忽视了银行的理财人员所介绍的 B 款债券（信用评级 AA）。

三年之后， A 款债券不仅没有达到预期收益，反而因为国际金融市场的不稳定出现了严重下跌，邓先生所投资的 50 万元亏了不少，投资最终失败。

债券评级具体是如何体现的呢？表 7-1 中详细列举了其不同级别。

表 7-1　债券评级

评级	级别特点
A 级	A 级债券的安全性最大，它们受经济形势影响的程度较小，收益水平也比较低，包括 AAA 级、AA 级、A 级 3 种
B 级	B 级债券的安全性、稳定性以及利息收益会受到经济中不稳定因素的影响，具有一定的风险，但收益水平较高，筹资成本与费用也较高，包括 BBB 级、BB 级、B 级 3 种
C 级	C 级债券的风险是非常高的一种，同时也会伴随较高的收益，比较适合试图从差价变动中取得巨大收益的投资者，包括 CCC 级、CC 级、C 级 3 种
D 级	D 级债券对普通投资者来说是没有任何价值的，因为普通个人投资者是无法承受这类债券的巨大风险与费用的。D 级债券发行较少，适合机构投资者

如今各大债券门户网站上都有对债券进行评级，债券的不同等级对应不同的风险，对于新手投资者甚至是有一些投资经验的人来说，最好选择 AAA、AA、A 级债券，否则可能会遭受巨大损失。

第117项　债券投资三大技巧

新手投资者参与债券的投资，切不可急功近利，最好掌握如下的三大技巧，再进入市场。

（1）债券的收益、安全与流通

投资债券必须要明确三大原则，具体如图 7-6 所示。

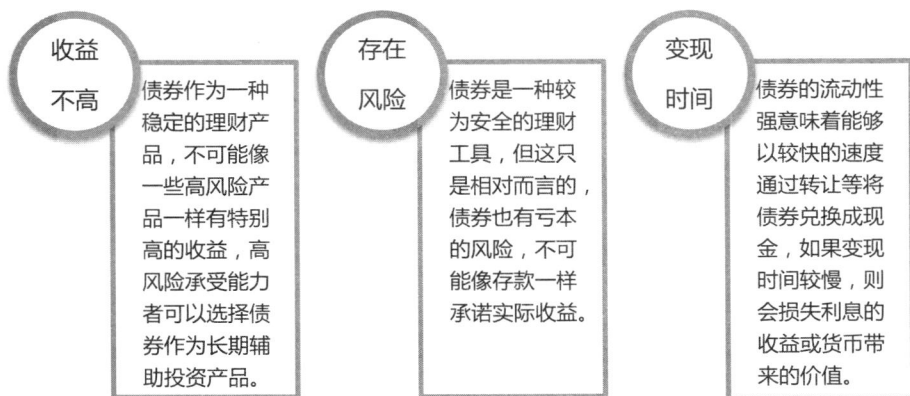

收益不高：债券作为一种稳定的理财产品，不可能像一些高风险产品一样有特别高的收益，高风险承受能力者可以选择债券作为长期辅助投资产品。

存在风险：债券是一种较为安全的理财工具，但这只是相对而言的，债券也有亏本的风险，不可能像存款一样承诺实际收益。

变现时间：债券的流动性强意味着能够以较快的速度通过转让等将债券兑换成现金，如果变现时间较慢，则会损失利息的收益或货币带来的价值。

图 7-6　债券的收益、安全与流通

（2）债券的分散投资

任何投资产品都可以进行科学的分散组合投资，债券也不例外，具体有如图 7-7 所示的 3 种技巧。

1　一般来说，国债发行的种类非常多，其期限结构计划有三个月、半年、一年、两年、三年、五年及八年等。投资者可以进行中长期+短期的组合投资。

2　国债和企业债的组合，可以将风险分散，既获得保本的固定收益，又可以适当的博取高收益。

3　债券的收益要略高于定期存款，这就可以让存款和债券投资同时起作用，使资金更加灵活，同时有更多的收益。

图 7-7　债券的分散投资方法

（3）善于抓住买卖时机

在债券投资技巧中，比较重要的一点就是从收益率上抓住买卖时机。一般来说，如果有基本面显示央行即将降息或已经降息，这对于债券市场肯定是利好的，此时购买债券获利的可能性很大。

另外，债市和股市都属于证券市场，如果一个公司发行的股票有明显的涨跌，那么其债券也会随相同方向变动。

三、走进基金投资

除了债券之外，基金也是稳定理财的首选。所谓基金，就是一种间接的证券投资方式，基金管理公司通过发行基金份额，集中投资者的资金，然后由基金管理人将资金用做股票、债券等金融工具投资，通过这些金融工具价格的涨跌来获利。

第118项　　基金的种类

基金的种类有很多，如我们常常听到的社保基金、公益基金也属于基金的一种，但在投资理财中，主要是从其投资渠道上来进行分类的，具体如图 7-8 所示。

股票基金

股票基金是指以证券股票为投资对象的投资基金，一般所承受的风险较大，同时收益大小和所投资的股票直接挂钩。

债券基金

以债券为投资对象，其具有债券和基金共同的特点，这类基金风险很小，非常适合新手投资者。

指数基金

指数基金是指以某种证券市场的价格指数为投资对象的投资基金，其很好地避免了个股的波动。

货币基金

以投资货币市场短期有价证券为主要对象的基金，货币基金期限非常灵活，同时会衍生出许多增值产品。

项目基金

这种基金的投资对象并非是某种金融产品，而是某种实际项目，如房地产投资等，这类基金风险大小可高可低，适合对项目较为熟悉的投资者。

图 7-8　基金的种类

除了上述的分类方式外，基金还可以从其赎回的限制上进行分类，包括封闭式基金与开放式基金，具体如图 7-9 所示。

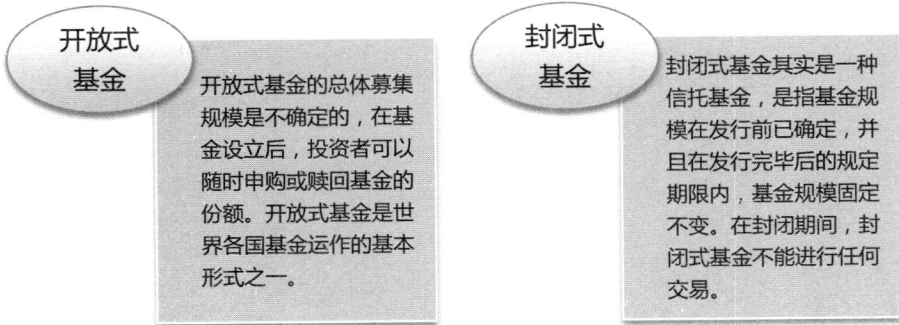

图 7-9　开放式基金与封闭式基金

第119项　基金的收益计算

基金不像银行理财产品一样有明确预期收益率，要计算基金的收益情况，就必须了解基金净值、7 日年化收益率与每万份收益。

（1）基金净值

基金净值也称基金单位净值，是指每份基金单位的净资产价值，等于基金的总资产减去总负债后的余额再除以基金全部发行的单位份额总数。

基金净值可以表示当期的基金收益，人们一般习惯用曲线走势图来表示它，如某只基金的净值走势图如图 7-10 所示。

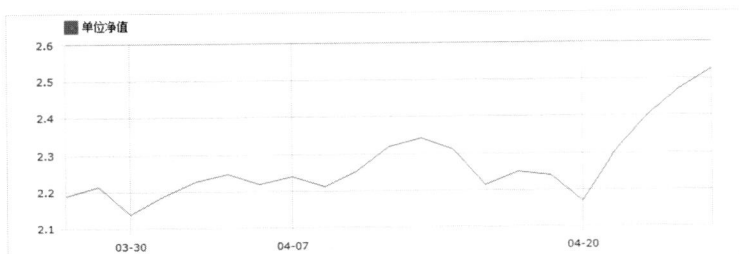

图 7-10　基金净值走势图

下面通过一个例子来看基金净值是如何计算基金收益的。

📊 应用示例——基金净值计算案例

林先生是一个对投资市场非常关心的人，他最近发现了一款基金正处于募集期，市场表现可能会很好，于是他立刻用 2 万元认购了这只基金。

几个月后，该基金的基金净值涨到了 1.32 元，在这样的情况下，林先生赚了 6 400 元。

王先生最近看上一款基金产品，申购时的基金净值为 1.146 元，他用 2 万元认购了该基金。

同样几个月后，该基金的净值涨到了 1.266 元，因此王先生的获利为 2 094.24 元。

为什么同样的购买基金，两个人的收益会不同的，这是因为基金收益计算分为募集期购买和发行期购买，具体如图 7-11 所示。

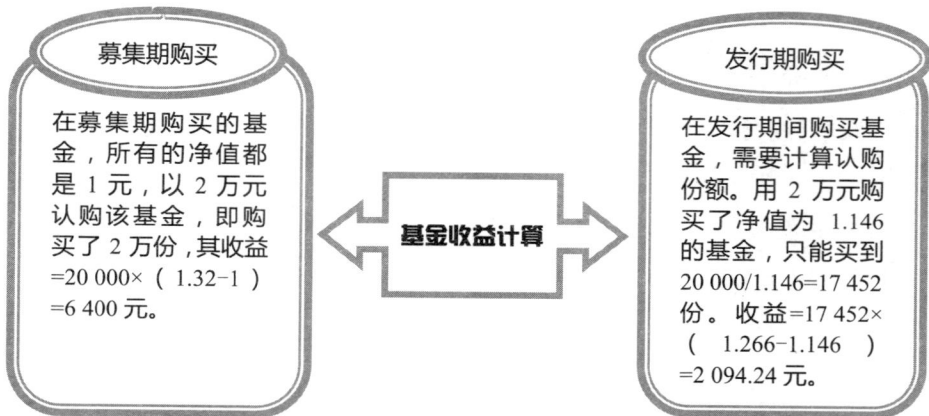

募集期购买

在募集期购买的基金，所有的净值都是 1 元，以 2 万元认购该基金，即购买了 2 万份，其收益 =20 000×（1.32−1）=6 400 元。

基金收益计算

发行期购买

在发行期间购买基金，需要计算认购份额。用 2 万元购买了净值为 1.146 的基金，只能买到 20 000/1.146=17 452 份。收益=17 452×（1.266−1.146）=2 094.24 元。

图 7-11　基金收益计算

（2）7 日年化收益率

7 日年化收益率是主要针对货币基金的一种收益计算方式，就是将货币基金最近 7 日的平均收益水平进行年化以后得出的数据，人们同样习惯用收益曲线来表示它。图 7-12 所示为某货币基金的 7 日年化收益率走势图。

其他债券网站

货币基金除了七日年化收益率外，还会相应地计算出 3 日年化收益率、14 日年化收益率、30 日年化收益率等，这些数据可供不同期限的投资者进行参考。

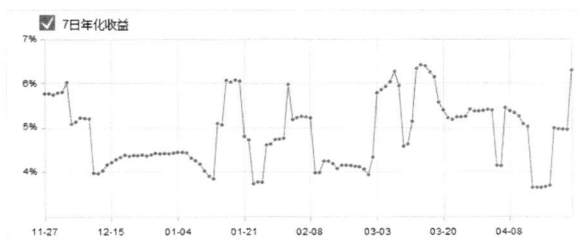

图 7-12 7 日年化收益率走势图

（3）每万份收益

每万份收益是从单位净值中衍生出来的数据，在货币基金中，每份单位净值固定为 1 元，所以万份单位收益通俗来说就是投资 1 万元某基金在当日获利的金额。图 7-13 所示为某货币基金的每万份收益走势图。

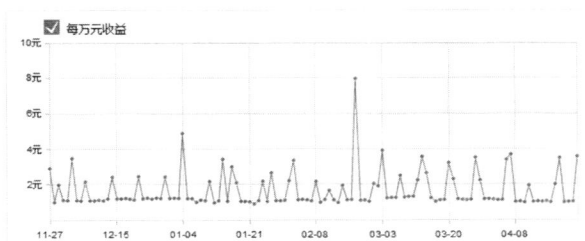

图 7-13 每万份收益走势图

第120项   基金的投资流程

基金交易的内容很简单，有开户、买入、赎回等流程，投资一只基金，一般会经历如图 7-14 所示的步骤。

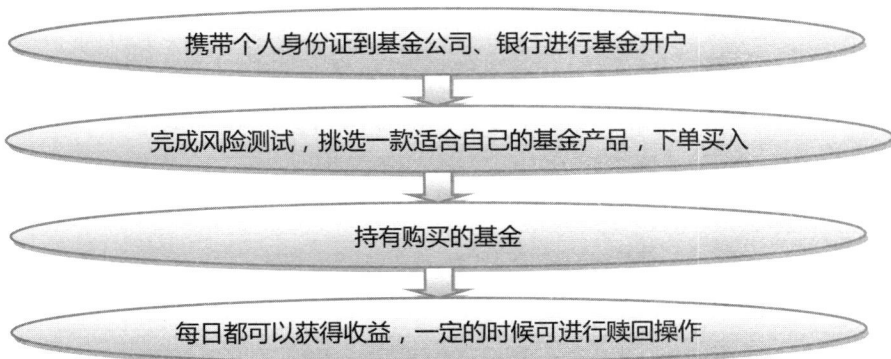

图 7-14 基金投资的步骤

第121项　网上银行购买基金

买基金的渠道有很多，基金公司、基金网站、银行都可以进行，下面就来看看如何在网上银行进行买入一只基金。

在网上银行买基金之前，首先要登录个人网上银行，完成和基金有关的风险承受能力测试，具体的买入操作如下。

应用示例——在网上银行买基金

Step01　登录中国工商银行网上银行，在上方的菜单栏中单击"网上基金"超链接。

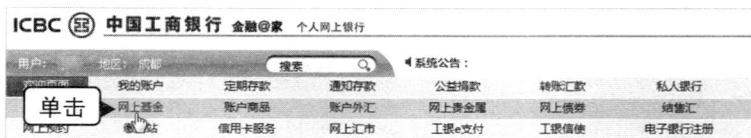

Step02　在打开的页面中即可看到很多新上市的基金产品，在上方有不同的基金种类，可以对其进行筛选，如这里单击"货币基金"选项，在下方的产品选项组中选择要购买的产品，单击"购买"超链接。

Step03　进入购买页面，查看该产品的详细信息，输入购买金额等信息，单击"提交"按钮。

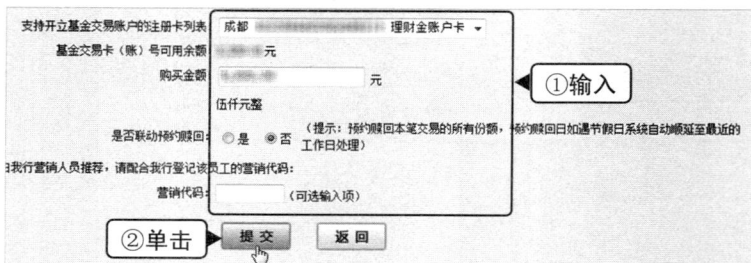

Step04　在打开的页面中确信购买信息，单击"确认"按钮，并完成银行安全支付即可成功购买基金。

基金交易卡（账）号：

基金代码：000010

基金名称：易基天天货币B

分红方式：分红直接转再投资

申购金额：5000.00 元

收费模式：前端收费

请您在交易前认真阅读《基金合同》及《招募说明书》或致电易方达客服电话400-881-8088。

单击　[确 认]　[上一步]　[取 消]

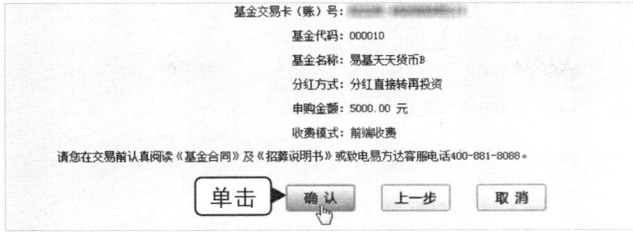

第122项　适合积累的基金定投

以上的内容就是基金投资的基础理论及其操作，在基金的投资方式中，有一种适合积累的投资方式，就是在固定的时间以固定的金额投资到指定的开放式基金中，这就是基金定投。

基金定投的投资方式与投资渠道和普通购买基金类似，但其具有如图 7-15 所示的特点与技巧。

起点金额

基金定投的起点金额较低，因此非常适合收入稳定但较低的人参与，学生族群也可以选择基金定投。

定投频率

基金定投的频率可以是一周一次，也可以是一月一次或一季度一次，有的产品还可以自由设置定投周期。

漏存

基金定投中可能出现漏存情况，这时要在月末之前把钱存入，如果没有存入则构成违规，达到 3 次则会结束定投。

投资期限

投资者进行基金定投的期限是可长可短的，一般为一年，可最好大于等于一个市场周期，也就是一个涨跌轮回，这样才具有投资价值。

如何赎回

基金定投的赎回，可视市场情况而定，可全部赎回，也可部分赎回，还可将其转换为普通基金投资。

图 7-15　基金定投特点与技巧

第123项　简单的基金获利技巧

基金的风险偏小，非常适合刚进入理财市场的人，但这并不代表可以随意投资，图 7-16 总结了一些简单的基金投资技巧，投资者可进行参考使用。

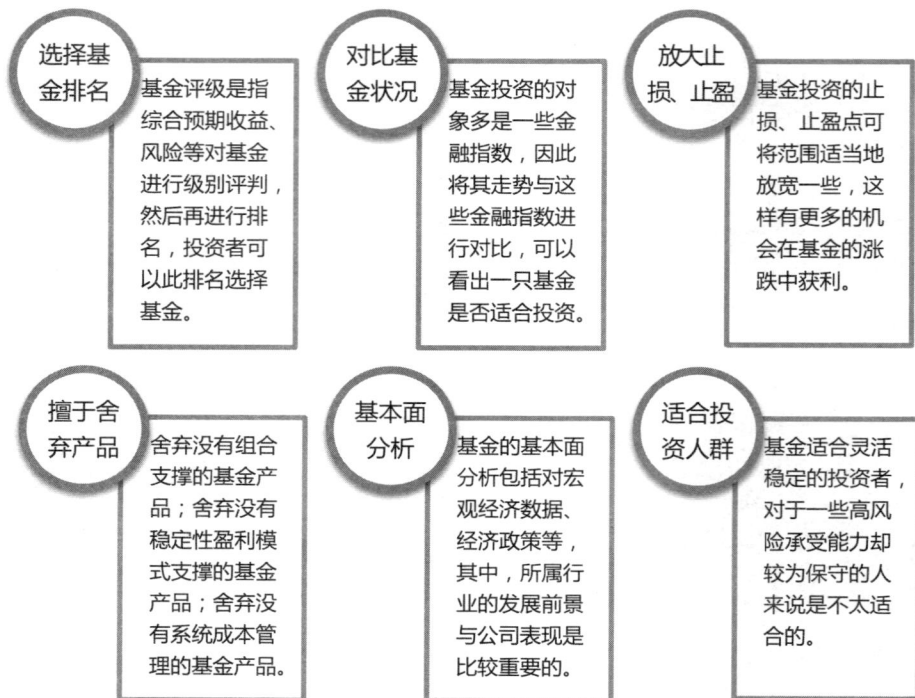

选择基金排名　基金评级是指综合预期收益、风险等对基金进行级别评判，然后再进行排名，投资者可以此排名选择基金。

对比基金状况　基金投资的对象多是一些金融指数，因此将其走势与这些金融指数进行对比，可以看出一只基金是否适合投资。

放大止损、止盈　基金投资的止损、止盈点可将范围适当地放宽一些，这样有更多的机会在基金的涨跌中获利。

擅于舍弃产品　舍弃没有组合支撑的基金产品；舍弃没有稳定性盈利模式支撑的基金产品；舍弃没有系统成本管理的基金产品。

基本面分析　基金的基本面分析包括对宏观经济数据、经济政策等，其中，所属行业的发展前景与公司表现是比较重要的。

适合投资人群　基金适合灵活稳定的投资者，对于一些高风险承受能力却较为保守的人来说是不太适合的。

图 7-16　基金投资技巧

第8章

保障理财同行，科学选购保险

生活在这个世界的我们，既无法阻止生老病死的自然法则，也无法断言意外事故不会降临，在风险来临之前，一些人会选择购买保险来解决后顾之忧，然而你真的懂保险吗？本章我们就一起走进保险投资。

一、认识保险

所谓保险，是指投保人根据合同约定，向保险人支付保险费，保险人对于合同约定的可能发生的事故因其发生所造成的财产损失承担赔偿保险金责任，或者当被保险人死亡、伤残、疾病或者达到合同约定的年龄、期限等条件时承担给付保险金责任的商业保险行为。

随着我国经济水平的发展，许多人已经认识到了保险的重要性，但对如何购买保险，保险合同细节却不是很了解，本章第一部分来详细认识保险。

第124项　　保险会为我们带来什么

正如前面所说，我们每个人都无法保证意外不会降临，也不能阻止生老病死，你也许会问，这和买保险有什么关系呢？图 8-1 就列举了保险会为我们带来了什么。

1	解决因意外事故出现的就医、营养等费用。
2	解决因伤病丧失劳动力，从而造成的生活费用。
3	意外身亡时，保险费用作为留给被保险人的经济安慰。
4	支付子女完成高等教育或留学的资金需要。
5	存本取息的存期分为一年、三年、五年。
6	"强迫"自己储蓄，减少不必要的开支，积少成多。
7	为资金的养老问题做足充分的准备。
8	为自己的财产增加一份保障，确保当出现损失时有足额赔付。
9	合理避税、增加资产评估等级。

图 8-1　保险会为我们带来什么

第125项　　一份保险中包含的因素

我们购买保险，实际上就是和保险公司签订保险合同，在这个过程中，一般会涉及如表 8-1 所示的内容及其保险要素。

表 8-1 保险包含的要素

保险要素	含义
投保人	是指与保险公司签订保险合同，支付保费的人
被保险人	作为保险标的人
受益人	在保险赔偿中具有获得保险金与索赔权的人
保险人	与投保人签订合同，只能是法人，即保险公司
保费	购买保险的费用，即投保人交给保险公司的钱
保险金	当保险事故发生后，受益人领到的钱
保额	保险公司承担的最高赔偿限额
保单	投保人与保险人约定保险权利义务关系的协议，即保险合同
保险标的	作为保险对象的财产及其有关利益或人的生命和身体
除外责任	保险公司不予赔偿的情况，如被保险人违法的行为等
缴费期	投保人向保险公司缴费的时间
保险期	从合同生效到保险终止的时间，保险期不等于缴费期
趸缴	一次性交清所有的保险费
期缴	分次缴纳保险费，一般为一年一次
核保	保险公司对保险对象进行评估，决定是否接受保险的过程
索赔	保险事故发生后，投保人和受益人向保险公司索赔的过程

什么是保险代理人

保险代理人是指根据保险人的委托，在保险人授权的范围内代为办理保险业务，并依法向保险人收取代理手续费的单位或者个人。

第126项　人人都需要的健康保险

所谓健康保险，顾名思义，就是保证我们身体健康的保险，是指保险公司通过疾病保险、医疗保险、失能收入损失保险和护理保险等方式对因健康原因导致的损失给付保险金的保险。如今的健康保险一般有如图 8-2 所示的 4 类。

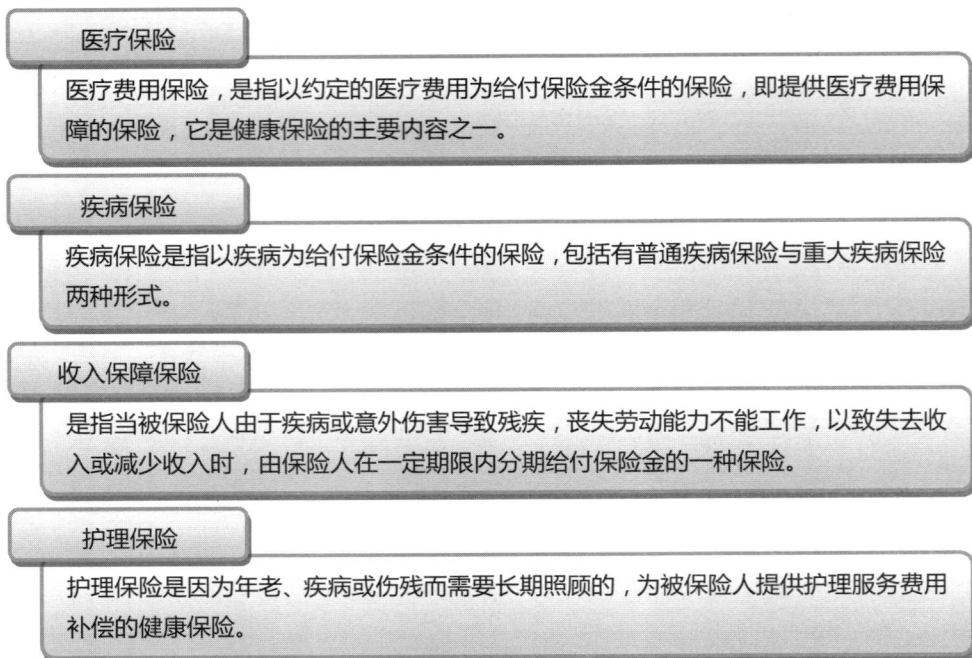

医疗保险

医疗费用保险，是指以约定的医疗费用为给付保险金条件的保险，即提供医疗费用保障的保险，它是健康保险的主要内容之一。

疾病保险

疾病保险是指以疾病为给付保险金条件的保险，包括有普通疾病保险与重大疾病保险两种形式。

收入保障保险

是指当被保险人由于疾病或意外伤害导致残疾，丧失劳动能力不能工作，以致失去收入或减少收入时，由保险人在一定期限内分期给付保险金的一种保险。

护理保险

护理保险是因为年老、疾病或伤残而需要长期照顾的，为被保险人提供护理服务费用补偿的健康保险。

图 8-2　不同的健康保险

下面通过一个简单的案例来看看健康保险如何发挥作用。

应用示例——张先生的健康险购买

张先生今年 30 岁，因为工作及生活的原因，他投保了一份疾病保险，保险金额为 36 万元，交费 20 年，年缴保费 11 000 元。

该保险规定，在保险期间内可获得包括重大疾病保险金（含 34 种重大疾病）36 万元，疾病末期阶段保险金 36 万元，老年长期护理保险金 3 000 元/月，全残保险金 36 万元以及身故保险金 36 万元。

在不发生保险事故的情况下，我们做出如下的假设。

情况一：假使张先生在 50 岁时，发生脑中风并导致脑中风后遗症（永久性功能障碍），则可以获得重大疾病保险金 36 万元。

情况二：如是张先生在 65 岁时，被认定无法独立完成穿衣、如厕、洗澡等六项基本日常活动中的三项，且

该状态持续 180 天以上，则获得老年长期护理保险金，金额为每月 3 000 元（最多给付 120 个月）。

情况三：如张先生在 70 岁时，被确诊患有恶性肿瘤，则可一次性获得尚未给付的老年长期护理保险金，金额为 18 万元。

上述的张先生就是选择了一款比较好的健康保险，那么在购买健康保险时，要注意它的哪些特点及购买技巧呢？具体如图 8-3 所示。

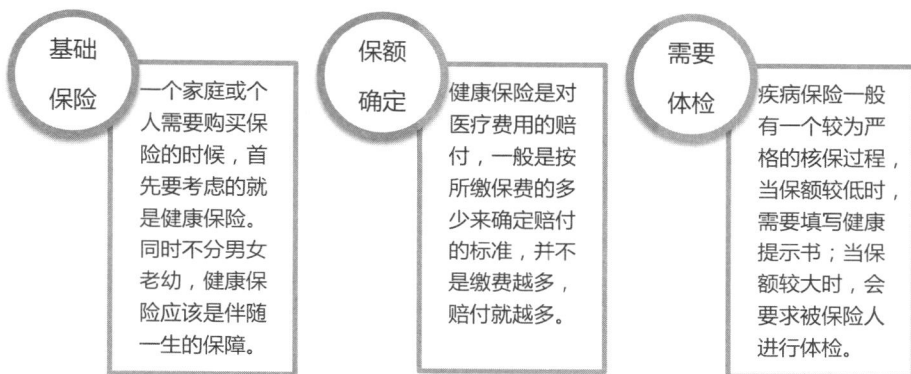

| 基础保险 | 一个家庭或个人需要购买保险的时候，首先要考虑的就是健康保险。同时不分男女老幼，健康保险应该是伴随一生的保障。 | 保额确定 | 健康保险是对医疗费用的赔付，一般是按所缴保费的多少来确定赔付的标准，并不是缴费越多，赔付就越多。 | 需要体检 | 疾病保险一般有一个较为严格的核保过程，当保额较低时，需要填写健康提示书；当保额较大时，会要求被保险人进行体检。 |

图 8-3　购买健康保险的要点

第127项　防止意外从天而降的意外险

除了疾病之外，意外也是我们要重要防范的风险之一，我们无法判断生活什么时候会出现意外，当意外来临时，意外险可以帮助我们解决资金上的困难。

意外保险又称人身意外或伤害保险，是指投保人向保险公司缴纳一定金额的保费，当被保险人在保险期限内遭受意外伤害，并以此为直接原因造成死亡或残废时，保险公司按照保险合同的约定向被保险人或受益人支付一定数量保险金的保险。

常见的意外险如下。

◆　普通意外险，期限较长，和健康险类似。

◆　团体意外伤害保险和人身意外伤害保险，期限通常为一年。

◆　针对出行的极短期意外险产品，通常保障期限在几天到十几天不等。

◆　针对交通工具的意外险，保障期限也为一年。

◆　专属的意外保险，如单次旅游保险、特殊岗位的署热意外保险等。

◆　意外卡单，随时激活随时生效，金额较小，期限一般为一年。

无论是什么样的意外险，在赔付时一般是按照如图 8-4 所示的 4 种标准进行的，购险者在理赔前要格外注意。

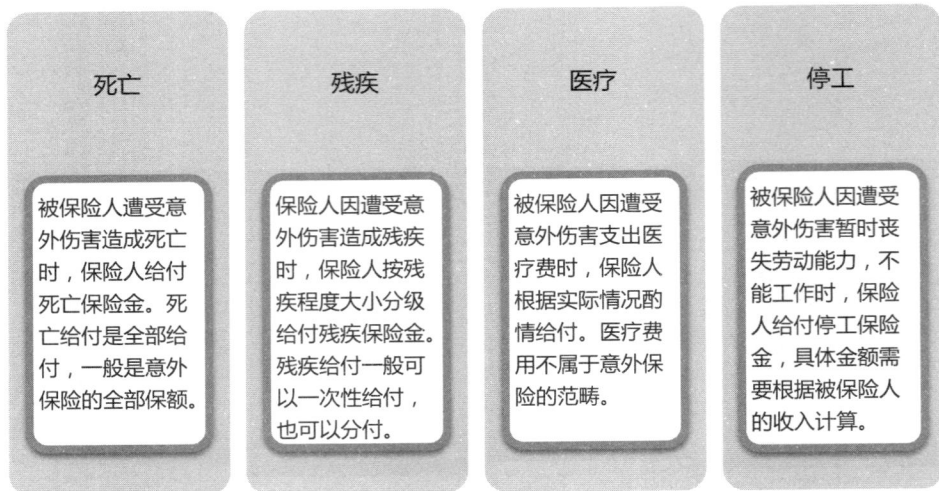

图 8-4　意外保险的理赔种类

第128项　　每年分红的年金保险

保险除了保障功能之外，投资理财功能也是一大特点，我们要利用保险进行投资理财，就需要重点认识投资型保险。

年金保险，是指在被保险人生存期间，保险公司按照合同约定的金额与方式，在约定的期限内有规则地、定期地向被保险人给付保险金的保险。因为保险金的给付通常采取的是按年度周期一次性的方式，因此称为年金保险。

首先通过一个案例来认识年金保险是如何起作用的。

应用示例——赵女士通过年金保险养老

今年 30 岁的赵女士，现在是一家企业的中层管理人员，收入不错，且拥有社保，进来她打算通过保险的方式为自己的养老筹备资金。

通过不断地对比，赵女士选择了某保险公司的某款年金保险，具体为 10 年交保费，每年交保费 12 000 元，累计交保费 12 万元。

在这样的情况下，从 60 岁开始领取至年满 85 周岁为止，按照合同规定赵女士可获得如下保险保障：

领取养老金：从 60 周岁至 85 周岁前为止，每年领取 9 792 元，25 次共计领取养老金 244 800 元。

假如领取期间身故，将按约定领取期限内尚未领取的各期养老年金之和一次性给付身故保险金，合同终止。

身故保险金：如被保险人在开始领取养老金前因疾病身故，按所交保费与现金价值两项金额中的较大者进行赔付，本合同终止。

如被保险人在开始领取养老金前因意外伤害身故，按所交保险费的 200% 与现金价值较大者进行赔付，本合同终止。

赵女士通过 10 年的专款专用储蓄养老保险金，使得其在退休后 25 年的老年生活里，每年额外都有 9 792 元的养老补充，以保证养老生活质量。

在购买年金保险时，有如图 8-5 所示的需要注意的事项。

年金保险购买要点		
期限	年金保险以被保险人的生存为支付条件，因此适合长期投资。
给付	年金保险保险金的给付时间各不相同，有即时领取与定时领取。
分红	每年会参与保险公司的收益分红，其标准不确定。
缴费	年金保险可以趸缴和期缴，但期缴更适合"年金"的性质。
领取	年金的领取有最低保证年金、生存年金与定期生存年金。
适合	年金保险适合积累，适用于养老或子女教育。
安全	年金保险有准备金储备制度保证，保证每年的年金发放。

图 8-5　年金保险的特点

第129项　简单认识社保

社保是如今普通老百姓茶余饭后热议的一个话题，然而许多人虽然在购买社保，也在使用社保，却并不清楚社保其中的细节，下面就一起来认识它。

社保也称社会保险，是政府为丧失劳动能力、暂时失去劳动岗位或因健康原因造成损失的人口提供收入或补偿的一种社会和经济制度。社会保险的主要项目包括养老社会保险、医疗社会保险、失业保险、工伤保险及生育保险。

目前，我国的社保并没有全国统一的标准，要查询社保信息，一般是登录当地的"人力资源和社会保障局"或专门的社保平台，通过社保账号可以快速查看。如图 8-6 所示为北京市社会保险网上服务平台的页面。

图 8-6　北京市社会保险网上服务平台

社保的具体功能分别是稳定社会生活、资源再分配与促进社会经济发展。除此之外，社保还有如图 8-7 所示的特点。

1	社保的保险事故是劳动领域中存在的风险，保险标的是劳动者本身。
2	社保的主体是固定的，包括劳动者（含其亲属）与用人单位。
3	社保属于强制性保险，任何用人单位都必须购买。
4	社保的目的是维持劳动力的再生产，同时也是一个国家的社会保障局体系。
5	社保的参保对象是劳动者，包括其他社会成员。
6	社保规定的退休年龄女性工人 50 岁，女性管理人员 55 岁；男性员工无论工种均为 60 岁。

图 8-7　社保的特点

| 7 | 社保中有 5 类基本的险种，购险者是可以分开购买，社保可以个人购买也可以单位购买。 |

图 8-7　社保的特点（续）

在购买社保时，可能会遇到停买、暂停、工作单位变动等情况，具体的内容及办理方法如下。

◆　因暂停缴费、参军、服刑等情况可进行社保保留，在停缴之后可以再续保。

◆　如果要进行社保的转移，异地转移的需要转入地社保中心同意。

◆　城镇户口的不能退保，只可以放弃缴费。

◆　参保人在退休前去世的，养老保险和医疗保险金额由法定继承人继承。

强制保险与非强制保险

保险可以从缴纳政策上分为强制保险与非强制保险，强制保险是法律和法规规定单位或个人必须购买的保险，如社保、汽车交强险等，而非强制保险主要是普通商业保险，是完全自主、自愿购买的。

二、如何买到一份好的保险

认识了不同的保险产品之后，下面来看看购买一份保险的具体流程以及买到一份好的保险的渠道。

第130项　买一份保险的流程

买保险的渠道很多，但无论是通过哪种渠道，完成一份保险的购买，都必须有如图 8-8 所示的流程。

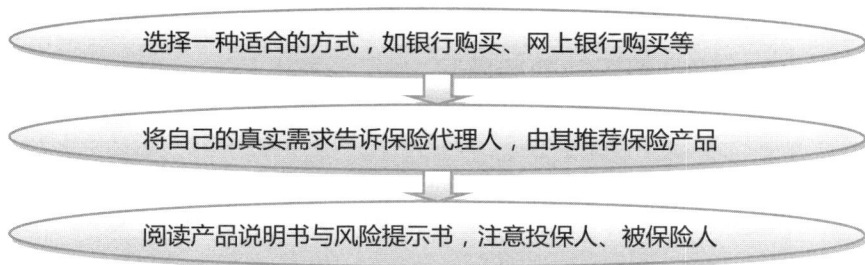

选择一种适合的方式，如银行购买、网上银行购买等

将自己的真实需求告诉保险代理人，由其推荐保险产品

阅读产品说明书与风险提示书，注意投保人、被保险人

图 8-8　买保险的流程

提供银行卡号，缴纳第一次所需全部保费

保险公司总公司回访客户，回访成功之后保险合同即生效

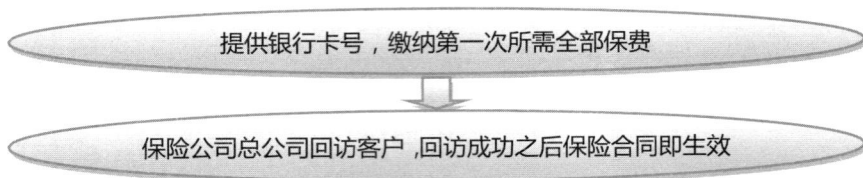

图 8-8　买保险的流程（续）

第131项　　通过保险代理人购买保险

我们买保险一般是通过保险代理人进行的，所谓保险代理人，就是根据保险人的委托，在保险人授权的范围内代为办理保险业务，并依法向保险人收取代理手续费的单位或者个人，简单来说就是投保人与保险公司之间的纽带。

一个优秀的保险代理人，一般会与客户进行真实有效的沟通，从而达到保险销售的目的。个人购险者在保险代理人处购险时，需要充分表达自己的需求，让保险代理人充分发挥其作用，如图 8-9 所示。

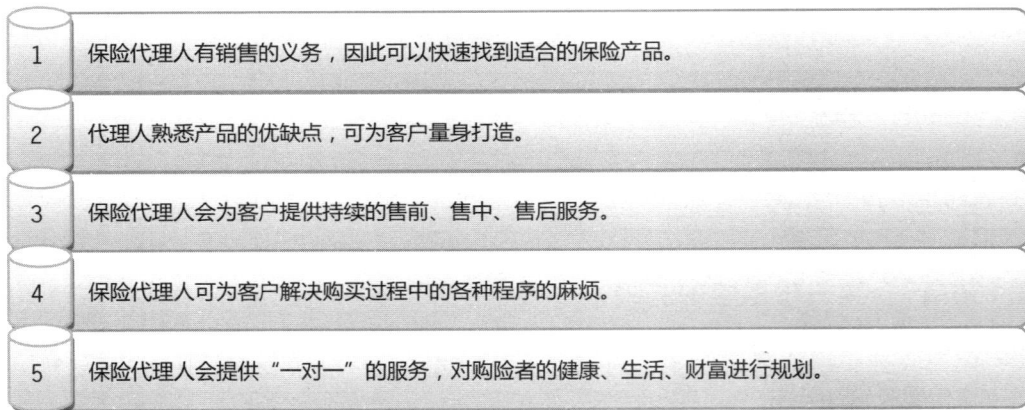

1	保险代理人有销售的义务，因此可以快速找到适合的保险产品。
2	代理人熟悉产品的优缺点，可为客户量身打造。
3	保险代理人会为客户提供持续的售前、售中、售后服务。
4	保险代理人可为客户解决购买过程中的各种程序的麻烦。
5	保险代理人会提供"一对一"的服务，对购险者的健康、生活、财富进行规划。

图 8-9　保险代理人的作用

第132项　　在保险公司网站购买保险

目前保险市场的监管比较混乱，保险代理人的水平参差不齐，许多购险者常常被代理人"忽悠"，为了避免这个情况，我们可以选择自行到保险公司网站购买保险，如在平安保险网站的具体操作如下。

应用示例——在中国平安保险网站买保险

Step01　进入中国平安官方网站（http://www.pingan.com），在"保险"选项卡中选择保险险种，单击其名称超链接，如"重大疾病"。

Step02　在打开的页面中，即可看到该类保险不同的产品，选择要购买的产品，单击其右侧的"查看详情"按钮。

Step03　进入该保险产品介绍页面，详细查看各类保障、费用、理赔等信息，单击"立即报价"按钮。

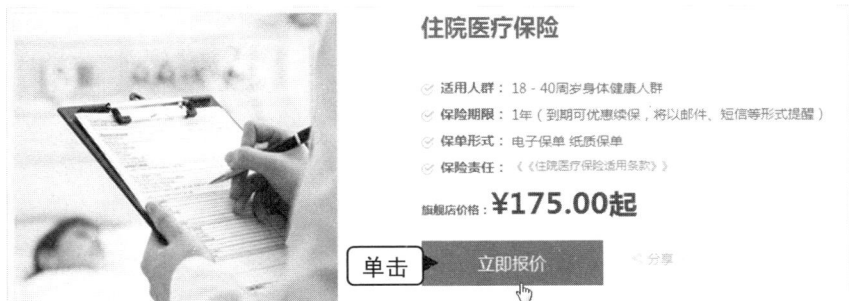

Step04　网上购买保险可注册保险公司或银行账户，登录后可更好地管理账户。如果要快速购买，则单击"不登录，直接购买"按钮。

Step05 在打开的页面中输入保障信息，系统自动显示价格，单击"立即投保"按钮，在打开的健康告知书页面选中"全部未有"单选按钮，单击"下一步"按钮。

Step06 进入投保信息设置页面，分别设置投保人、被保险人及受益人的信息（投保人和被保险人可以为同一人）。

Step07 在该页面下方设置保险期限，选中"需要/不需要发票"单选按钮，单击"下一步"按钮。

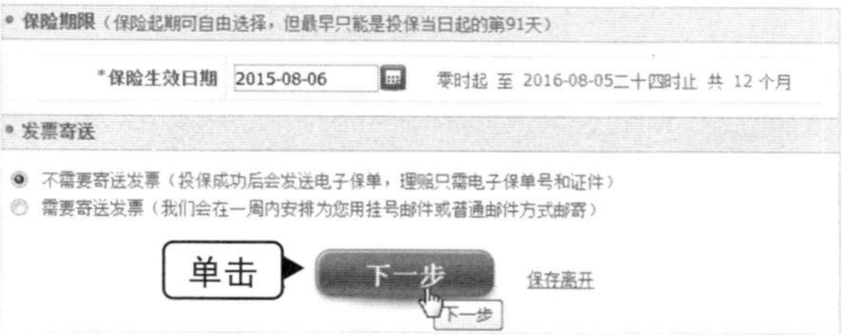

Step08 在打开的页面中确认投保信息，包括账户信息，投保人、被保险人资料及价格，选中下方"我同意"单选按钮，单击"下一步"按钮。

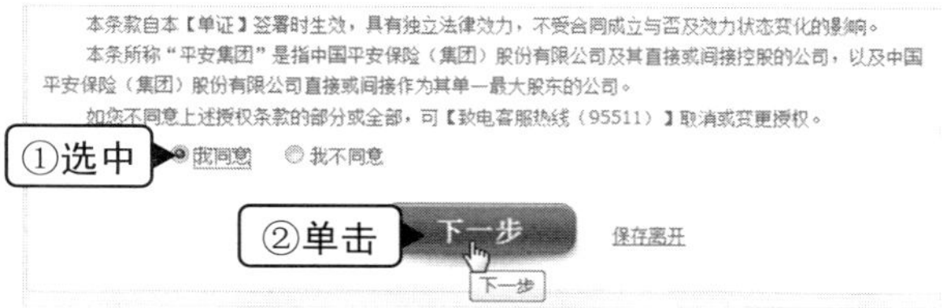

Step09 在打开的页面中选择支付方式完成支付即可成功购买保险，之后个人手机与邮箱将收到保险电子合同。

三、保险投资要点技巧

认识了购险的方法之后，即可着手为自己和家人购买保险，但是保险并不能随意购买，还需要注意一些技巧。

第133项 通过保险综合网站购买

作为普通老百姓，我们并不知道哪家保险公司的哪款保险最好，此时使用综合理财网站的保险对比是比较好的方法。

向日葵保险网是一个非常有效的保险管理网站，它可根据购险者的投保需求推荐合适的保险方案和代理人，其主页（http://www.xiangrikui.com）如图8-10所示。

图 8-10　向日葵保险网首页

第134项　　注意保险"陷阱"

保险本身是存在一定风险的，特别是对于分红险、投资连结险等投资型保险，则更是会面临损失。另外，保险在销售过程中也可能存在误导，首先来看一个例子。

应用示例——王太太的购险风波

王太太是一个善于管理家庭账务的人，近日，她打算将40万元积蓄存入银行。

到银行存钱的时候，王太太听工作人员介绍说有一种银保理财产品，和定期存款差不多，每年存一次钱，一共存 5 次，这种产品的好处就是利息高、稳定。王太太一听心动了，问能不能将自己的 40 万元全存为这种产品，工作人员告诉她，最好是每年存，这样剩余的钱还可以投资其他产品。

最终，王太太在工作人员的建议下购买了 10 万元的这种银保产品，剩下的 30 万元购买了一款 180 天的保本型银行理财产品。银行的工作人员告诉她，10 万元每年会产生近 2 万元的利息，再加上银行理财产品的收益，到了第五年就不需要再拿出本金了，也就是说，王太太的 40 万元，5 年之后会变成约 60 万元。

一年之后，王太太接到了续交保费的电话，细心的她多问了一句：我存的钱可以取出来吗？不问不知道，一问吓一跳，原来王太太所购买的是一款保险产品，具体有以下主要条款。

首先 10 万元每年是会产生利息加分红，大约是 1.5 万元，另外，剩余的钱购买银行理财产品是会逐年减少的，也就是说，按每期年化收益率 5%计算，王太太 4 年后大约能拿到 9 万元的利息收益，还不足第 5 年的 10 万元保费。

最重要的一点，虽然会产生这么多的利息收益，但是在第五年满期之后总共缴纳的 50 万元是无法退还本金的，因为王太太所购买的是一款年金分红保险，到第五年，大概只能退还 30 多万元。

想要规避这些风险，在购买投资型保险时就要注意如下内容。

◆ 看清缴费方式，注意区分期缴还是趸缴。

◆ 了解中途退保会有多少损失。

◆ 不被销售误导，保险与理财产品是有区别的。

第135项　保险的理赔

在投资保险的过程中，我们会发现保险的理赔比购买保险更加麻烦，在理赔时一般会有如图 8-11 所示的流程。

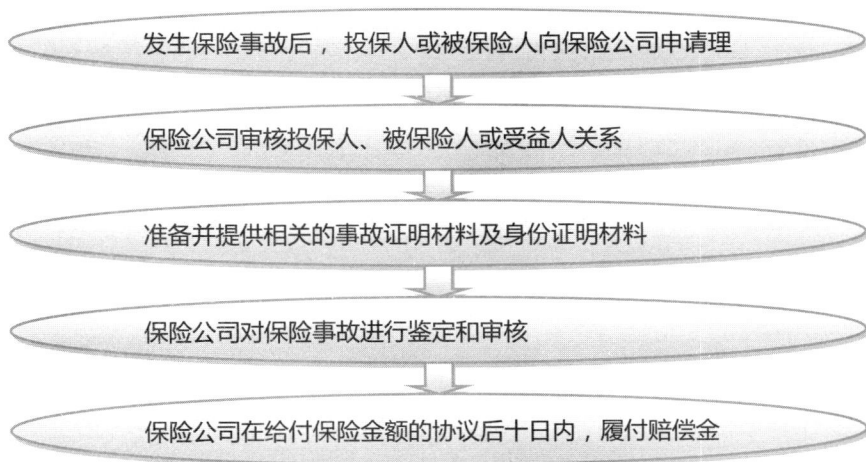

发生保险事故后，投保人或被保险人向保险公司申请理

保险公司审核投保人、被保险人或受益人关系

准备并提供相关的事故证明材料及身份证明材料

保险公司对保险事故进行鉴定和审核

保险公司在给付保险金额的协议后十日内，履付赔偿金

图 8-11　保险理赔流程

第136项　买保险的实用技巧

在已经对保险及其购买有了详细的了解之后，本章的最后，就来总结一些实用的购险技巧，以帮助不同情况下的投资者选购保险，具体内容如图 8-12 所示。

购险顺序　购买保险要先以健康险、意外险等基本保障为主，其次再考虑其他副理财保险。购险时要首先考虑家庭主要劳动力。

风险承受　对于分红、投资连结险、年金保险等，是可能存在一定风险的，比较适合收入稳定的家庭投资者。

货比三家　同样的保险，可能在不同的保险公司和不同的时间购买有不同费用与保障，因此在购买保险时最好选择险种，然后货比三家。

保单质押　在需要资金的时候，把所持有的保单直接抵押给保险公司，保险公司会按照保单现金价值进行保单贷款，只需支付利息即可。

合理避税　投保人所购买的保险，是不会算作有用资产的，所以不会征收其税务，因此可以用来规避遗产税等高额税负。

保费优惠　与保险公司进行长期合作、适当的选择期缴产品、与保险代理人充分沟通、分红代缴保费都是节省保费的方法。

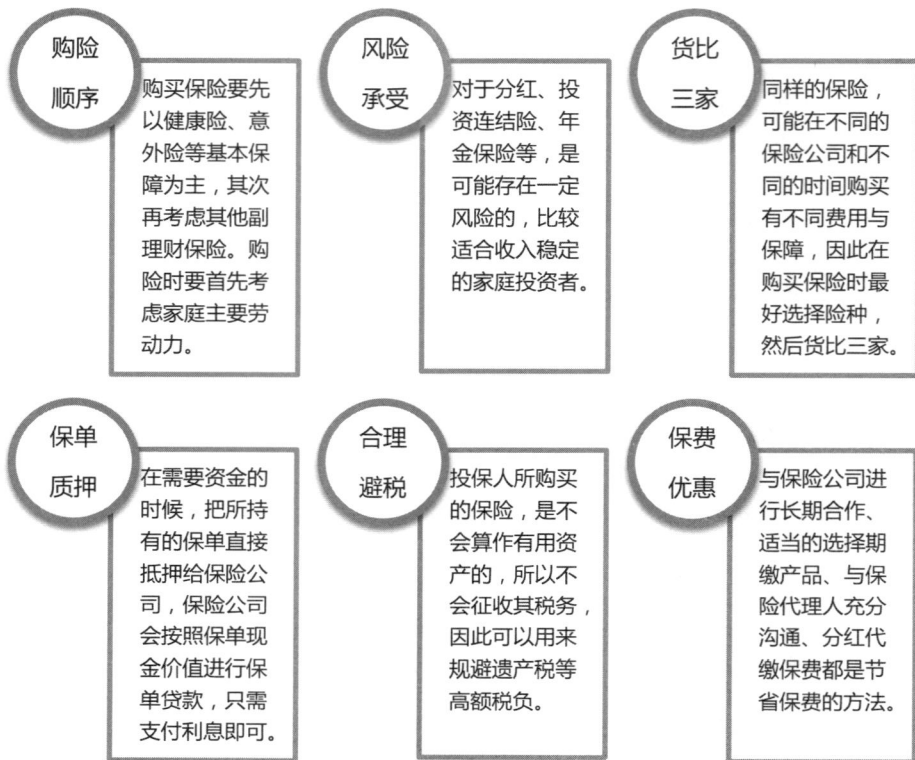

图 8-12　保险投资技巧

第9章

黄金、外汇投资，拥有全球眼光

在全球的市场上，黄金和外汇是两种交易量非常大的产品，黄金是一种自古以来就存在的通用货币，而外汇则是全球贸易的重要支付手段。就投资理财而言，这也是两种高端的理财工具，本章我们就来认识它们。

一、黄金投资的不同种类

黄金投资，简单来说就是利用黄金价格的变动来获利，但是和其他理财工具不同的是，黄金投资在发展过程中产生了许多不同的产品，这些产品各自有各自的报价与投资方式，首先来认识这些不同的黄金投资种类。

第137项　实物黄金投资

实物黄金是最常见的一种黄金投资方式，其中包括投资型的金币、金条以及具有收藏价值的纪念黄金、黄金饰品等。

图 9-1 所示为一些常见的实物黄金。

图 9-1　常见的实物黄金

实物黄金的投资操作非常简单，一般可以在银行、金店进行购买，具体的流程如图 9-2 所示。

投资者在购买实物之前，必须要办理贵金属交易账户卡，各家银行的贵金属账户卡收费是不一样的。另外，目前对于一些购买小额黄金的人来说，只要拥有该银行的银行卡，是可以不办理贵金属交易账户卡的。

到银行进行实物黄金的申购，也就是预约的过程。不同的银行有不同的预约时间，如工商银行规定，一般需要在提前 10 日左右到银行进行预约；华夏银行则规定必须提前 3 个工作日进行申请。

申购时，需要确定黄金的购买价格（一般是不会出现变动的），同时需要支付手续费与运费，比如中国工商银行，在每次黄金买卖时，会向投资者提取成交金额 0.2% 费用。

银行申报成功后，一般会打电话通知你进行取货。小件的金条一般是客户直接到银行网点取货，如果是数量较多的金条，会有专门的人员陪同你到当地的贵金属中心取货。

图 9-2　银行买实物黄金流程

为了更好地完成实物黄金投资，投资者可以注意如下技巧。

◆ 不同的实物黄金品牌，一般有不同的回收价格。

◆ 实物黄金适合期限较长、数量较大的投资。

◆ 掌握一些黄金鉴别技巧，从色泽、质量上避免上当受骗。

◆ 实物黄金存在价格升水，具体报价中包含了工费和利润。

第138项 简单账户黄金投资

账户黄金也称纸黄金，顾名思义，它是一种在账户上交易，完全无实物的黄金投资。账户黄金是一种非常适合新手投资者的黄金投资产品，具有单向交易、灵活、安全性高的特点。

以中国工商银行账户黄金为例，账户黄金一般具有如图9-3所示的特点。

1	人民币买卖起点为 10 克黄金；美元买卖交易起点 0.1 盎司黄金。
2	资金结算速度快，划转实时到账，一般会在当天或者第二天到账。
3	进行单项交易，只能买涨。
4	周一至周五，实行 24 小时不间断交易，让交易更为方便与灵活。
5	交易方式多样，包括即时交易、获利委托、止损委托、双向委托等。
6	纸黄金在银行投资时，银行都收取 0.5 元/克的单边佣金。
7	采用 100%资金投入，无杠杆选择，保证交易稳定。
8	交易渠道很多，在银行柜台、电话银行或者网上银行均可交易。

图 9-3 账户黄金的特点

不同的银行都有自己不同的账户黄金报价，前面介绍了在网上银行可以轻松完成实物黄金的投资，下面就来看看具体的操作。

应用示例——在中国工商银行网上银行购买纸黄金

Step01 登录中国工商银行个人网上银行，在个人页面首页上方的菜单栏中单击"网上贵金属"超链接。

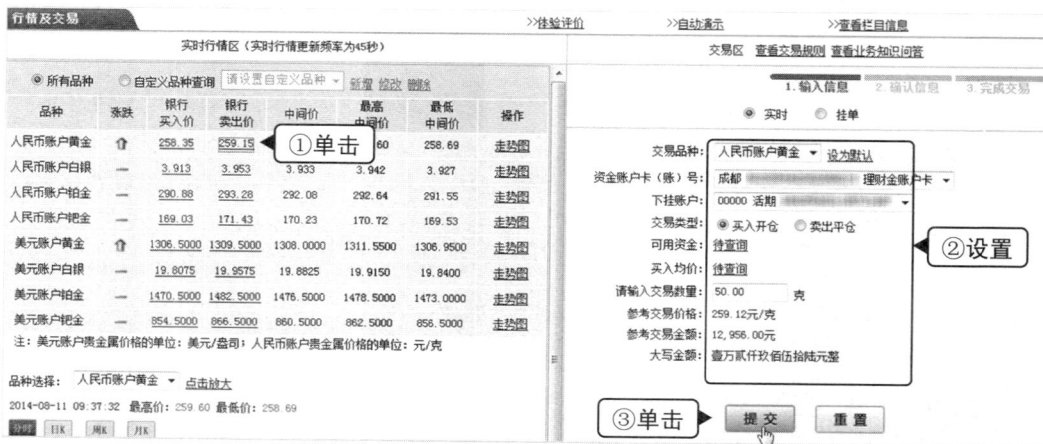

Step02 进入网上贵金属买卖页面，在左侧产品选项组中的人民币账户黄金中单击"银行卖出价"超链接，在右侧的交易区中会自动设置买入价格，此时输入买入的数量，单击"提交"按钮。

Step03 在该页面打开的窗口中确认交易信息，并且在10秒之内单击"确认"按钮，最后完成安全支付即可成功购买。

为什么要在 10 秒内确认交易

　　银行规定必须在 10 秒内单击"确认"按钮完成交易，这是因为纸黄金的价格变化是非常频繁的。为了防止在交易过程中出现的价格变动，所以需要快速进行确认。

注意：请尽快完成交易！ 　　　　00：06

交易品种：人民币账户黄金
资金账户卡（账）号：
下挂账户：
交易类型：买入开仓
交易数量：50.00克
正常交易价格：259.10元/克
交易金额：12,955.00 元
大写金额：壹万贰仟玖佰伍拾伍元整

单击 ▶ ［确认］ ［上一步］ ［取消］

第139项　现货黄金投资

在黄金投资市场，有一种较为高级的产品，这就是现货黄金，也可称为伦敦金，这是一种在全球市场上进行交易的产品，具体有如图9-4所示的特点。

交易方向
现货黄金实行双向交易，投资者可以先买入再卖出进行平仓；也可以先卖出再买入进行平仓。

交易模式
现货黄金实行的是 T+0 的交易模式，即当天买当天就可以卖，资金利用率高，可方便投资者进行灵活选择。

即时成交
现货黄金交易只有不断随行情波动的买价和卖价两种价格，投资者只要愿意接受当时的价格，即可交易并且马上成交，不必担心成交不了。

连续交易
现货黄金每天 24 小时随国际不同黄金市场交易时间滚动而开盘交易，投资者可以灵活根据自己的空余时间随时轻松交易，完全不受时间或地域的限制。

杠杆交易
现货黄金实行的是保证金交易形式，即利用杠杆原理进行入资，用最少的资金就可以获得最大的投资成本。

图 9-4　现货黄金的特点

下面来看一个现货黄金投资的案例。

应用示例——林先生的现货黄金投资案例

林先生是一位生意人，年收入颇丰，2015 他开始参与黄金的投资，根据个人风险评估报告的结果，他最终选择了现货黄金的投资。

2014 年底及 2015 年年初，现货黄金价格出现短暂的低谷，但出现反转上涨的阶段，后市不太明朗，因此林先生并没有进行任何操作。

到了 2 月底，价格形成了高点，先是一根大阳线，之后是一根大阴线，林先生判断此后现货黄金价格会开始下跌，因此做了一笔空单。

此后现货黄金的价格虽然有所震荡，但总体呈现下跌趋势，到了 3 月中旬，价格下跌到了低点，林先生立刻平仓获利，具体如图 9-5 所示。

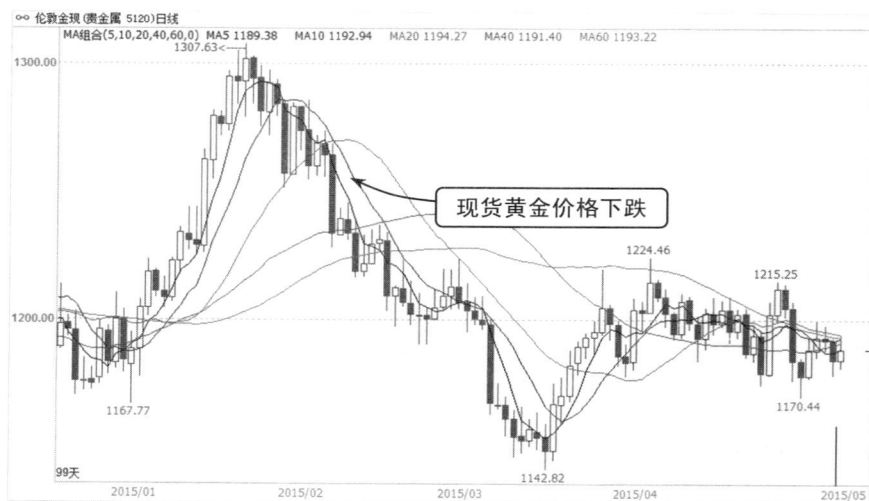

图 9-5　2015 年 1 月～5 月现货黄金价格走势

黄金 T+D

黄金投资产品还有很多，如黄金 T+D（黄金递延），就是由上海黄金交易所统一制定的、规定在将来某一特定的时间和地点交割一定数量标的物的标准化合约。

二、黄金投资的交易与技巧

在认识了一些黄金投资品种之后，下面来看一些获利的技巧与投资方式，帮助我们成为黄金投资的高手。

第140项 不同的人如何选择黄金产品

黄金产品多种多样，从风险的角度来说，不同的人应该如何选择呢？具体方法如图 9-6 所示。

1 作为年轻人，个人就业起步阶段，收入较低，此时较为适合购买黄金定投类产品或是账户黄金。

2 在收入逐步稳定且未有太大压力的情况下，投资者可选择现货黄金、黄金 T+D 等风险较高的产品。

3 成家立业后，支出非常大，个人结余往往较小，此时可选择实物黄金或账户黄金作为保值投资产品。

4 达到事业的最高峰，也是收入最大的阶段，可以选择一些高风险黄金产品，并且用于财富的传承。

5 当在退休之后，几乎没有任何收入，此时要投资黄金，最好选择实物黄金或是一些低风险产品。

图 9-6 不同的人如何选择黄金产品

第141项 适合积累的黄金定投

在本书前面的内容中，我们介绍了零存整取、基金定投等适合积累的投资工具，黄金投资也有适合积累的方式——黄金定投。

黄金定投是每月以固定的资金价格购买黄金，当合同到期时，客户积累的黄金克数可以按照上海黄金市场价格兑换成现金，或者相应克数的金条。黄金定投有如下所示的限制条件。

◆ 黄金定投起步金额为 100 元，最高限额为 20 000 元。

◆ 在交易时间上，黄金定投时间与上海黄金交易所的交易日一致。

◆ 黄金定投的手续费相对比较低，如工商银行手续费率为 0.5%。

下面来看看如何在中国工商银行网上银行完成黄金定投办理。

应用示例——在中国工商银行网上银行办理黄金定投

Step01 登录中国工商银行个人网上银行，在个人页面首页上方的菜单栏中单击"网上贵金属"超链接。

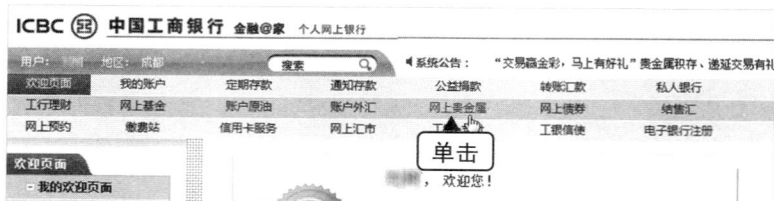

Step02 在打开的页面左侧选择"账户贵金属定投/设置账户贵金属定投"命令，在右侧的操作区中输入定投情况，包括品种、账户、定投数量、定投周期、定投期限等，单击下方的"提交"按钮。

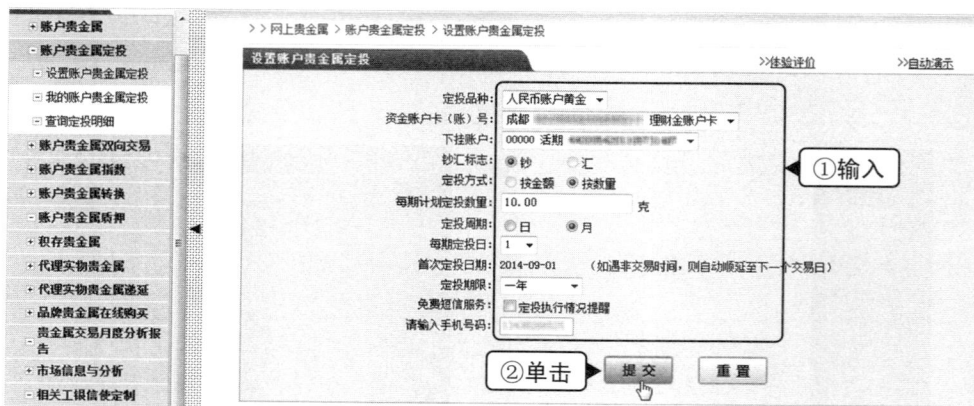

Step03 在打开的页面中确认定投信息，单击"确认"按钮完成定投，此后每月由系统自动从账户中扣款。

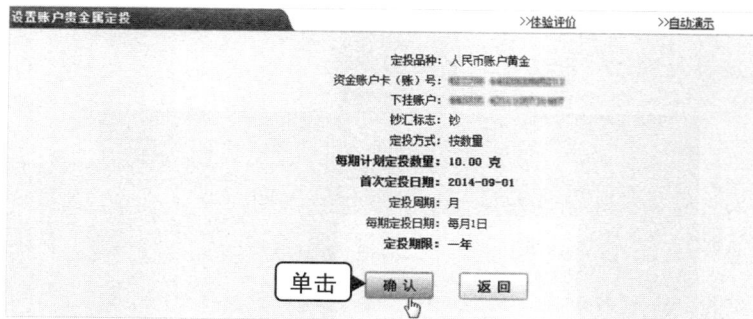

第142项　简单的黄金组合投资

新手投资黄金，我们可以进行简单的产品组合，如将不同的黄金产品进行组合，将总投资资金分为多笔进行投资等，从而达到更好的投资效果。从期限、账户及风险上进行组合，具体如图 9-7 所示。

长期
投资

＋

短期
投资

➡ 将长期投资与短线投资结合起来，可以锁定不同期限的利润。在长线投资中，按照K线图分析买卖定期，而在短线中，利用日内或一周内的价格变化来规避风险。

资金账户
一

＋

资金账户
二

➡ 将总投资资金分为两笔或多笔投资资金，在某些产品中可能会多付出一点手续费，但却能够在风险来临时灵活应对，并且在利润点时有更多的选择。

高风险
产品

＋

低风险
产品

➡ 在黄金投资中，将高风险产品或操作较复杂的产品（如黄金期货、现货黄金）与低风险、操作简单的产品（如纸黄金、实物黄金）相结合，可更好地应对市场变化，且有更大的获利空间。

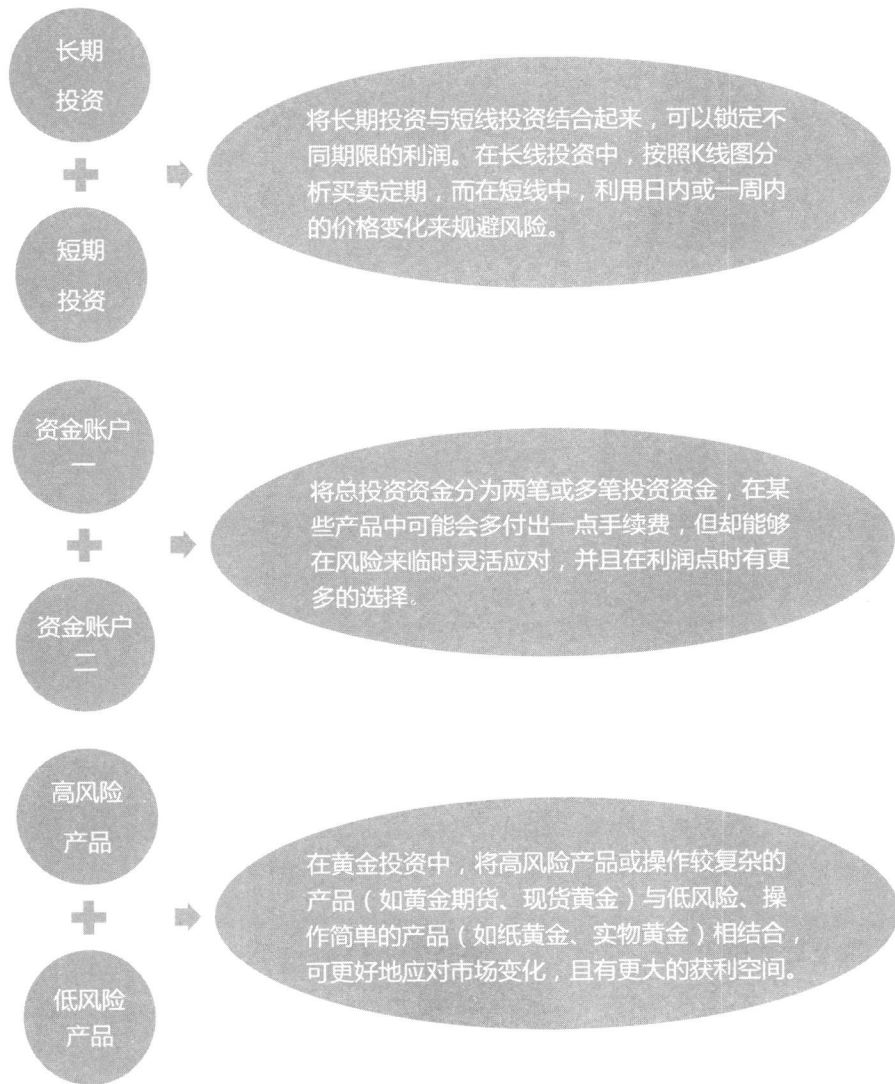

图 9-7　黄金产品组合投资

三、走进外汇投资

外汇，是指货币行政当局（如中央银行、货币管理机构、外汇平准基金及财政部等）以银行存款、财政部库券、长短期政府证券的方式保有的在国际收支逆差时可以使用的债权。另外，也可作为一种投资产品，下面就一起来认识它。

第143项　简单认识外汇

外汇有动态外汇和静态外汇的区分，动态外汇又称国际汇兑，是指通过将一国货币兑换为另一国货币，用于清偿国际间债务的金融活动。而静态外汇则有如下内容。

◆ 外国的货币，包括纸币和铸币。

◆ 外币有价证券，包括国债、政府证券、公司债券、各交易市场上市的公司股票。

◆ 外币支付凭证，包括票据、汇票、银行存款凭证、邮政储蓄凭证等。

◆ 特别提款权、欧洲货币单位。

◆ 其他有外汇价值的资产，如黄金等。

第144项　什么是汇率

一种外汇的价格是通过另一种外汇来表现的，两种外汇之间的兑换比例就形成了汇率，我们进行外汇投资理财，实际上就是对汇率涨跌的投资。一般来说，汇率有如图9-8所示的几种。

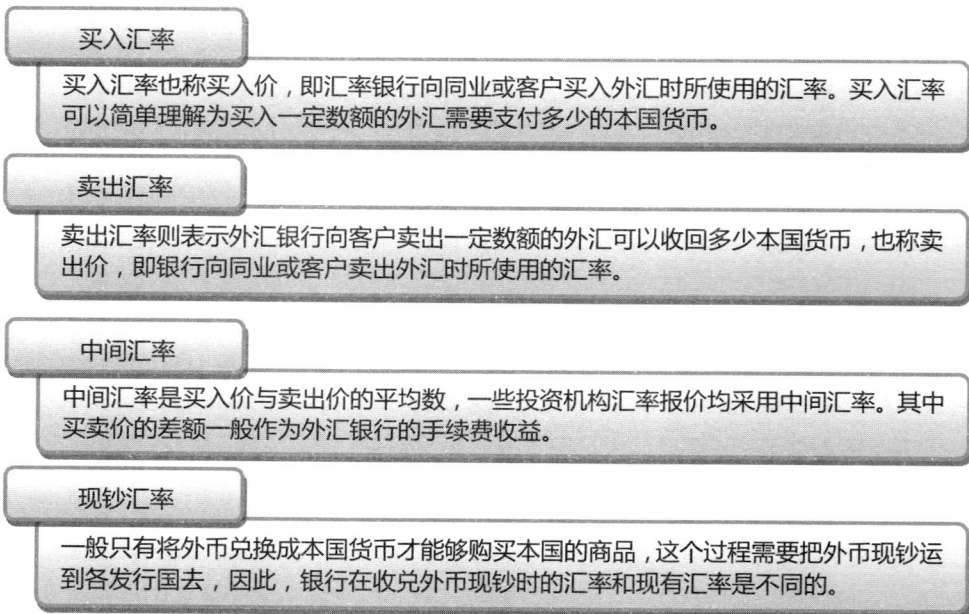

买入汇率

买入汇率也称买入价，即汇率银行向同业或客户买入外汇时所使用的汇率。买入汇率可以简单理解为买入一定数额的外汇需要支付多少的本国货币。

卖出汇率

卖出汇率则表示外汇银行向客户卖出一定数额的外汇可以收回多少本国货币，也称卖出价，即银行向同业或客户卖出外汇时所使用的汇率。

中间汇率

中间汇率是买入价与卖出价的平均数，一些投资机构汇率报价均采用中间汇率。其中买卖价的差额一般作为外汇银行的手续费收益。

现钞汇率

一般只有将外币兑换成本国货币才能够购买本国的商品，这个过程需要把外币现钞运到各发行国去，因此，银行在收兑外币现钞时的汇率和现有汇率是不同的。

图9-8　不同的汇率

究竟汇率是如何表示外汇价格的呢？我们可以简单来看一个例子。

应用示例——汇率的上涨和下跌

某外汇市场的外汇牌价在某月初和月末有如下的汇率涨跌情况。

月初：1 英镑=1.601 2 美元

月末：1 英镑=1.603 8 美元

以上的变化情况说明了固定的英镑可以兑换更多的美元，也就是说英镑升值，汇率上涨。

另外，还可能出现如下的情况。

月初：1 美元=6.038 5 人民币

月末：1 美元=6.012 0 人民币

在这样的情况下，固定的美元能兑换的更少的人民币，美元贬值，汇率下跌。

第145项　汇率的标价方式

世界各国有不同的外汇，我们进行投资理财时不可能将所有的外汇全都进行对比，此时有特定的标价方式。

最常见的标价方式是直接标价法，直接标价法是以一定单位如1、100、1 000、10 000等的外国货币为标准来计算应付多少单位本国货币，这就相当于将一种货币看作商品，另一种货币看作价格，如图9-9所示。

合约名称	文华码	买价	卖价	最新	涨跌	开盘	最高	最低	涨幅
↑ 欧元英镑	8165	0.7214	0.7214	0.7214	0.0004	0.7207	0.7217	0.7205	0.05%
↑ 欧元瑞郎	8168	1.0408	1.0409	1.0408	0.0001	1.0406	1.0412	1.0399	0.01%
↓ 欧元加元	8167	1.3564	1.3565	1.3564	-0.0010	1.3574	1.3584	1.3552	-0.07%
↓ 欧元澳元	8166	1.3981	1.3984	1.3981	-0.0013	1.3988	1.4012	1.3914	-0.09%
↓ 欧元纽元	8282	1.5084	1.5088	1.5084	-0.0086	1.5157	1.5174	1.5014	-0.57%
↑ 欧元日元	8164	135.42	135.44	135.42	0.16	135.24	135.46	135.13	0.12%
↑ 欧元港币	8175	8.8090	8.8103	8.8090	0.0092	8.8002	8.8109	8.7897	0.10%
↑ 英镑欧元	8170	1.3859	1.3864	1.3859	0.0005	1.3865	1.3869	1.3850	-0.04%
↓ 英镑瑞郎	8173	1.4425	1.4429	汇率直接标价		1.4432	1.4441	1.4418	-0.05%
↓ 英镑加元	8172	1.8801	1.8803	1.8801	-0.0024	1.8819	1.8830	1.8795	-0.13%
↓ 英镑澳元	8171	1.9381	1.9382	1.9381	-0.0025	1.9408	1.9426	1.9293	-0.13%
↑ 英镑日元	8169	187.71	187.75	187.71	0.12	187.55	187.77	187.44	0.07%

图9-9　汇率直接标价

间接标价法

与直接标价法相反的是间接标价法，它是以一定单位的本国货币为标准，来计算应收若干单位的外汇货币。也就是用"外币"来表示"本币"的价格。

除了以上两种标价法之外，国际经济关系错综复杂，人们还需要用一种使用量最大的货币作为标价依据，这就形成了美元标价法。美元标价法是指在纽约国际金融市场上，除对英镑用直接标价法外，对其他外国货币都可用间接标价法的标价方法。

四、外汇投资产品及结售汇

与黄金投资一样，外汇也有着非常多样的投资品种与交易方式，下面我们就简单来认识这些交易方式及操作。

第146项　外汇实盘

对于新手投资者，一般投资外汇实盘是最直接的。所谓外汇实盘，是指直接进行外汇的低买高卖从中获利。

在外汇实盘中，最常见的就是账户外汇的投资，目前在各大银行都可以进行账户外汇的投资，具体有如图 9-10 所示的特点。

1　标价分为直盘与交叉盘，直盘是以美元为基础货币，将美元用于和其他另一种货币进行兑换的交易，交叉盘是以美元作为间接货币。

2　在个人实盘外汇买卖中，英镑、澳元和欧元兑美元的报价，英镑、澳元和欧元是基准货币；其余的货币兑美元的报价中，美元是基准货币。

3　做个人实盘外汇买卖最低金额一般为 100 美元；电话交易、自助交易的最低金额略有提高，没有最高限额。

4　外汇实盘实行 T+0 的交易发方式。投资者进行电话交易或自主交易时，完成一笔交易之后，银行电脑系统立即自动完成资金交割。

5　外汇实盘是实行 24 小时交易的，一般通过以后网上，可直接完成买卖，另外还包括电话委托。

6　外汇实盘买卖的价格是银行自行决定的，一般是由外汇市场行情给出报价，由基准价格和买卖价差两部分构成。

图 9-10　账户外汇买卖特点

以上介绍的在网上银行可快速办理账户外汇的买卖，其具体操作如下。

应用示例——如何投资账户外汇

Step01　登录中国工商银行网上银行，在个人欢迎页面中单击"账户外汇"超链接。

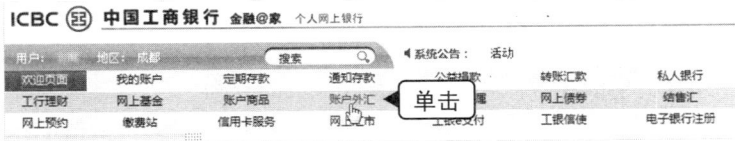

Step02 进入账户外汇投资页面，在操作选项组中选择一种账户外汇，单击后面的"走势图"超链接，即可在该页面下方看到具体的走势图。如果要查看大图与详细数据，可在该图上单击"点击放大"超链接。

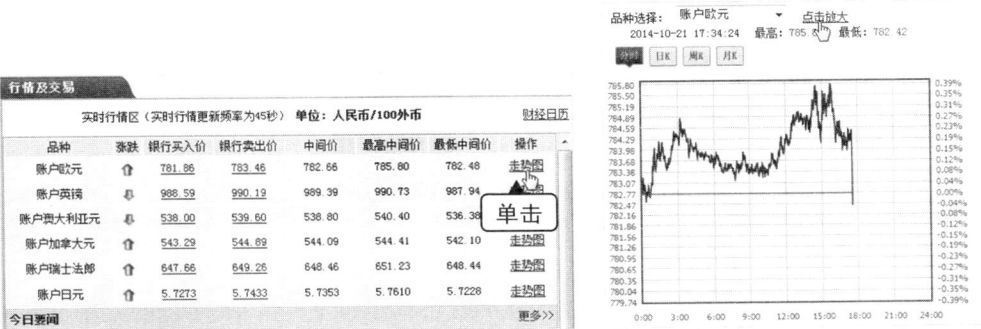

Step03 系统自动进入账户外汇大图页面，在该页面可选择不同的图形，如分时图、K线图等。将鼠标光标移动到图中，可看到该时间点的具体买卖价格。

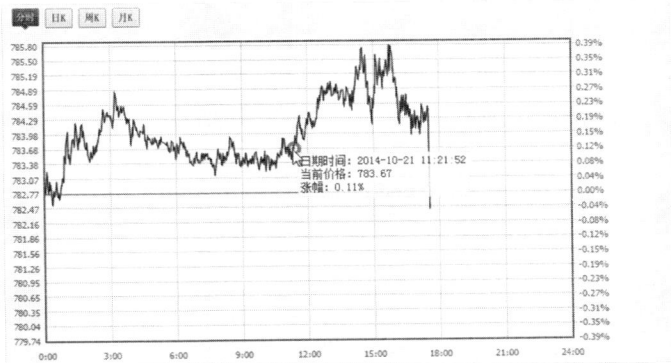

Step04 如果要进行账户外汇的交易，则返回"行情及交易"页面，单击要交易外币的相应银行卖出价超链接，系统自动在右侧设置"买入开仓"，输入交易金额，单击"提交"按钮（银行的买卖和投资者的买卖是相反的，如果单击"银行买入价"超链接，那么在右侧就会设置"卖出开仓"）。最后确认投资即可。

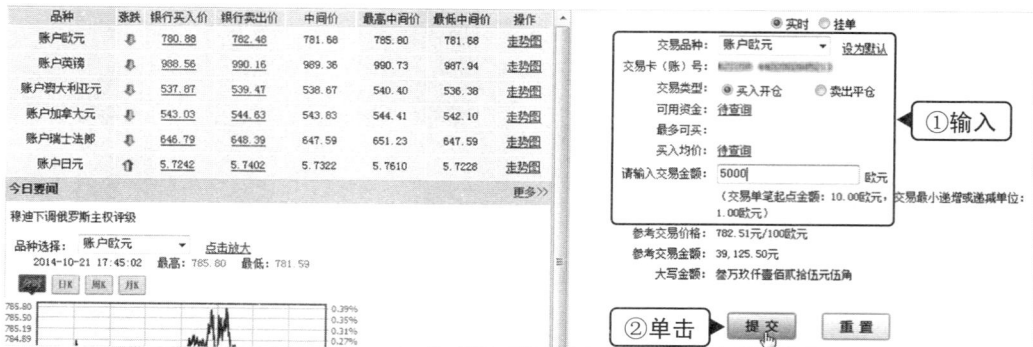

第147项　外汇保证金

现货黄金是黄金中的顶级投资产品，而外汇保证金则是外汇投资中的顶级产品，投资者通过杠杆的形式，将投资者的资金放大，可以用更多的资金去买卖外汇，从而获得相应比例的利润。

对新手投资者而言，要参与外汇保证金的投资，可以从图 9-11 所示的几个交易特点中去详细了解其要点。

合约方式

投资外汇保证金，并不是传统意义的买入卖出，而是通过合约的形式进行保障，完全不涉及实物。

双向交易

外汇保证金投资可以进行双向交易，投资者可以根据自己的预期进行多空操作，保证了投资者在价格涨跌时都有获利的机会。

杠杆交易

外汇保证金，顾名思义就是利用杠杆进行交易，通过杠杆的选择，让交易成本扩大，从而获得更大的收益。

T+0 交易

和外汇实盘一样，外汇保证金同样实行 T+0 的交易方式，理论上在一个交易日内可以进行数次进出场操盘。

图 9-11　外汇保证金的交易要点

涉及计息

外汇保证金在投资过程中会涉及利息的收付，其中计息的本金是投资者的合约金额，投资者买高息货币可获得利息收入，但卖出高息货币时需要支付利息费用。

投资渠道

投资外汇保证金，一般是通过外汇经纪商进行，通过投资机构提供的交易软件与账号在网上进行买卖。

图 9-11 外汇保证金的交易要点（续）

外汇交易最好是通过 MT4 交易软件进行，MT4 软件是全球外汇交易商用得最多的、最稳定的、最好用的软件之一。下面以某外汇经纪公司为例，来看看如何在进行外汇保证金的交易操作。

应用示例——在福汇 MT4 软件上建仓交易

Step01 进入福汇MT4软件，在上方单击"新订单"按钮。

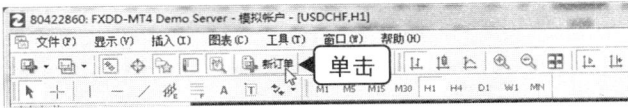

Step02 在打开的对话框中设置交易品种、交易手数、成交方式，单击"卖"或"买"按钮进行开仓。

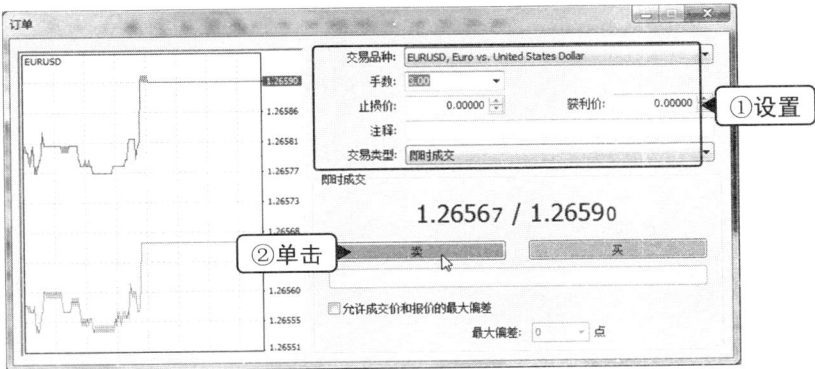

Step03 在打开的对话框中确定开仓信息，单击"OK"按钮即可完成。

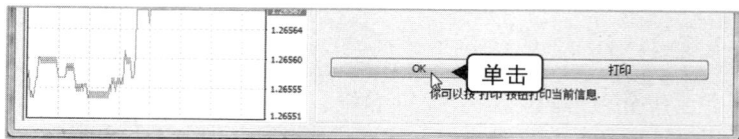

Step04 完成下单之后，在下方的"订单"选项组中就可以看到最新的交易合约信息，内容包括数量、类型、损益情况等。如果要进行止损设置，则在合约选项上右击，在弹出的快捷菜单中选择"修改或删除订单"命令。

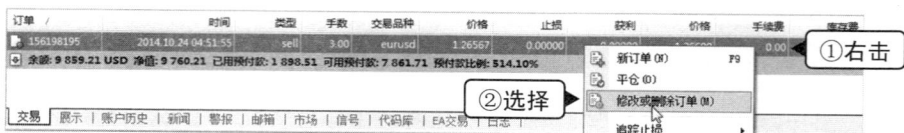

Step05 在打开的对话框中设置止损价格，设置内容包括交易类型、与现价差、止损价。然后单击"修改"按钮。

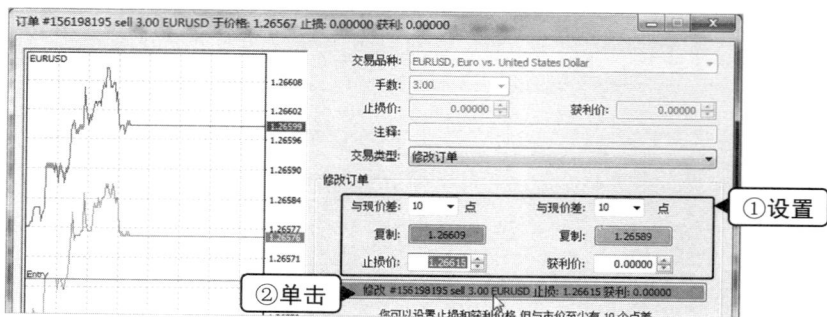

Step06 在打开的对话框中确定修改信息，单击"OK"按钮即可完成。

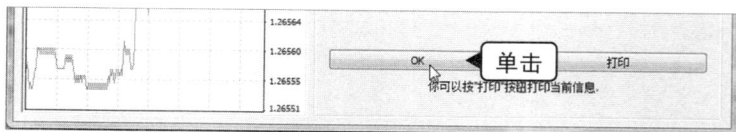

第148项　个人结售汇

当我们要出国留学或旅游的时候，就需要准备外币，或从国外回来时就可能会兑换本币，此时就需要进行个人结售汇。

个人结售汇分为结汇和售汇，具体如图9-12所示。

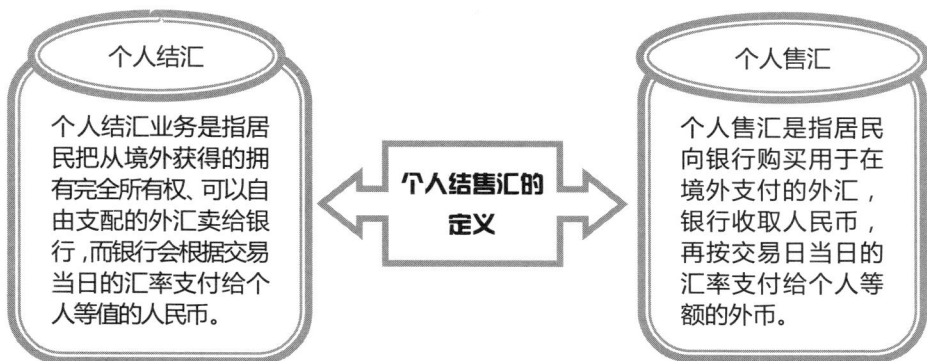

图9-12　个人结售汇

个人结售汇在办理时需要审核的条件较多，在个人结汇时银行需要了解外汇的来源，如果金额较大，会报外汇管理局审核；在个人售汇时，要明确告知个人使用外汇的用途，如旅游、自费留学等。

另外，根据我国外汇管理局的规定，个人换外汇每年的限额为5万美元或等值外币。如超过额度则需要开具相关证明。

下面以个人结汇为例，来看看网上银行的具体操作。

应用示例——如何办理个人购汇

Step01　登录中国工商银行网上银行，在个人页面上方的菜单栏中单击"结售汇"超链接。

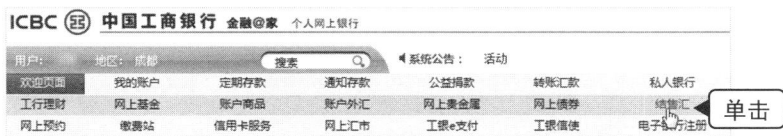

Step02　在打开的个人结售汇页面中详细了解工商银行最新的个人结售汇业务，并查看是否有点差优惠，单击"购汇"超链接。

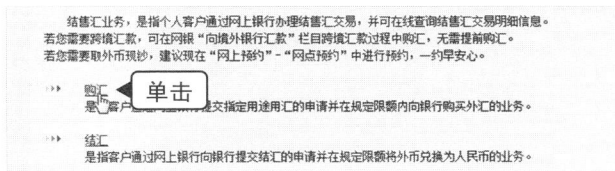

Step03　在打开的页面中设置个人购汇信息，包括账户、钞汇标志、币种、金额、用途等，单击"下一步"按钮。在打开的页面中确认购汇信息，并在10秒之内单击"确定"

按钮。完成安全支付后即可成功购汇。

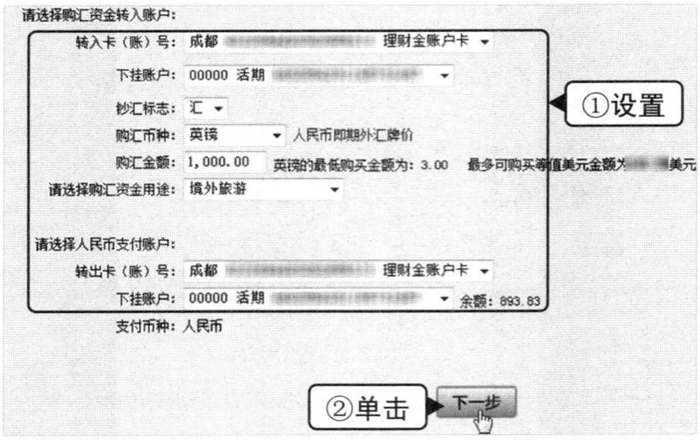

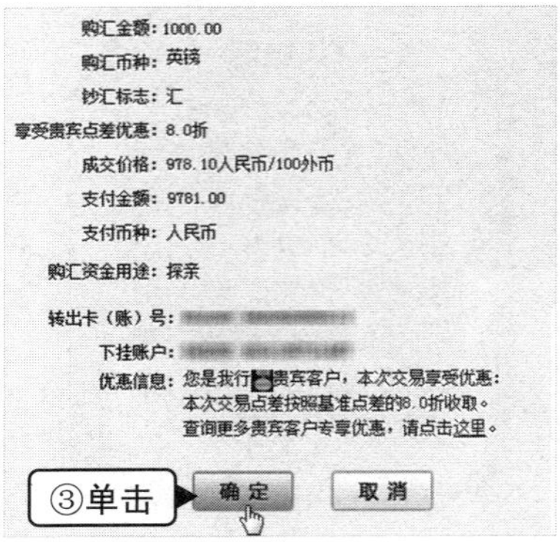

第10章

走进期货投资，准确选择合约

在投资理财中，并不局限于一对一的现货交易，有一种投资方式，是在当前签订买卖合约而在未来实现交割，并从中获得收益，这就是本章要认识的期货投资。

- ❖ 现货交易与期货交易
- ❖ 期货交易的要点
- ❖ 我国的期货交易所及其品种
- ❖ 认识期货标准化合约
- ❖ 会员制度与公开竞价制度
- ❖ 每日结算无负债制度
- ❖ 涨停板制度
- ❖ 强制平仓制度

- ❖ 期货的账户开立
- ❖ 完成账户的入金
- ❖ 如何完成期货交易
- ❖ 期货投机交易
- ❖ 期货套期保值
- ❖ 期货的套利操作
- ❖ 期货基本面分析
- ❖ 简单的期货投资技巧

一、认识期货及期货合约

所谓期货，是包含金融工具或未来交割实物商品销售的金融合约，投资者通过对交割商品价格的预判来获利，本章的第一部分简单来认识期货的特点。

第149项　现货交易与期货交易

长期以来，人们进行商品交易时多采用的是现货交易，也称即期交易，也就是一手交钱一手交货，然而从投资的角度来看，这种交易方式可能会出现价格风险，因此人们开始通过签订合约来保证交易的顺利进行。

这种交易的方式叫作远期交易，但是远期交易又可能面临违约风险，在这样的情况下，期货交易应运而生。表10-1列举了即期交易、远期交易、期货交易的主要区别。

表 10-1　即期交易、远期交易、期货交易的区别

对比项	即期交易	远期交易	期货交易
交易目的	获得实物	获得实物、转让合同获利	转移价格风险、风险投资
交易对象	商品实物	非标准合同/商品	标准化合同
交易方式	双方协商	拍卖或协商	公开竞价
履约	无违约可能	可能违约	无违约可能
转让	不能转让	背书方式转让	对冲方式转让
初期付款	交易金额的100%	押金，占交易总金额的20%～30%	保证金
交割	一手交钱一手交货	现在确定价格，将来完成交割	约定完成实物交割
交易场所	无限制	无限制	期货交易所

第150项　期货交易的要点

参与一种投资工具的投资，就必须要了解其投资要点，与黄金、外汇等工具不同的

是，期货交割商品虽然种类较多，但投资方式及特点是固定的，具体如图 10-1 所示。

投资方向

期货交易实行的是双向交易方式，也就是说，期货可以买多也可以卖空，价格的涨跌都可以获利。在价格上涨时可以低买高卖，价格下跌时可以高卖低买，增加了投资者的获利空间。

T+0 模式

在期货交易中实行的是 T+0 的交易模式，在理论上期货投资可以在一天之内进行多次开仓与平仓，反复交易。这种方式使得期货投资更加灵活，提高了资金的使用效率，有利于风险控制。

杠杆交易

期货同样采用保证金交易，这也是期货交易最大的特点之一。交易时不用支付全部的投资资金，只需按照一定杠杆比例支付资金即可进行全额投资，这种制度使得期货投资更具有获利价值。

手续费

期货交易是需要向期货投资机构与交易所支付交易费用的，但其交易费用往往比其他投资产品更低。一般来说，收取成交金额的 1‰~2‰。另外，和股票相比，期货交易是没有印花税的。

零和市场

期货是一个零和的市场。所谓零和，是指市场总量不发生变化，只是持有者的持有比例变化。在某一段时间内，商品量与货币总量是不会发生变化的，只是出现多空转移，因此会出现不同的成交方式，这和股票市场是类似的。

实物交割

期货的主要投资目的是利用价格转移合约获利。对于需要进行实物交割的商品交易者来说，往往是需要非常大量的资金，如强麦期货合约，最小交割单位 20 吨/手，实物交割也是期货区别于其他投资工具的特点

图 10-1　期货的交易特点

第151项 我国的期货交易所及其品种

期货交易是有固定交易场所的，这就是期货交易所，它为期货交易设计期货合约，提供交易平台，进行成交，监管交易公平。在我国有四大期货交易所，分别如下。

(1) 上海期货交易所

上海期货交易所是由上海金属交易所、上海粮油商品交易所和上海商品交易所在1998年8月联合成立的。凭借着上海独特的区域环境，上海期货交易所已经成为国内领先的期货交易所。

目前，上海期货交易所的交易时间如下。

上午第一节9：00～10：15；第二节10：30～11：30。

下午13：30～15：00。

夜间21：00～02：30。

在上海期货交易所，目前有铜、铝、锌、铅、黄金、白银、螺纹钢、线材、热轧卷板、燃料油、沥青、天然橡胶12种期货合约。

期货交易所都有自己的官方网站，该网站是发布期货信息及查看期货合约最重要的官方平台，投资者需要重点关注，如上海期货交易所官网如图10-2所示。

图10-2 上海期货交易所官方网站

(2) 郑州期货交易所

郑州期货交易所也称郑州商品交易所，成立于1990年10月12日，于1993年5月28日正式推出期货交易。

郑州期货交易所和上海期货交易所的交易时间不同，交易时间分为两段时间，为上午9：00～11：30，下午1：30～3：00。

在郑州期货交易所上市的期货合约有强麦、普麦、棉花、白糖、PTA、菜籽油、早籼稻、甲醇、油菜籽、菜籽粕、动力煤、粳稻、晚籼稻、铁合金等。

（3）大连期货交易所

大连期货交易所也称大连商品交易所，成立于1993年2月28日。大连期货交易所的交易时间为每个交易日的上午9：00～11：30；下午13：30～15：00。

目前，在大连期货交易所上市的期货合约比较多，有玉米、黄大豆1号、黄大豆2号、豆粕、豆油、棕榈油、聚丙烯、聚氯乙烯、塑料、焦炭、焦煤、铁矿石、胶合板、纤维板、鸡蛋等。

（4）中国金融期货交易所

中国金融期货交易所于2006年9月8日在上海成立，是中国唯一的金融期货交易所。

目前，在中国金融期货交易所挂牌的合约有沪深300指数期货合约和5年期国债期货合约，交易时间为每个交易日上午9：15～11：30；下午13：00～15：15。

第152项　认识期货标准化合约

期货的交易实际上是对合约的买卖，为了让成交更加科学与公平，期货交易所对每一种期货品种制定了标准化合约，一份标准化期货合约一般具有如下所示的内容。

◆ **交易品种**：就是期货标的物。

◆ **交易代码**：是由期货交易所决定，来源多为化学符号或英语、汉字拼音简写。

◆ **交易单位**：在期货交易所的每手期货合约代表的标的物的数量，也可称为合约规模。

◆ **报价单位**：是指在竞价过程中对期货合约报价所使用的计量单位与价格。

◆ **最小变动单位**：是指每次报价变动时的最小幅度。

◆ **交割月份**：是指能在合约规定的日期进行实物交割，其他时间不行。

◆ **交易时间**：是指期货的交易时间，一般就是交易所的营业时间。

◆ **最后交易日**：是指期货合约在交割月份中进行交易的最后一个交易日。

◆ **最后交割日**：就期货合约而言，交割日是指必须进行商品交割的日期。

◆ **交割时间**：在最后交易日到最后交割日之间的时间。

◆ **交割品级**：期货交易所以及国家规定的期货实物交割的标的物质量等级。

◆ **保证金**：以合约价值为标准，具体数值会明确载明在合约上。

◆ **交割场所**：期货的交割场所一般不会写明在合约上，但都会写明"交易所制定交割场所"。

◆ **交割方式**：合约到期时交割的方式，商品期货为实物交割，金融期货为实物交割或现金交割。

◆ **交易所**：期货合约上市的交易所。

◆ **每日最大波动限制**：涨停板幅度。

表 10-2 列举了一份期货标准化合约。

表 10-2　沪铜期货标准化合约

交易品种	阴极铜
交易代码	CU
交易单位	5 吨/手
报价单位	元（人民币）/吨
最小变动单位	10 元/吨
每日最大波动限制	不超过上一交易日结算价±3%
交割月份	1～12 月
交易时间	上午 9：00～11：30 ，下午 1：30～3：00 和交易所规定的交易时间
最后交易日	合约交割月份的 15 日（遇法定假日顺延）
最后交割日	最后交易日后连续五个工作日
交割品级	标准品:阴极铜,符合国标 GB/T467-2010 中 1 号标准铜（Cu-CATH-2）规定，其中主成分铜加银含量不小于 99.95%
保证金	合约价值的 5%
交割方式	实物交割

二、期货交易重要的交易制度

在期货交易中，交易所制定了许多交易制度，这些制度既是期货交易要遵守的原则，也是期货本身的属性，下面就来认识它们。

第153项　会员制度

我们普通投资者是无法直接在期货交易所进行投资的，这是因为期货交易实行的是会员制，银行、金融机构、期货经纪公司是期货交易所的会员主体，我们参与期货投资主要是通过这些渠道进行。

期货会员制度包括交易结算会员、全面结算会员与特别结算会员，具体以中国金融期货交易所为例，其组织形式如图 10-3 所示。

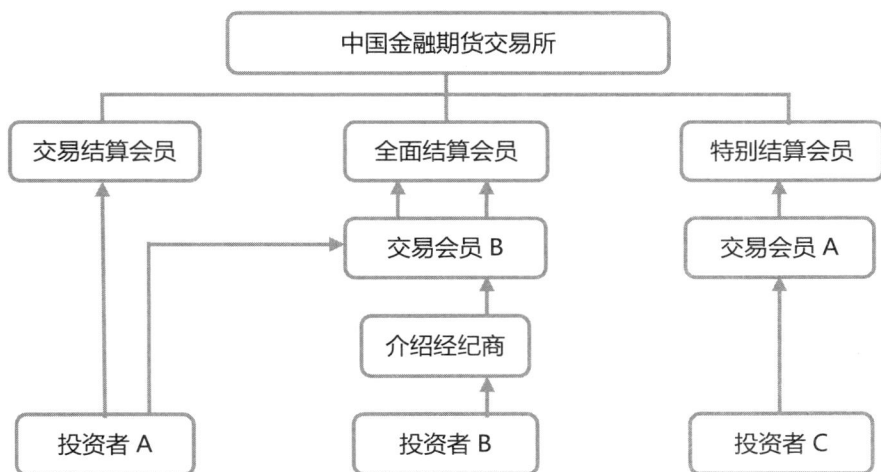

图 10-3　期货交易所的会员组织形式

第154项　公开竞价制度

前面我们介绍，期货交易和股票类似，有一个竞价成交的过程，在没有电脑之前，人们是通过公开喊价的方式，也就是投资者在交易池内面对面地公开喊价，表达各自买进或卖出合约的要求。

后来，人们开始使用电脑进行公开竞价，公开竞价的原理是将所有投资者买卖指令都汇集到交易所的主机中，电脑自动让价格相同的买卖单成交，开盘价是在 9：25 时同时满足以下三个条件的基准价格。

◆　成交量最大。

◆　高于基准价格的买入申报和低于基准价格的卖出申报全部成交。

◆ 与基准价格相同的买方或卖方申报至少有一方全部成交。

第155项 每日结算无负债制度

每日结算无负债制度是期货交易的一大特色，具体可分为两个制度，一是每日结算制度，二是无负债制度，这二者是相互联系的。

每日结算无负债制度是指每日交易结束后，交易所对应收应付的款项实行净额一次性划转，相应增加或减少会员的结算准备金。具体操作方式如图10-4所示。

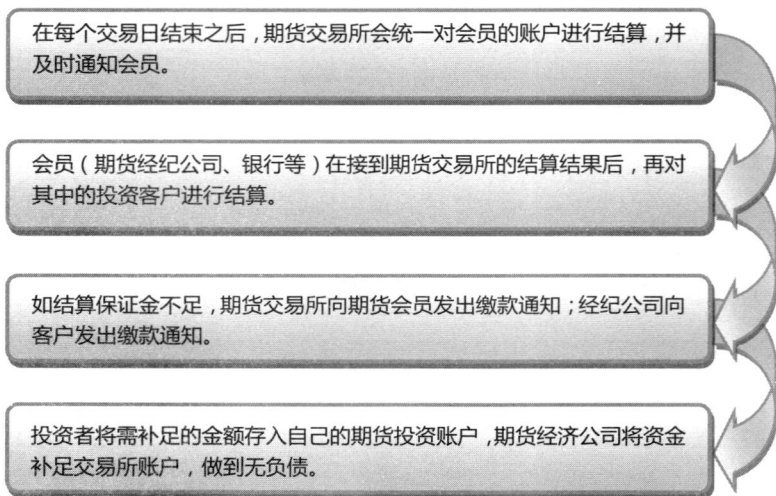

在每个交易日结束之后，期货交易所会统一对会员的账户进行结算，并及时通知会员。

会员（期货经纪公司、银行等）在接到期货交易所的结算结果后，再对其中的投资客户进行结算。

如结算保证金不足，期货交易所向期货会员发出缴款通知；经纪公司向客户发出缴款通知。

投资者将需补足的金额存入自己的期货投资账户，期货经济公司将资金补足交易所账户，做到无负债。

图 10-4 期货交易每日结算流程

期货交易所在结算时间上是有明确规定的。最后一小时无成交的，取一小时前的成交价格加权平均数，如果在此之前仍无成交的，则再往前推一小时，并依此类推。

如果当日的交易时间不足一小时，则取全天的成交价格加权平均数。

第156项 涨停板制度

不仅股票有涨停板制度，期货交易也同样有该制度，是指期货合约在一个交易日中的交易价格不得高于或低于规定的幅度，而超过这个幅度的报价将被视为无效，不能成交。也就是说，在报价的时候，我们不超过这个幅度，只能在规定的幅度范围内进行报价。

涨停板制度的变化

　　每一份期货合约的具体涨跌停幅度都会在期货合约中写明。但期货的涨跌停板并不是固定的，而是会随着市场的变化而发生改变，这也是期货和股票最大的不同。

第157项　强制平仓制度

　　在期货交易中，如果出现了相关的违规操作，就会被期货交易所强制平仓。当出现如图 10-5 所示的情况时，一般会被强制平仓。

1　会员结算准备金余额小于零，并未能在规定时限内将其补足。

2　持仓量超出持仓限额标准，并且未能在规定时限内进行平仓。

3　投资者或会员违规操作，违反交易所的规定会被强制平仓。

4　根据交易所的紧急措施应予以强行平仓。

图 10-5　期货被强制平仓的情况

三、期货交易

　　在已经对期货的基础理论与交易原则有了一定的了解之后，接下来就可以开始进行交易，下面先简单来认识其细节。

第158项　期货的账户开立

　　期货的账户开立是比较复杂的，一般是先在网上进行预约，然后由本人到期货经纪公司进行开户，具体的流程如图 10-6 所示（投资者可通过期货交易所网站验证期货经纪公司的合法性）。

```
                    ┌─────────────┐
                    │ 投资者向经纪公司 │
                    │ 预约、申请开户  │
                    └──────┬──────┘
                           ↓
┌─────────┐         ┌─────────────┐        ┌─────────┐
│ 法人客户  │ ←───── │ 投资者提供开户  │ ─────→ │ 个人客户  │
└────┬────┘         │ 所需材料     │        └────┬────┘
     │              └──────┬──────┘             │
     ↓                     ↓                     ↓
```

法人客户	投资者提供开户所需材料	个人客户
1. 年检有效的《企业法人营业执照》、《组织机构代码证》、《税务登记证》原件； 2. 银行基本存款户《开户证明》复印件（不同的投资机构需不同的开户银行）； 3. 法定代表人授权的授权文件； 4. 法定代表人、为头代理人、制定下单人、资金调拨人、结算单确认人的有效身份证件正反面复印件。	开户人员验证投资者身份，向投资者揭示期货风险 签署期货投资经纪合同 投资机构采集投资的影响资料 投资者向投资机构申请交易编码 领取开户合同，修改交易密码 投资者注资并开始下单交易	1. 投资者身份证原件及复印件（正反面）； 2. 实名制银行借记卡原件（不同的投资机构需不同的开户银行）
1. 开户代理人头部正面照； 2. 开户代理人身份证件扫描（正反面）； 3. 营业执照（副本）扫描件； 4. 组织机构代码证（正本）扫描件。		1. 身份证件扫描（正反面）； 2. 投资者头部正面照

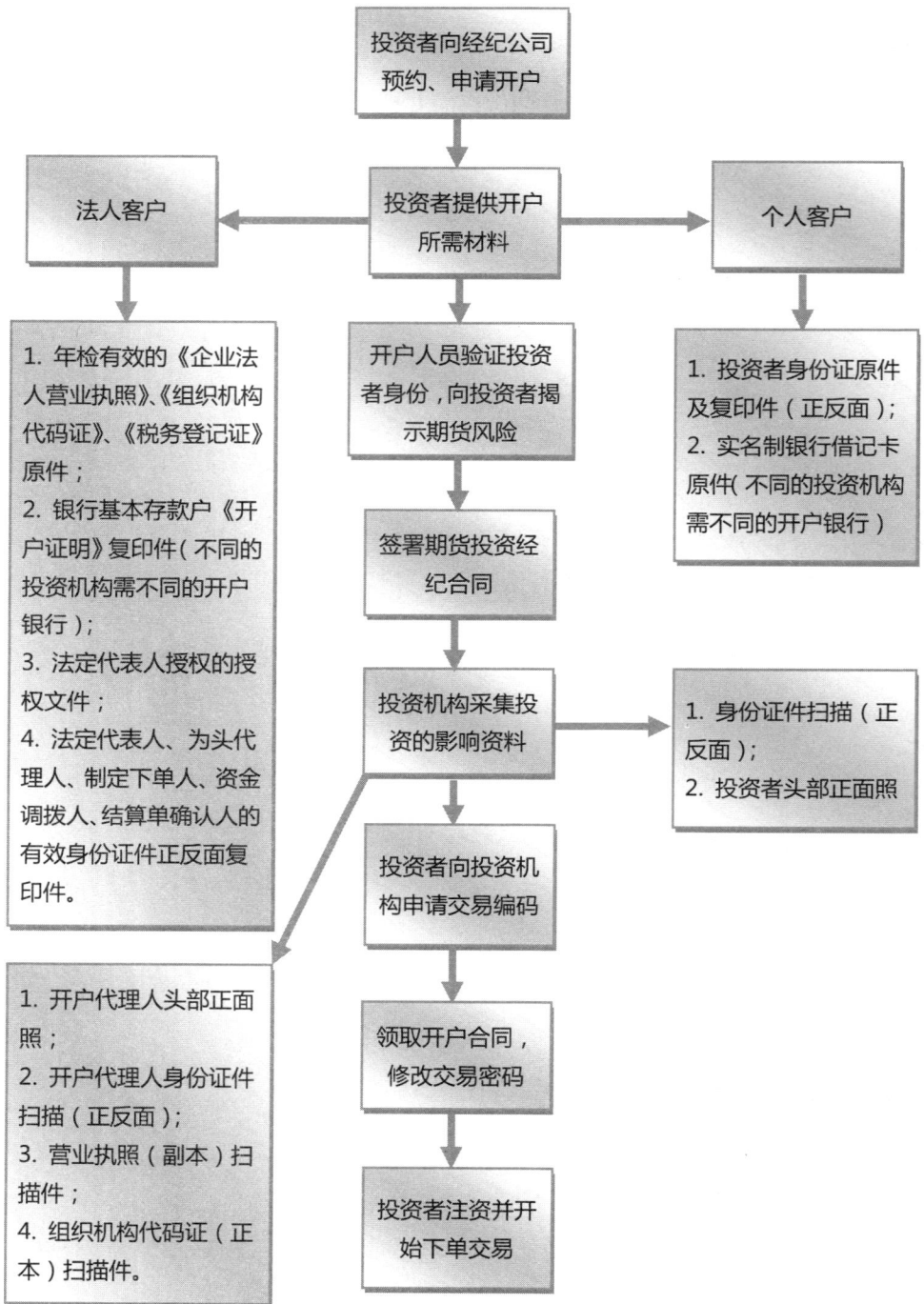

图 10-6　期货经纪公司的开户流程

第159项　完成账户的入金

账户开立之后，我们需要将资金转入期货账户中，这个过程称为入金，一般有两种办法，具体如图 10-7 所示。

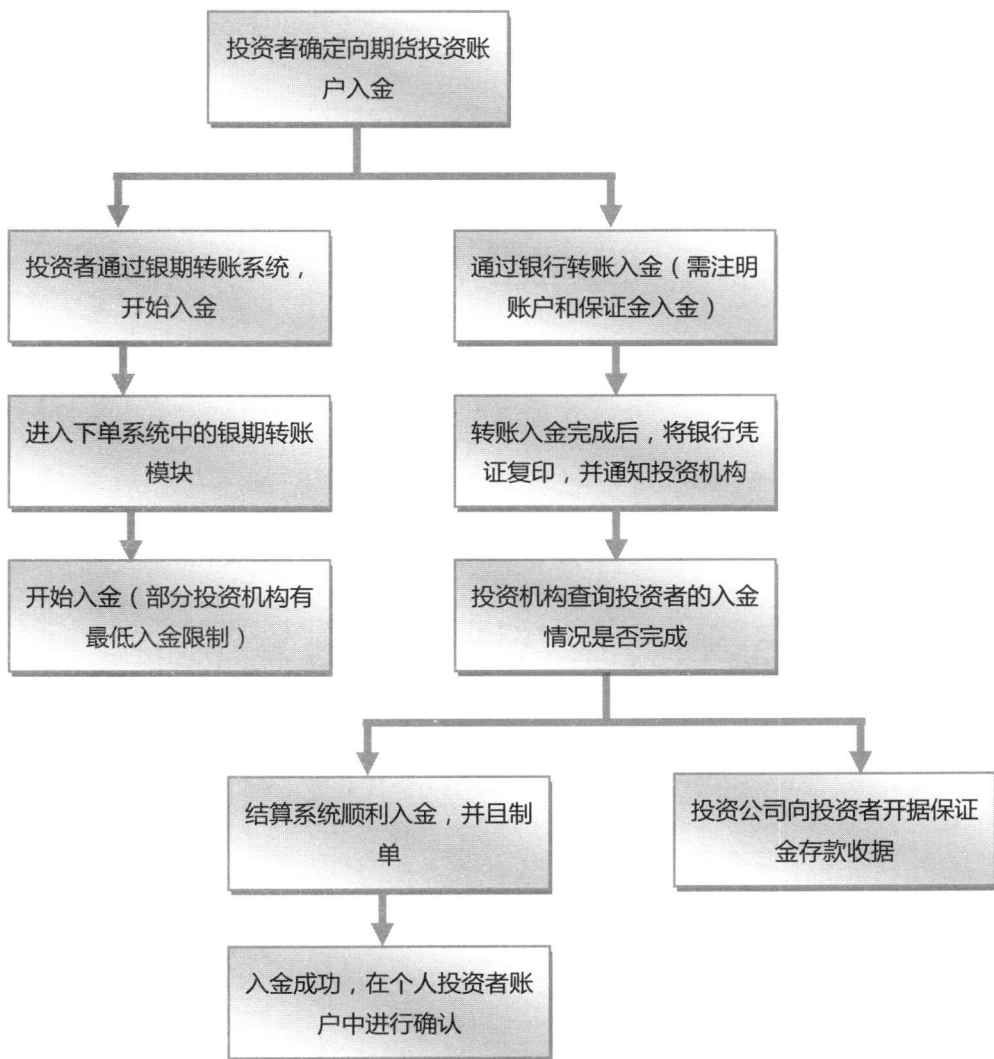

```
              投资者确定向期货投资账
                    户入金
```

```
投资者通过银期转账系统，         通过银行转账入金（需注明
      开始入金                  账户和保证金入金）

进入下单系统中的银期转账         转账入金完成后，将银行凭
      模块                    证复印，并通知投资机构

开始入金（部分投资机构有         投资机构查询投资者的入金
    最低入金限制）                情况是否完成

结算系统顺利入金，并且制         投资公司向投资者开据保证
        单                      金存款收据

入金成功，在个人投资者账
      户中进行确认
```

图 10-7　期货账户入金流程

上面提到的银期转账，是指银行和期货公司在双方系统联网的基础上，为期货投资者提供的自助式的资金转账服务，实现资金在本人银行结算账户与期货保证金账户之间定向实时划转，确保交易的顺利进行。

下面来看看如何通过中国工商银行工商银行网上银行来完成银期转账。

应用示例——如何办理银期转账

Step01 登录中国工商银行个人网上银行，在个人页面上的菜单栏中单击"网上期货"超链接。

Step02 在右下方的菜单栏中选择"集中式银期转账/集中式银期转账注册"命令。在打开的页面中选择一家期货经纪公司选项，单击"确定"按钮。

Step03 在打开的页面中阅读银期转账协议，单击"接受协议"按钮。

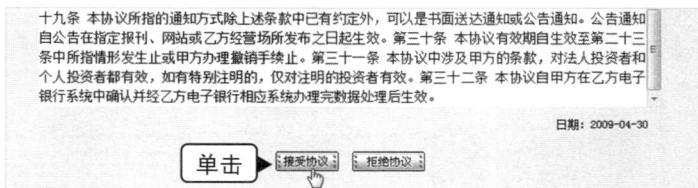

Step04 进入银期转账办理页面，设置个人账户、期货经纪公司以及期货资金账号，单击"注册"按钮，最后确认注册即可完成银期转账的办理。

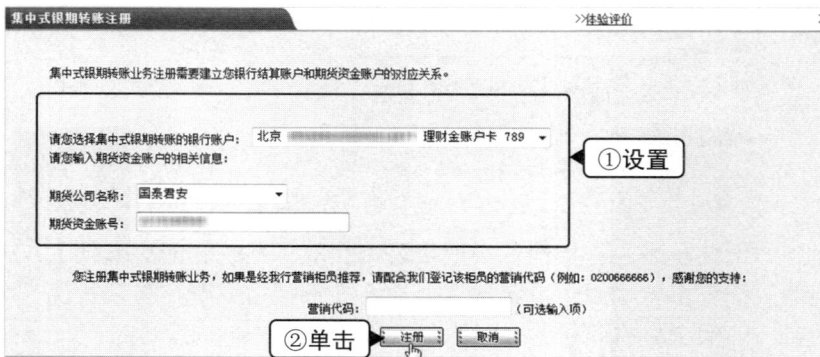

第160项 如何完成期货交易

期货交易没有 MT4 这样的专业交易软件，但每个期货经纪公司也有自己开发或使用的交易软件，在其上面可以顺利地完成交易。下面以某期货经纪公司的模拟交易为例，来看看具体的操作。

应用示例——如何进行期货交易操作

Step01 进入模拟交易软件，在上方的期货合约选项组中找到自己想要交易的期货合约，查看最新的价格，单击期货名称选项。

合约代码	合约名称	最新价	买价	买量	卖价	卖量	成交量	持仓量	涨跌	涨跌幅	最高	最低	均价	开盘价
al1409	沪铝09月	—	—	—	—	—	—	—	—	—	—	—	—	—
al1410	沪铝10月	14270	14265	5	14270	23	9934	36350	-110	-0.76%	14360	14240	14295	14305
al1411	沪铝11月	14245	14245	71	14250	99	100302	129240	-115	-0.80%	14350	14215	14292	14310
al1412	沪铝12月	14240	14235	100	14240	6	41266	142698	-120	-0.84%	14345	14200	14281	14310
al1501	沪铝01月	14215	14215	52	14220		42	-130	-0.91%	14325	14185	14243	14305
al1502	沪铝02月	14200	14200	5	14210		58	-140	-0.98%	14305	14175	14239	14285
al1503	沪铝03月	14215	14195	12	14205		1560	14654	-145	-1.01%	14295	14180	14230	14275
al1504	沪铝04月	14190		1	14225	1	260	1022	-175	-1.22%	14300	14190	14237	14250
al1505	沪铝05月	14240	14215	5	14245	3	484	1102	-105	-0.73%	14300	14235	14245	14300
al1506	沪铝06月	14390	14225	1	14280	20	—	460	0	—	—	—	—	—
al1507	沪铝07月	14310	14245	1	14290	1	4	80	-35	-0.24%	14310	14310	14310	14310

合约价格

Step02 在下方的操作栏中输入合约名称、价格、买卖方式（可通过下拉列表进行修改），输入交易手数，单击"确认"按钮，在左侧即可看到已经成交或委托成交的交易。

①输入

②单击

委托反馈及成交回报
委托号：[4678]回报：[资金帐号：80034296，al1502，卖出，开仓，成价：14200，数量：5，主场单号：4018，投机，成交号：3302，成交编号：[3302]，]

Step03 单击"资金/持仓"按钮，可看到该笔合约交易最近的盈亏情况以及自己的模拟账户（真实账户）的资金情况。

账户持仓

Step04 如要进行平仓，则单击下方的"持仓"选项卡，双击成交的合约选项。在右侧输入平仓价格数量，单击"确认"按钮即可。

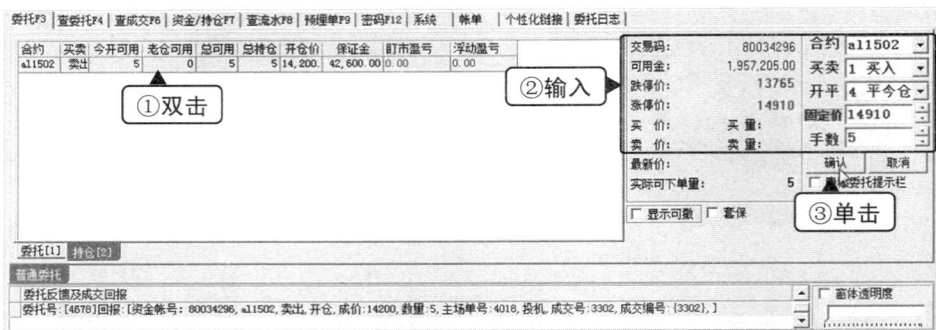

四、期货投资获利技巧

在期货交易中，可以使用 3 种交易方式，分别是投机交易、套期保值与套利。每种交易方式都有自己不同的特点，下面具体来认识它们。

第161项　期货投机交易

所谓期货投机，是指在期货市场上以获取价差收益为目的的期货交易行为，期货投机不仅能提高市场流动性，而且能吸收套期保值者厌恶的风险，成为价格风险承担者。

期货的投机交易非常简单，就是简单的"低买高卖"或"高买低卖"，但在这个过程中，需要注意如图 10-8 所示的技巧。

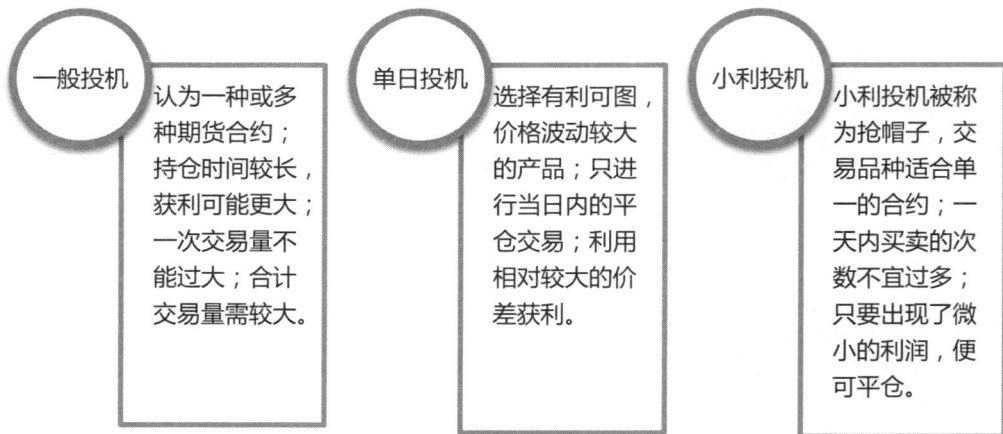

图 10-8　期货投机交易技巧

第162项 期货套期保值

所谓期货套期保值，是指通过买进或卖出与现货市场交易数量相当，但交易方向相反的商品期货合约，并在未来某一时间通过卖出或买进相同的现货，对冲平仓，结清期货交易带来的盈利或亏损。

套期保值时，单从价格上来讲，因为期货交易实行的是双向交易，购买相反的合约，必定一份合约赚钱，一份合约亏钱。而又因为期货和现货价格之间存在一定的差异，因此就形成了简单获利的区间。

在进行期货套期保值时，一定要满足如图 10-9 所示的条件。

方向相反

先根据交易者在现货供应市场所持头寸的情况，相应地通过买进或卖出期货合约来设定一个相反的头寸，然后选择一个适当的时机，按照相反的交易方向卖出或买进相应的期货合约予以平仓，以对冲在手合约。

数量相当

在做套期保值交易时，在期货市场上所交易的商品数量必须与交易者将要在现货市场上交易的数量相等，才能使盈亏额相等或接近，如果二者相差比较多，就会失去套期保值的效果。

种类相同

只有商品类别相同，期货价格和现货价格之间才有可能形成密切的联动关系，使在两个市场上同时采取反向买卖的行动取得套期保值的效果，完全不同的商品是无法进行套期保值的。

月份相近

所选期货合约的交割月份最好与交易者将来在现货市场上交易商品的时间相同或相近。只有使两者所选定的时间相同或相近，期货和现货价格才会趋于一致，使二者之间的联系更加紧密。

图 10-9 期货套期保值的要点

第163项　期货的套利操作

套期保值既要买入期货又要买入现货，需要非常大的资金量，对于普通期货投资者来说，采用套利交易是期货投资的一种好办法。

所谓套利，是指在买入或卖出某种期货合约的同时，卖出或买入同一种或相关的另一种合约，并且企图利用相反的价差变化来进行获利。

套利的种类非常多，具体有跨期套利、跨市套利、跨品种套利、蝶式套利、垂直套利、水平套利等。同时，无论选择什么样的套利，都需要满足和套期保值一样的条件。

需要注意的是，期货套利是将风险锁定在了一定的区间，因此期货套利最大的特点就是利润不高。

完成一次套利操作，需要经历如图 10-10 所示的步骤。

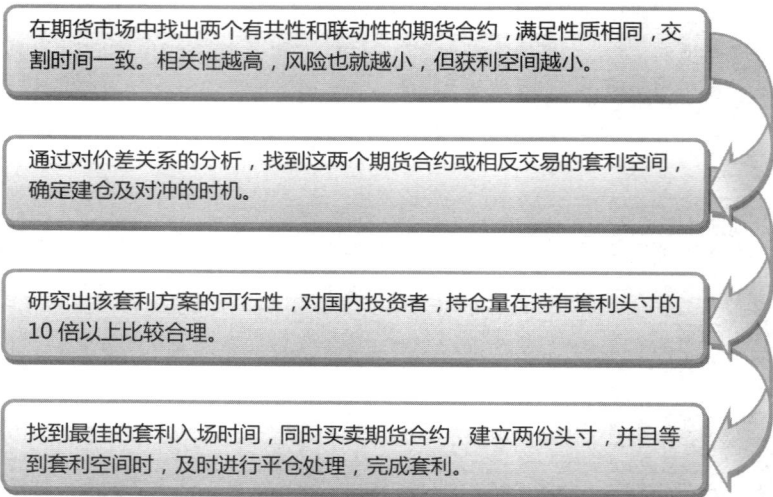

在期货市场中找出两个有共性和联动性的期货合约，满足性质相同，交割时间一致。相关性越高，风险也就越小，但获利空间越小。

通过对价差关系的分析，找到这两个期货合约或相反交易的套利空间，确定建仓及对冲的时机。

研究出该套利方案的可行性，对国内投资者，持仓量在持有套利头寸的 10 倍以上比较合理。

找到最佳的套利入场时间，同时买卖期货合约，建立两份头寸，并且等到套利空间时，及时进行平仓处理，完成套利。

图 10-10　期货套利的方法

期货套利技巧

在进行期货套利时，最好不要做间隔时间太长的套利，同时如果套利组合中的某一期货合约流动性较差，就需要考虑结束此次套利。

第164项　期货基本面分析

期货因为涉及实际的商品，因此对行业的基本面分析是非常重要的，特别是供求关系直接影响未来商品的价格，因此对预判期货价格非常有效，下面来看一个例子。

应用示例——当地产开发面积对螺纹钢期货价格的影响

2014 年 12 月至 2015 年 3 月，我国新开工房地产施工面积增长率逐月递减，这就表示房地产行业发展放缓，和房地产有关的商品价格将受到影响，如图 10-11 所示。

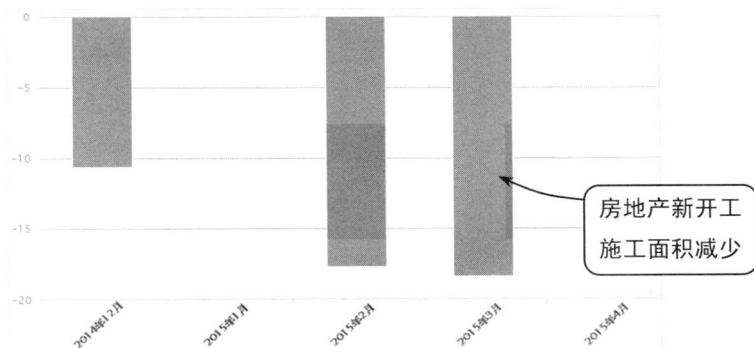

图 10-11　2014 年 12 月至 2015 年 3 月房地产新开工施工面积累计递减（%）

对房屋建设比较重要的原材料螺纹钢的期货价格受到了严重冲击，在螺纹钢 1505 的期货合约价格 K 线图中可以看出，从 2015～2015 年 3 月，价格呈现了一波下跌趋势，如图 10-12 所示。

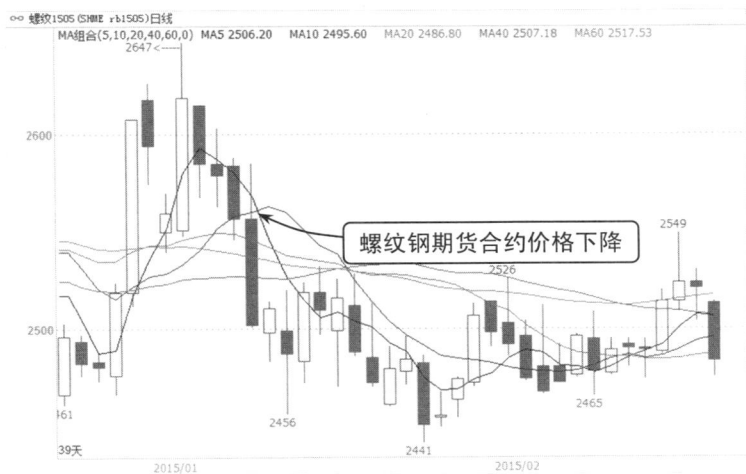

图 10-12　2014 年 12 月～2015 年 3 月螺纹钢 1505 价格 K 线图

第165项　简单的期货投资技巧

通过本章前面的内容，我们已经对期货的基础理论及交易方式有了详细的了解，最后图 10-13 总结了一些简单的期货投资技巧，非常适合新手投资者。

选择合约
选择期货合约是非常重要的一环，一般可以选择流通性好、交易量大的合约；选择波动性适合的合约；选择自己熟悉的合约。

如何建仓
建仓是正式开始投资的第一步，建仓的方法有很多，如定额定点建仓法，就是当价格到达一定的点位时即进行建仓。

选择时机
期货投资的进场与出场时机是非常重要的，一般临近交割日期的合约价格波动非常大，适合短线投资者，其他时间则较为平稳。

切勿贪婪
贪婪是投资的大忌，不管是在计划书制订还是在持仓过程中，都不应该寄希望于连续的涨跌停，切勿过分贪婪，以免造成损失。

账户准备
在日常交易中，要时刻留意期货交易所的最新动态，对合约保证金、持仓限额的变化要明确知晓，以免因账户问题错过时机。

勿加死码
当确定一单已经无法再回转时，无论价格涨跌，就没有继续加码的意义，在短期内出现转势的概率只有5%左右。

图 10-13　简单的期货投资技巧

第11章

新颖网络理财，余额、灵活、稳定

现如今人们更愿意追求一种快节奏的理财方式，足不出户便可以在网上完成投资，因此越来越多的网络理财产品开始走进人们的生活，灵活、稳定的特点也让其越来越受到人们的欢迎。

◇　认识余额宝
◇　认识余额宝风险
◇　余额宝的时间陷阱
◇　余额宝的金额限制
◇　余额宝的不同投资方式
◇　将资金转入余额宝
◇　开通余额宝不同的转入方式
◇　余额宝的收益分析
◇　丰富的网上理财产品

◇　简单认识众筹
◇　认识众筹发起人与支持者
◇　认识众筹平台
◇　如何支持众筹项目
◇　认识不同的众筹种类
◇　如何更好地完成众筹
◇　简单认识P2P与P2P的特点
◇　P2P投资流程与投资平台
◇　如何投资P2P产品

一、火爆的"宝宝"类理财产品

要说互联网上最火爆的理财产品，余额宝、现金宝等货币基金增值产品算是领先者，本章是网络理财的开始，我们就一起来认识这些产品。

第166项　认识余额宝

余额宝是支付宝打造的余额增值服务，投资者把钱转入余额宝即购买了由天弘基金提供的增利宝货币基金，从中可获得收益。

余额宝是在网上进行投资的，其主页（https://auth.alipay.com）界面如图 11-1 所示。

图 11-1　余额宝首页页面

余额宝是目前参与人数最多的网络理财产品，是因为对普通投资者而言，余额宝具有如图 11-2 所示的优势。

1　只要拥有支付宝账户，就可以投资余额宝。在入资时，只需将支付宝内的账户转入余额宝中即可，另外也可以使用银行卡快速付款投资余额宝。

2　余额宝投资的渠道是天弘基金增利宝货币基金，具有货币基金的稳定收益。从历史收益率来看，余额宝的收益率稳定在 4.0%～4.8%。

3　余额宝内资金支取方便，没有一般基金的交易限制，同时可以将余额宝内的资金直接用于支付宝支付。

图 11-2　余额宝的优势

第167项　认识余额宝风险

余额宝的投资也是有一定风险的，投资余额宝时，最好注意如图 11-3 所示的风险。

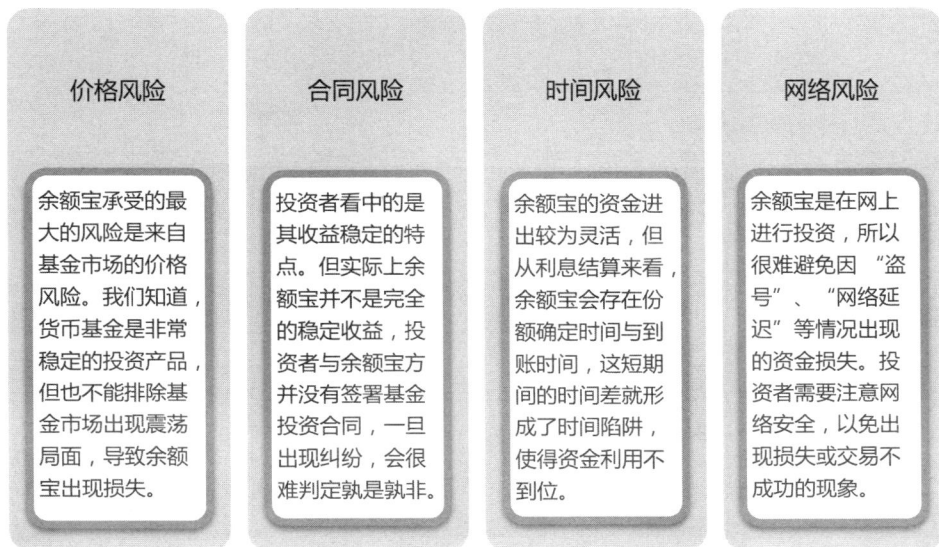

价格风险	合同风险	时间风险	网络风险
余额宝承受的最大的风险是来自基金市场的价格风险。我们知道，货币基金是非常稳定的投资产品，但也不能排除基金市场出现震荡局面，导致余额宝出现损失。	投资者看中的是其收益稳定的特点。但实际上余额宝并不是完全的稳定收益，投资者与余额宝方并没有签署基金投资合同，一旦出现纠纷，会很难判定孰是孰非。	余额宝的资金进出较为灵活，但从利息结算来看，余额宝会存在份额确定时间与到账时间，这短期间的时间差就形成了时间陷阱，使得资金利用不到位。	余额宝是在网上进行投资，所以很难避免因"盗号"、"网络延迟"等情况出现的资金损失。投资者需要注意网络安全，以免出现损失或交易不成功的现象。

图 11-3　余额宝的风险

取缔余额宝的问题

余额宝自问世以来，受到人们的广泛认可，这给传统的银行业形成了巨大的冲击，所以网上流传着央行将取缔余额宝的传言。就这一事件，央行明确表示，不会取缔余额宝，但是对余额宝等网络金融业务的监管政策会更加完善，保证各方利益。

第168项　余额宝的时间陷阱

在图 11-3 中，我们讲到余额宝是有一定时间陷阱的，在资金转入与显示收益的过程中，都有如下需要注意的内容。

（1）余额宝收益显示时间

在本书第 7 章中，我们知道了基金在投资之后会有一个份额确定的时间，余额宝投资货币基金，因此也有一个份额确定的时间，一般转入的资金会在第二个工作日由基金公司进行份额确认，一旦确认了基金份额就会开始计算收益。

余额宝的收益计入投资者的余额宝资金内，只有在份额确认后的第二日 15：00 以后，投资者才可查看自己的收益。

而在每天 15：00 后转入的资金会顺延 1 个工作日确认份额。

在表 11-1 中，就详细列举了余额宝投资每日的首先显示时间。

表 11-1　余额宝的收益显示时间

转入资金时间	首次显示收益时间
周一 15：00～周二 15：00	周四
周二 15：00～周三 15：00	周五
周三 15：00～周四 15：00	周六
周四 15：00～周五 15：00	下周二
周五 15：00～下周一 15：00	下周二

（2）余额宝资金赎回到账时间

余额宝资金赎回也不是立刻到账的，如果投资者对资金的使用情况不明确，最好详细了解如表 11-2 所示的内容。

表 11-2　余额宝资金赎回到账时间

转入资金时间	首次显示收益时间
周一 15：00 前	周二 24：00 前
周一 15：00～周二 15：00	周三 24：00 前
周二 15：00～周三 15：00	周四 24：00 前
周三 15：00～周四 15：00	周五 24：00 前
周四 15：00～周五 15：00	下周一 24：00 前
周五 15：00 后，周六、周日全天	下周二 24：00 前

第169项　余额宝的金额限制

除了在时间上有所限制之外，余额宝对转入与转出的资金也有所限制。

余额宝规定转出余额宝的电脑客户端证书用户，单笔转出最高为 5 万元，单日最高为 5 万元，单月最高为 20 万元；非证书用户，单笔转出最高为 2 万元，单日最高为 2 万元，单月最高为 20 万元。

使用手机客户端的，单笔最高转出为 5 万元，单日最高为 5 万元，单月最高为 20 万元。另外，将余额宝资金转入银行卡的，不同的银行卡会有不同的规定，一般是单笔日累计 100 万元。

另外，投资者可修改自己的余额宝转入转出单笔与日最高金额，保证账户安全。

第170项　余额宝的不同投资方式

余额宝经过几年时间的发展，现在已经有了非常多样的投资方式，投资者可根据资金的需要，选择不同的资金转入方式，具体如图 11-4 所示。

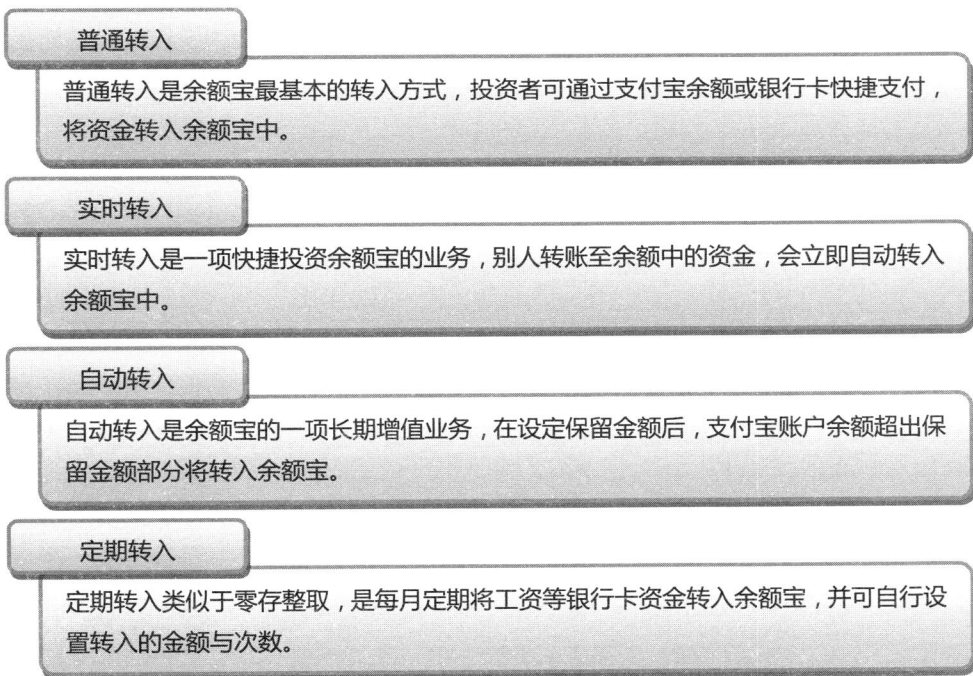

普通转入

普通转入是余额宝最基本的转入方式，投资者可通过支付宝余额或银行卡快捷支付，将资金转入余额宝中。

实时转入

实时转入是一项快捷投资余额宝的业务，别人转账至余额中的资金，会立即自动转入余额宝中。

自动转入

自动转入是余额宝的一项长期增值业务，在设定保留金额后，支付宝账户余额超出保留金额部分将转入余额宝。

定期转入

定期转入类似于零存整取，是每月定期将工资等银行卡资金转入余额宝，并可自行设置转入的金额与次数。

图 11-4　余额宝不同的资金转入方式

第171项　将资金转入余额宝

对余额宝有了简单的了解之后，下面就来看看如何将资金转入余额宝内。

应用示例——将资金转入余额宝

Step01　进入支付宝首页，在"余额宝"栏中可查看最新的余额宝收益情况，单击"转入"超链接。

Step02 在打开的页面中单击"单次转入"选项卡，输入转入金额，选择"电脑转入"选项，单击"下一步"按钮。

Step03 在打开的页面中选择支付方式，通过支付宝完成支付即可投资余额宝。

第172项　开通余额宝不同的转入方式

前面我们介绍了，余额宝有不同的投资方式，那么这些投资方式该如何开通呢？具体操作如下。

应用示例——开通余额宝其他转入方式

Step01　进入支付宝首页，在上方的选项卡中单击"账户资产"超链接。

Step02　在打开的页面左侧选择"余额宝"选项卡，在右侧的"功能设置"选项组中选择要开通的投资方式，单击右侧的"开通"超链接。

Step03　在打开的页面中输入支付宝支付密码，单击"确认开通"按钮即可。

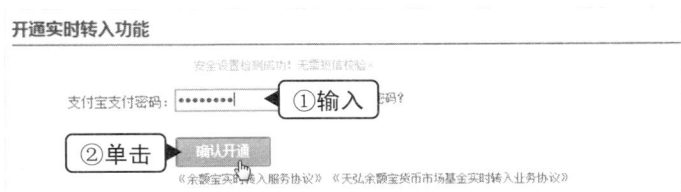

第173项　余额宝的收益分析

余额宝投资的是天弘基金的增利宝货币基金产品，为了更好地完成投资获利，我们可以对其价格走势进行简单的分析。在分析价格之前，我们先来看看增利宝的产品概况，具体如表 11-3 所示。

表 11-3　货币基金增利宝产品概况

基金全称	天弘增利宝货币市场基金	基金代码	000198
基金类型	货币型	注册登记人	天弘基金管理有限公司
合同生效日期	2013 年 5 月 29 日	管理人	天弘基金管理有限公司
基金托管人	中信银行股份有限公司	基金经理	王登峰
管理费	年费率 0.30%	托管费	年费率 0.08%
销售服务费	年费率 0.25%		

表 11-3 就是天弘基金增利宝货币基金的基本概况，在对其有了详细认识之后，接下来就可以对其价格进行简单分析。

📈 应用示例——余额宝价格走势分析

从增利宝 2015 年 1 月～5 月的 7 日年化收益图来看，该产品每 7 日的表现虽然是不同的，但基本徘徊在 4%～4.5%之间。虽然较之前 4.7%左右的收益率有所下跌，但和银行存款相比，收益也是有一定优势的。余额宝的这种收益特点，让其可以更好地成为长期投资产品，具体如图 11-5 所示。

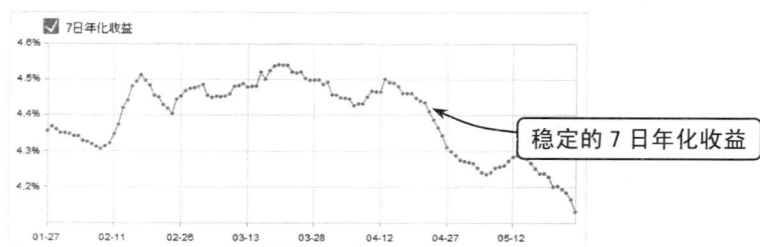

图 11-5　增利宝 2015 年 1 月～5 月的 7 日年化收益图

而从每万元收益走势图来看，在 2015 年 1 月～5 月中，整体表现都较为平稳，基本不会跌破 1 元的保底收益。另外，增利宝的收益一般在一定的时间内会保持一定的水平运行，较难出现急涨急跌的情况，具体如图 11-6 所示。

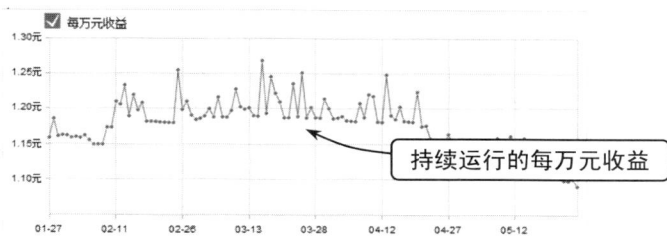

图 11-6　增利宝 2015 年 1 月~5 月每万元收益图

除了以上的价格分析之外，我们需要认识一点，就是余额宝的投资主要在于其方便、无手续费、快捷的特点，如果只从价格上分析，增利宝产品是没有太大优势的，如图 11-7 所示，增利宝在沪深 300 指数及同类产品中的排名表现是比较一般的。

	今年来	近1周	近1月	近3月	近6月	近1年	近2年	近3年
阶段涨幅	1.74%	0.08%	0.34%	1.05%	2.15%	4.31%	-	-
同类平均	1.75%	0.07%	0.36%	1.05%	2.16%	4.37%	9.06%	12.93%
沪深300	47.12%	9.89%	10.55%	45.78%	90.92%	141.14%	100.17%	102.05%
同类排名	199|307	142|326	180|325	204|316	186|284	143|196	-|129	-|82
四分位排名❓	一般	良好	一般	一般	一般	一般		

图 11-7　增利宝收益情况排名

二、丰富的网上理财产品

除了余额宝之外，如今互联网上出现了非常多的理财产品，这些产品选择了不同的投资渠道，进行了不同的产品包装，下面选择一些较为特殊的产品来进行分析。

第174项　百度理财

百度理财是百度金融中心所推出的理财计划，最大的特色就是操作简单，和余额宝一样也是投入资金即可获利的产品。

百度理财是一项理财计划，它不仅局限于一种产品，而是提供全方位的资产管理方案，有百赚、百赚 365 天、百发等丰富的产品，下面就来认识这些产品。

（1）百赚

百赚是百度理财的最重要产品之一，它和余额宝一样是投资货币基金，是一款"宝宝"类的产品，收益稳定，非常适合新手投资者。

从收益情况来看，百赚的长期表现较好，在部分时候可能达到 6% 以上的高收益，投资者可抓住这些投资机会。

另外，因为百赚投资的是货币基金，因此需要注意其份额计算与收益显示的时间，具体如表 11-4 所示。

表 11-4　百赚的收益显示时间

转入资金时间	份额确定时间	首次显示收益时间
周一 15：00～周二 15：00	周三	周四
周二 15：00～周三 15：00	周四	周五
周三 15：00～周四 15：00	周五（可享受周六、周日收益）	周四
周四 15：00～周五 15：00	下周一（不享受周六/周日收益）	周五
周五 15：00～下周一 15：00	下周二	下周三

（2）百赚 365 天

百赚 365 天，是百度金融联合生命人寿保险推出的定期保险理财产品，是一款非常好的定期类理财产品，具体有如下的一些投资要点。

◆ **产品类型**：投资连结保险。

◆ **投资时间**：365 天（不同的日期有不同的产品）。

◆ **起购金额**：1 000 元。

◆ **风险程度**：中低风险。

◆ **赎回到账时间**：申请退保后 4～5 个工作日。

◆ **提前赎回**：满 10 天后可提前赎回，需缴纳 5%的手续费。

（3）百发

百发是百度理财又一款比较火爆的产品，它是以组团投资的方式进行理财，具体有如下的投资要点。

◆ **产品类型**：嘉实 1 个月理财债券 E。

◆ **起购金额**：1 元。

◆ **预期收益率**：8%。

◆ **安全管理**：中国银行协议存款，零风险。

另外，百发还在不同的投资渠道进行开放，如广发中证百度百发策略 100 指数型证券投资基金就是百发的一款增值产品，下面来看看投资百度理财产品的具体操作。

应用示例——投资百赚利滚利

Step01 进入百度理财首页（http://8.baidu.com/），选择百度利滚利产品，单击其图片超链接。

Step02 在打开的页面中详细查看百赚利滚利的投资要点与收益情况，在下方单击"立即投钱"按钮。

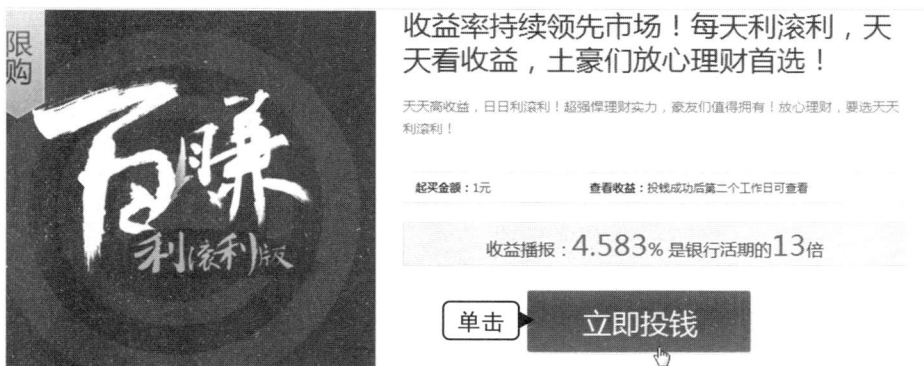

Step03 进入投资页面，在该页面中输入购买金额，选择付款银行卡，输入百度钱包支付密码，单击"下一步"按钮进行支付即可。

百度理财的账户注册与银行认证

　　要进行百度理财产品的投资，就必须要注册百度投资账户，需要注册百度账号之后用身份证完成实名认证后，就可以注册投资账户。此后要购买产品，需要绑定一张银行卡用于投资资金的支付。

第175项　有利网

　　有利网是在网上进行投资理财的一个非常好的渠道，它提供安全、便捷、正规的投资渠道，帮助不同的投资者完成投资。

　　有利网最大的特点就是其有两个有息的产品，分别是定存宝与月息通，具体内容如图 11-8 所示。

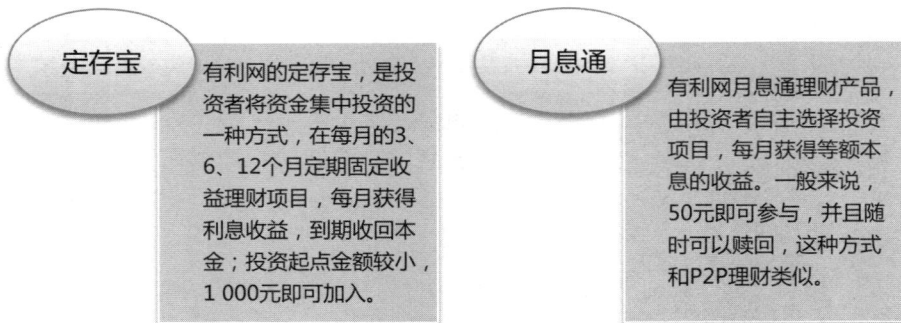

定存宝　有利网的定存宝，是投资者将资金集中投资的一种方式，在每月的3、6、12个月定期固定收益理财项目，每月获得利息收益，到期收回本金；投资起点金额较小，1 000元即可加入。

月息通　有利网月息通理财产品，由投资者自主选择投资项目，每月获得等额本息的收益。一般来说，50元即可参与，并且随时可以赎回，这种方式和P2P理财类似。

图 11-8　有利网定存宝与月息通

　　下面以月息通的投资为例，来看看在有利网进行投资的具体操作。

应用示例——投资有利网月息通

Step01　进入有利网首页（http://www.yooli.com），登录账户之后单击右上方的"我要投资"按钮。

有利网　YOOLI.COM　上有利．好收益　　首页　安全保障　新手指引　服务专区　论坛攻略　我要投资　　单击

Step02　在打开的页面中可看到定存宝与月息通两种产品，选择月息通选项，单击下方的"查看更多"按钮。

Step03 在打开的页面中即可看到丰富的月息通的产品，选择一款可以购买的产品，单击右侧的"购买"按钮。

Step04 进入该产品详细投资页面，查看最新的收益情况，在右侧输入投资金额，单击"我要投资"按钮，完成相关的支付操作即可成功投资。

第176项 天天基金活期宝

天天基金活期宝是天天基金网推出的一项增值理财服务，它最大的特点就是投资者可以任意选择货币基金产品，而不是只投资指定的一种产品。

活期宝能快速取现到账。相对其他传统交易通道实行的 T+1 赎回确认到账方式，活期宝支持 7×24 小时随时取现、实时到账，而且无须任何手续费。

天天基金网活期宝主页面，如图 11-9 所示。

图 11-9　天天基金网活期宝首页

天天基金网活期宝有如下所示的投资特点。

◆　基金产品多样，为不同的投资者提供不同的选择。

◆　执行统一的计息管理时间，T+1 个工作日之后即可享受活期宝的收益。

◆　实现基金互转，可以将一种产品的资金转入另一种活期宝基金产品。

第177项　丰富的产品与投资技巧

除了以上介绍的 3 款产品之外，互联网上的理财产品还有很多，图 11-10 简单列举了一些操作简单、表现较好的。

| 网易理财宝 | 建信增值宝 | 工行现金宝 |
| 微信理财通 | 平安银行平安盈 | 91 金融增值宝 |

图 11-10　网上理财产品

无论我们在哪个渠道投资网上理财产品，都应该充分考虑其风险与细节，避免上当受骗或遭受损失，下面，为大家总结了一些网络理财的投资技巧，如图 11-11 所示。

选择产品

在投资之前，一定要充分了解该产品的收益情况、变现情况，并结合自己的实际投资计划选择合适的产品。

风险评估

在投资之前做好一份风险测试评估，可以自行计算出投资的金额大小，选择哪些风险的产品等。

适可而止

网上理财产品不太适合较大资金的投入，投资者在投资网络理财产品时，最好适可而止，不要将所有的资金全都投入网上理财产品。

时时关注

虽然网络理财产品是一种非常简单的理财工具，但同样需要我们实时关注，切不可投入资金后就不再理会。

账户安全

账户安全是网络理财需要重点防范的问题，投资者最好使用 U 盾等安全支付工具，并且保证自己的电脑没有被木马病毒侵犯。

图 11-11　网上理财产品技巧

三、众筹投资

互联网与金融行业的结合，催生出了许多新颖的投资方式，众筹就是这样一个典型的新兴产物，接下来我们就一起来认识众筹投资。

第178项　简单认识众筹

所谓众筹，它是发起人利用互联网和社交网络的传播特性，通过众筹平台发布一个创意项目，投资人进行支持的行为。

作为普通的项目发起人或是支持者，参与到众筹的世界会体验到非常多的好处，这也是众筹本身所具有的优势，具体如图 11-12 所示。

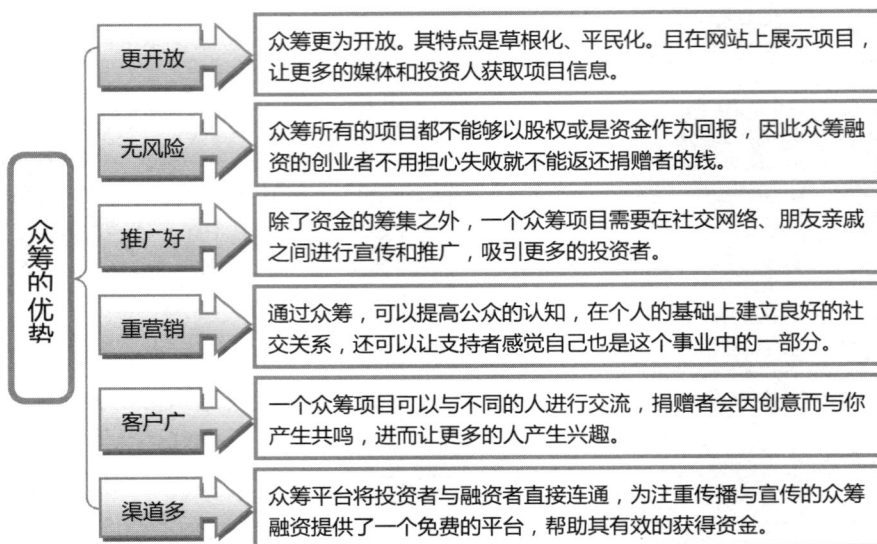

众筹的优势：

- **更开放**：众筹更为开放。其特点是草根化、平民化。且在网站上展示项目，让更多的媒体和投资人获取项目信息。
- **无风险**：众筹所有的项目都不能够以股权或是资金作为回报，因此众筹融资的创业者不用担心失败就不能返还捐赠者的钱。
- **推广好**：除了资金的筹集之外，一个众筹项目需要在社交网络、朋友亲戚之间进行宣传和推广，吸引更多的投资者。
- **重营销**：通过众筹，可以提高公众的认知，在个人的基础上建立良好的社交关系，还可以让支持者感觉自己也是这个事业中的一部分。
- **客户广**：一个众筹项目可以与不同的人进行交流，捐赠者会因创意而与你产生共鸣，进而让更多的人产生兴趣。
- **渠道多**：众筹平台将投资者与融资者直接连通，为注重传播与宣传的众筹融资提供了一个免费的平台，帮助其有效的获得资金。

图 11-12　众筹的优势

项目支持者参与众筹的优势

项目支持者不像传统投资产品一样可以直接获利，但通过实物或服务的回报同样有投资的价值，另外，让个人参与到众筹项目中来，可以让支持者感觉自己也能参与其发展，从心理上获得了满足，从回报中获得投资价值。

第179项　认识众筹发起人

发起一个众筹项目需要项目发起者、支持者与众筹平台。众筹项目的发起人也就是筹资者，他们通过众筹平台，以项目发起人的身份号召公众介入产品的研发、试制和推广，通过获得资金的方式以获得更好的市场响应。

一般来说，可以作为众筹项目发起人的如下。

◆　要解决资金问题的创意者。

◆　对产品的销售有困难的创业者。

◆　有一定创意梦想的人。

◆　小微企业的经营者。

◆　公益等其他项目的爱好者。

众筹项目发起人要完成一次众筹，需有如图 11-13 所示的操作。

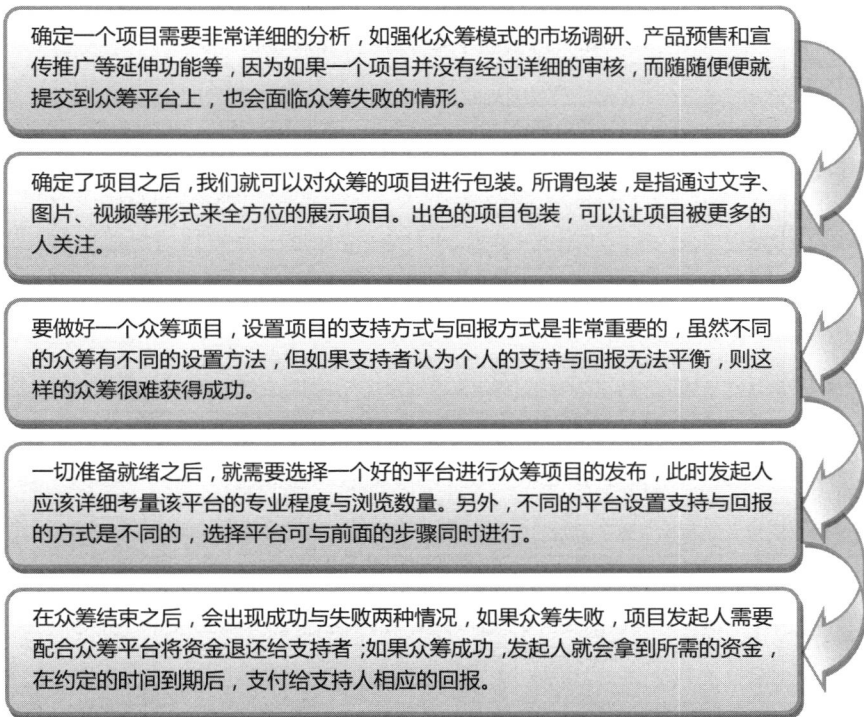

确定一个项目需要非常详细的分析，如强化众筹模式的市场调研、产品预售和宣传推广等延伸功能等，因为如果一个项目并没有经过详细的审核，而随随便便就提交到众筹平台上，也会面临众筹失败的情形。

确定了项目之后，我们就可以对众筹的项目进行包装。所谓包装，是指通过文字、图片、视频等形式来全方位的展示项目。出色的项目包装，可以让项目被更多的人关注。

要做好一个众筹项目，设置项目的支持方式与回报方式是非常重要的，虽然不同的众筹有不同的设置方法，但如果支持者认为个人的支持与回报无法平衡，则这样的众筹很难获得成功。

一切准备就绪之后，就需要选择一个好的平台进行众筹项目的发布，此时发起人应该详细考量该平台的专业程度与浏览数量。另外，不同的平台设置支持与回报的方式是不同的，选择平台可与前面的步骤同时进行。

在众筹结束之后，会出现成功与失败两种情况，如果众筹失败，项目发起人需要配合众筹平台将资金退还给支持者；如果众筹成功，发起人就会拿到所需的资金，在约定的时间到期后，支付给支持人相应的回报。

图 11-13　项目发起人要做的事

第180项　认识众筹支持者

有人发起项目，自然也有人支持项目，公众的支持者也就是项目的出资人。项目支持者往往是数量庞大的互联网用户，他们利用在线支付方式对自己感兴趣的创意项目进行小额投资，每个出资人都成为"天使投资人"。

所谓的众筹投资，也就是针对项目支持者而言的，投资者将资金投入一个项目中，可以获得相关的实物回报或从股权众筹中获得收益。

对于项目支持者而言，在众筹中需要完成如图 11-14 所示的事情。

一般的众筹项目，其回报虽然不是直接回报资金，但它也是属于一项投资产品，因此在确定支持之前，也要对自己的资金情况与感兴趣的项目进行确定，避免胡乱参与。

选择投资平台并不是项目发起人要做的事，也不是支持者需要注意的，在确定投资者之前，投资者需要对平台的信用度与回报率进行考察，确保项目能够顺利完成获得回报。

选择好平台之后，支持者就需要重点考察要投资的项目，内容包括项目标的、项目评级、支持等级、项目持续时间和回报方式等。通过这些内容最终确认是否参与投资。

确认支持项目之后，支持的过程就是将资金转入众筹平台的过程。支持者在确定了投资的等级之后，需要注册众筹平台的投资账户，然后将银行卡绑定在账户上，并确定支付方式。

支付完成后就完成了初期的项目支持。在项目结束后，如果项目失败，众筹平台会返还投资资金；如果项目成功，就会收到相应的实物回报，最终完成此次众筹支持。

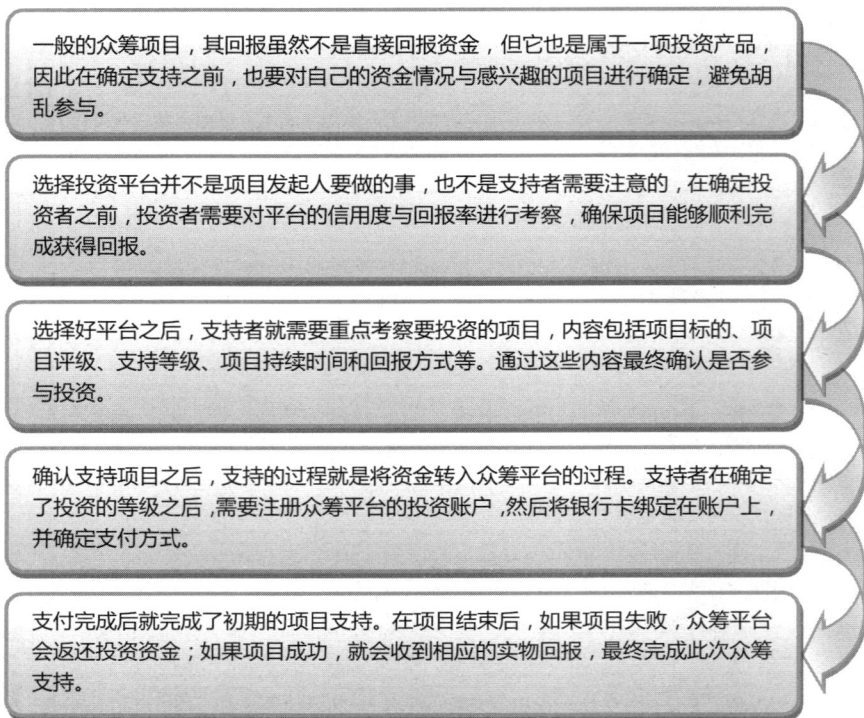

图 11-14　项目支持者要做的事情

众筹支持与非法集资

许多人担心众筹的资金支持属于非法集资，实际上这二者不是一件事，众筹是以一种理性的市场优惠的方式回报，不是为了资本的运营而筹集资金。另外，众筹项目是限定了募集资金的上限和人数上限的，而且规定了募集的期限。

第181项　认识众筹平台

项目发起人和支持者需要一个连接的纽带让彼此连接起来，这个纽带就是众筹平台，它既是众筹平台的搭建者，又是项目发起人的审核方、监督者和辅导者，同时还是出资人的利益维护者。

众筹平台是完成众筹非常关键的一个环节，如今国内也有非常专业的众筹平台，如网信金融集团旗下的众筹网（http://www.zhongchou.com），就是目前国内最大的众筹网站之一，其主页页面如图 11-15 所示。

图 11-15　众筹网众筹平台

虽然众筹是项目发起人和支持者的直接行为，但众筹平台却为项目的成功起着非常关键的作用，一般来说，众筹平台有如图 11-16 所示的义务与权力。

提供众筹平台

众筹平台首先需要有非常出色的网络支持，根据相关法律法规，采用虚拟运作的方式，将项目发起人的创意和融资需求信息发布在虚拟空间里。另外，众筹平台还需要为项目双方提供不同的资金收付方式。

帮助发起项目

众筹平台需要对项目的发起人提供专业的辅导，帮助其对个人发布的项目进行包装。另外，众筹平台需要严格审核项目发起人的资质，通过项目评级的方式，规避非法集资等风险。

维护支持者利益

众筹是项目支持者的利益维护者，不仅需要提供资金的担保平台，还需要在项目无法执行时，督促项目发起人退款给出资人；另外，如果项目成功，众筹平台需要督促项目发起人支付回报。

平台推广

最后，众筹平台必须要明确自己的发展方向，如是综合类众筹平台还是某类产品平台，另外还需要制作自己的众筹运行标准，如手续费收取等。最后，众筹平台有义务对平台和好的项目进行推广。

图 11-16　众筹平台要做的事情

第182项　如何支持众筹项目

如果要支持一个众筹项目，需要我们在众筹平台上对一个项目的立意、支持等级、回报情况等进行全方位的了解之后然后下单支付，下面就来看看具体的操作。

应用示例——完成一次众筹的支持

Step01　注册登录众筹网账户，在首页上方单击感兴趣的众筹种类。

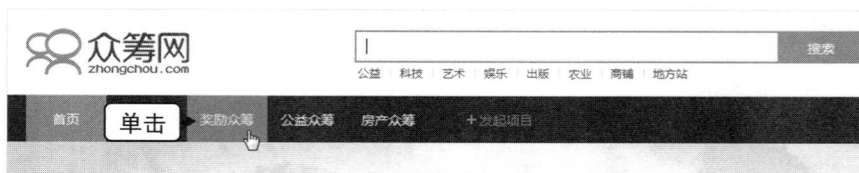

Step02　在打开的页面中就可以看到该类型下不同的众筹项目，单击个人喜欢的项目名称超链接。

Step03　进入该项目详细投资页面，在该页面中可查看所有和项目有关的内容，在上方的支持等级和回报栏中，单击要进行支持的等级按钮。

Step04 在打开的页面中再次确认支持信息，单击"提交订单"按钮。

Step05 进入支付页面，选择相关支付方式，单击"去付款"按钮，完成支付即可成功投资众筹项目。

支持者如何获得实物回报

实物回报一般是通过快递的形式邮递到支持者手中，因此在进行项目支持时，就需要填写支持人姓名、联系电话与收货地址等信息。

第183项　认识不同的众筹种类

众筹在我国的发展时间不长，但经过一段时间的试水与运行，如今已经形成了捐赠式、奖励式、股权式、债券式4种，下面来详细认识它们。

（1）捐赠式众筹

捐赠式众筹的运行模式主要体现在捐赠上，投资者对项目进行无偿捐赠，一般没有任何回报或是回报为一些纪念型的实物。

一般来说，公益众筹就是捐赠式众筹最常见的一种，具体有如下3种模式。

◆ 由项目发起人通过众筹平台，发起公众募捐。

◆ 由捐赠式众筹平台设立公募基金会，以基金投资的方式代替有资金需求的一方向公众发起募捐。

◆ 由第三方机构发起项目并完成项目的证实和认领，捐赠众筹平台仅充当纯平台作用。

（2）奖励式众筹

奖励式众筹是众筹的主要种类之一，是指项目支持人在对项目进行支持之后，一般是获得相应服务或实物商品，具体有如图11-17所示的特点。

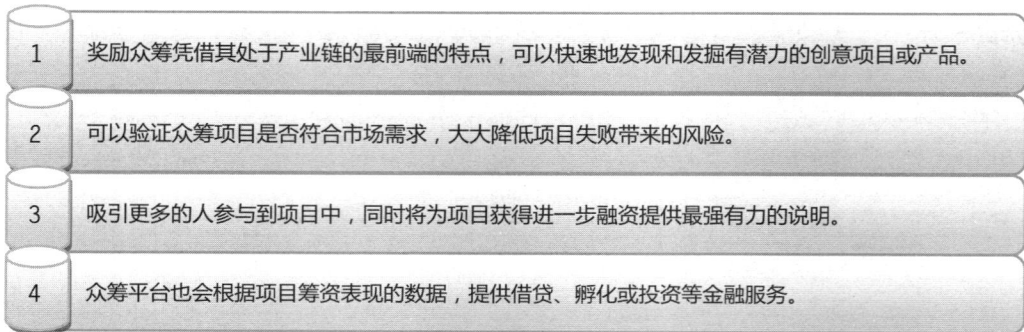

1	奖励众筹凭借其处于产业链的最前端的特点，可以快速地发现和发掘有潜力的创意项目或产品。
2	可以验证众筹项目是否符合市场需求，大大降低项目失败带来的风险。
3	吸引更多的人参与到项目中，同时将为项目获得进一步融资提供最强有力的说明。
4	众筹平台也会根据项目筹资表现的数据，提供借贷、孵化或投资等金融服务。

图 11-17 奖励式众筹的特点

（3）股权式众筹

股权式众筹是一种较为复杂的众筹方式，股权类众筹的项目发起人一般是众筹项目法人或已经创办/正在创办的创业项目。

具体而言，股权众筹就是筹资人在众筹平台上创建项目，发起融资需求，投资者根据自己的风险承受能力、兴趣爱好等因素，在认可筹资人的项目理念后，通过众筹平台投入相应资金，与其他共同投资者就该项目成立一个新的创业主体，从而使每个投资者都成为原始股东的众筹方式。

需要注意的是，因为股权式众筹的回报是以投资的大小来确定股份的，因此没有具体的回报标准。

股权众筹在国内的发展是有一定制约的，目前很难找到一个发展较为成熟的股权众筹平台，所存在的项目也可能存在一定的风险。

第184项 如何更好地完成众筹

通过前面的内容，我们对众筹已经有了基本的认识，然而想要更好、更轻松地参与众筹，就还需要了解一些众筹的小技巧。下面就一起来认识这些技巧帮助玩转众筹，具体内容如图 11-18 所示。

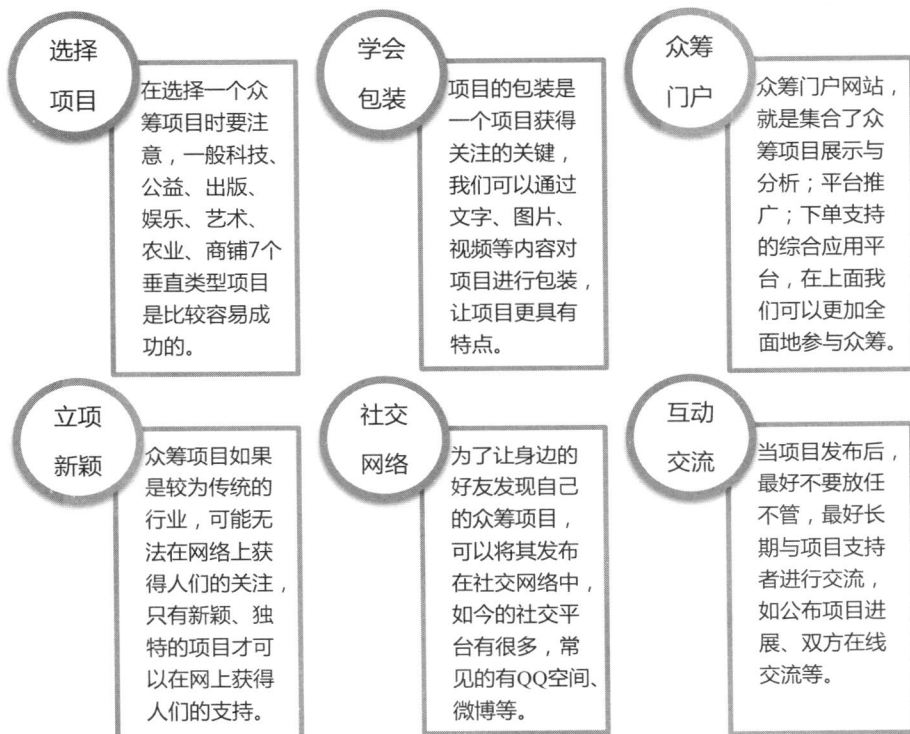

图 11-18　众筹参与技巧

四、P2P 理财

在前面我们说众筹有 4 种模式，其中的债券式众筹虽然是一种众筹方式，但人们更熟悉它的一个名字就是 P2P 网贷理财。

第185项　简单认识 P2P

P2P 是英文 peer to peer 的缩写，也就是点对点的理财方式。P2P 是一种全新的理财方式，作为投资平台，它直接将借贷双方联系起来，让人们通过互联网直接交流，使得网络上的理财沟通更容易、更直接。

在详细认识 P2P 之前，我们先来看看它与其他众筹的区别，如表 11-5 所示。

表 11-5　债券式众筹与其他众筹

比较项目	债券式众筹（P2P）	其他众筹
回报	债券式众筹为利息回报	除了股权式众筹外，回报多是实物或相关服务
筹资对象	债券式众筹的主要对象是有资金需要的企业和个人	其他众筹的筹资对象比债券式众筹更广，任何创意都可以参与
投资方金额	债券式众筹的投资金额可多可少，按比例进行分红	其他众筹则必须按照筹资人设置的投资等级支持
投资平台	债券式众筹有专门的 P2P 平台	其他众筹是通过众筹平台参与
时间期限	债券式众筹的投资期限可长可短，有明确的还款时间	其他众筹在投资期限上一般以某个事件的结束判断期限

　　简单来说，个人通过第三方平台在收取一定费用的前提下向其他个人提供小额借贷的金融模式。其主要的参与一是将资金借出的客户，二是需要贷款的客户。

　　P2P 的运行模式如图 11-19 所示。

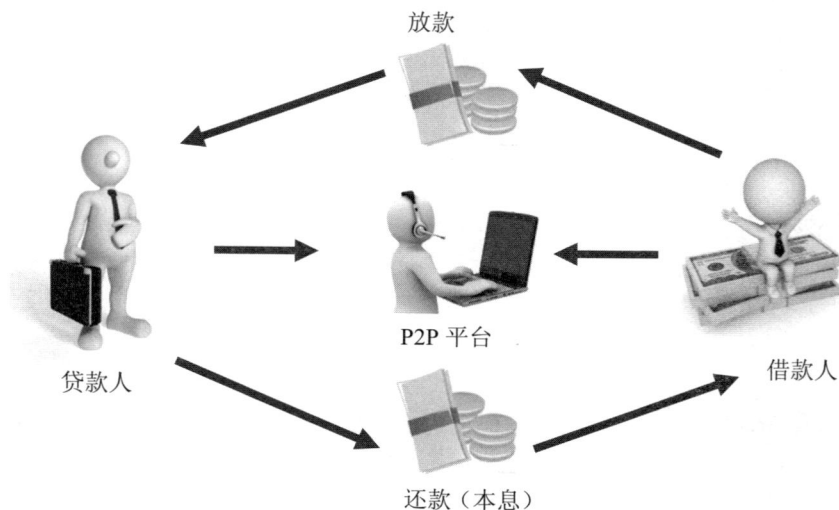

图 11-19　P2P 运行模式

第186项　P2P 的特点

不同的 P2P 产品有不同的特色，但无论是什么样的 P2P 产品，都有如图 11-20 所示的特点。

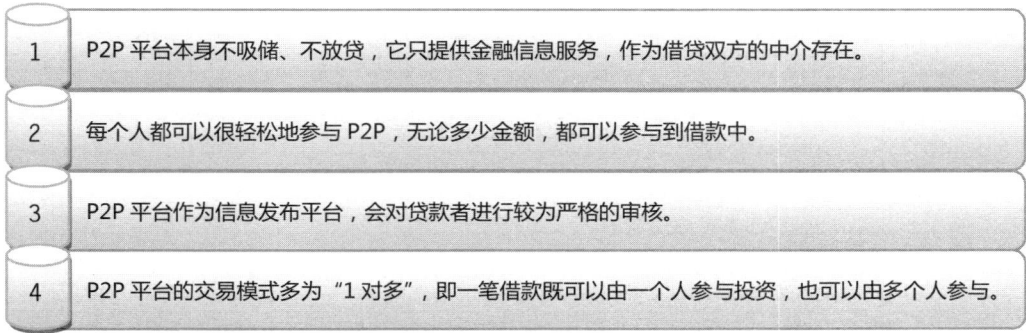

1	P2P 平台本身不吸储、不放贷，它只提供金融信息服务，作为借贷双方的中介存在。
2	每个人都可以很轻松地参与 P2P，无论多少金额，都可以参与到借款中。
3	P2P 平台作为信息发布平台，会对贷款者进行较为严格的审核。
4	P2P 平台的交易模式多为"1 对多"，即一笔借款既可以由一个人参与投资，也可以由多个人参与。

图 11-20　P2P 的特点

第187项　P2P 投资流程与投资平台

P2P 的投资是比较简单的，一般有如图 11-21 所示的步骤。

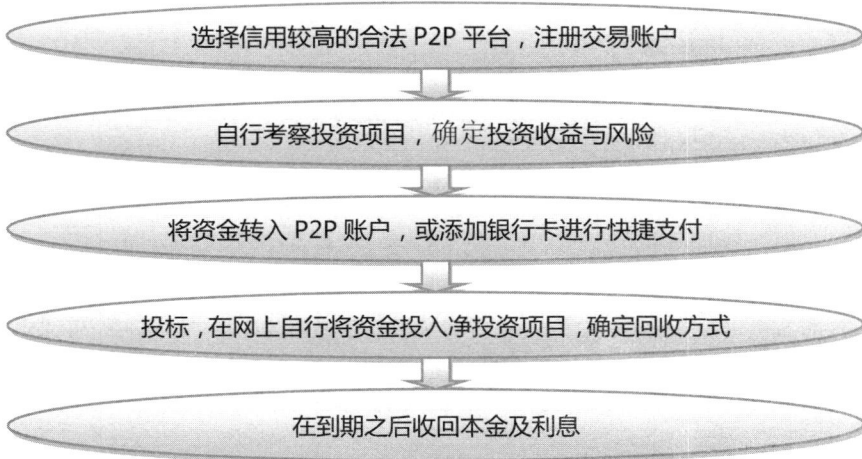

选择信用较高的合法 P2P 平台，注册交易账户

自行考察投资项目，确定投资收益与风险

将资金转入 P2P 账户，或添加银行卡进行快捷支付

投标，在网上自行将资金投入净投资项目，确定回收方式

在到期之后收回本金及利息

图 11-21　P2P 的投资流程

P2P 的投资同样需要平台，一般众筹平台是不会发布 P2P 项目的，P2P 需要发布在专门的 P2P 平台上，在上面投资者可以轻松完成 P2P 的信息发布、投资等操作。借款人通过个人信用申请借款，获得资金；投资人通过公开信息自主选择进行投资，获得收益。

人人贷就是一个较好的 P2P 网贷平台，其首页如图 11-22 所示。

图 11-22　人人贷首页

人人贷的产品有很多，适合不同的人群，具体有如图 11-23 所示的 4 种。

U 计划

U 计划是人人贷推出的便捷、高效的自动投标工具，一般在用户认可的标的范围内，对符合要求的标的进行自动投标，且回款本金在相应期限内自动复投，期限结束后 U 计划会通过人人贷债权转让平台进行转让退出。U 计划分为三种，U 计划 A 锁定期 3 个月，预期年化收益 7%；U 计划 B 锁定期 6 个月，预期年化收益 9%；U 计划 C 锁定期 12 个月，预期年化收益 11%。

散标

人人贷散标就是借款人自行发布的产品，由投资者自行选择进行投入。散标年收益率区间为 8%～24%，具体收益由所投资的借款标的利率确定，投资期限在 3 个月～36 个月不等。

债券转让

债权持有人通过人人贷债权转让平台将债权挂出且与购买人签订债权转让协议，将所持有的债权转让给购买人的操作。简单来说，就是将自己的 P2P 投资转让给他人。

薪计划

薪计划是人人贷针对工薪族理财需求量身打造的高效自动投标工具，用户可在每月固定日期加入固定金额（每月加入金额由初次加入时确定，后续月份不支持修改）。

图 11-23　人人贷的 4 种投资方式

第188项　如何投资 P2P 产品

简单了解了 P2P 平台之后，就可以进行投资 P2P 产品了，那么我们应该如何投资 P2P 产品呢？下面通过具体的实例来看看如何在 P2P 平台上面完成一次投资操作。

应用示例——完成一次众筹的支持

Step01　进入P2P人人贷首页，在上方的"我要理财"下拉按钮下选择自己要投资的产品类型命令。

Step02　在打开的页面中即可看到不同的投资产品，选择自己感兴趣的产品，单击其后的"投标"按钮。

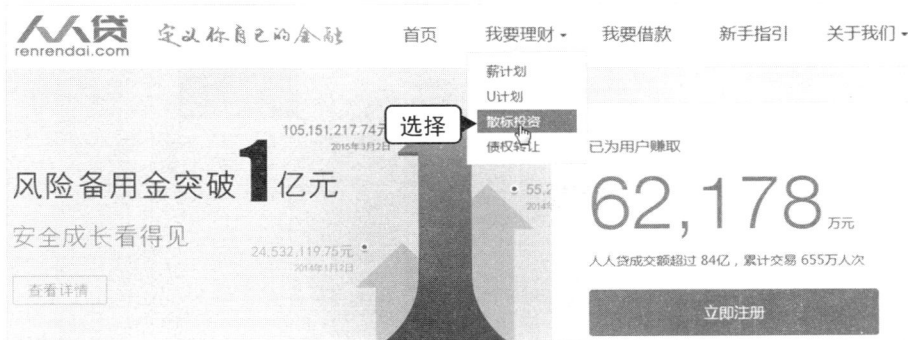

Step03　进入该产品的详细投资页面，查看具体的收益情况及项目发起人信息，输入投资金额，单击"投标"按钮。

Step04 在打开的对话框中确认投资信息，输入验证码，单击"确定"按钮即可完成P2P产品的投资。

如何顺利进行 P2P 理财

要顺利地在人人贷进行 P2P 理财，首先需要注意的是，人人贷在进行支持的时候是不能进行快捷支付的，需要将资金转入 P2P 账户，再从余额中进行支付。

另外，P2P 人人贷对每一款产品进行了评级，一般信用等级为 A 级的表示该项目发起者还款信用较好，投资收益较为稳定。

第12章

提升理财技巧，实现财富增值

通过本书前面的内容，我们已经对各类理财产品有了详细的了解，然而理财并不是一朝一夕的事，它需要长期的总结与实践，最后一章，我们就来看一些在生活中增加理财实战的小技巧。

◇　记账的好处

◇　如何进行记账

◇　对账单的分析

◇　普通三口之家如何规划理财计划

◇　高收入白领二人世界如何规划理财计划

◇　年轻人如何不做"月光族"

◇　用团购节约每一笔消费

◇　出行省钱有妙招

一、让记账成为理财的基础

许多人有理财的愿望，也通过理财赚了一些钱，平时生活也注意节约积累，但身上的钱就是不够花，归根到底的原因，就是没有学会记账。

第189项　记账的好处

记账也就是将个人或家庭每一笔的收支记录下来，形成统一的账单账本，方便更好地管理财务，那么记账究竟有什么好处呢？如图 12-1 所示。

1	掌握个人或家庭收支情况，合理规划消费和投资，做出合理的规划。
2	培养良好的消费习惯，不铺张浪费。
3	增强对个人财务的敏感度，提高理财水平。
4	促进家庭成员和睦相处。
5	从物价等方面记录生活、社会变化。
6	方便小本经商或创业人员及时了解经营动态。
7	起到备忘录的作用，对借钱等行为有明确的知晓。

图 12-1　记账的好处

第190项　如何进行记账

记账并不是简单地记录下收入和支出，还应该科学的记账，具体有如下的要求与要点。

◆　记账不能记录简单流水账，要分账户、按类别进行归类。

◆　将支出和收入分开，能清楚地了解资金的流向。

◆　记账要有及时性，不能到了总结时才开始记录。

◆ 记账不能中断，也不能忽略某部分不愿记录的账单。

◆ 最好定期到银行打印账户交易明细，与自己的账本比对。

◆ 消费时尽量索取发票。将发票与账本结合，做到记账的准确性

下面来看一个家庭记账的例子。

应用示例——张先生一家的记账案例

张先生和妻子的收入都比较稳定，他们一般每月记一次账，从收入上来看，有如表 12-1 所示的账单。

表 12-1　张先生一家的收入记账

月份	张先生	张太太	定存利息	房租	其他收入	总收入
1	10 000 元	5 000 元		1 500 元	年终奖 3 万元	46 500 元
2	10 000 元	5 000 元		1 500 元		16 500 元
3	10 000 元	5 000 元		1 500 元		16 500 元
4	10 000 元	5 000 元		1 500 元		16 500 元
5	10 000 元	5 000 元		1 500 元	理财本息 200 822 元	17 322 元
6	10 000 元	5 000 元		1 500 元		16 500 元
7	10 000 元	5 000 元		1 500 元	奖金 5 000 元	21 500 元
8	10 000 元	5 000 元		1 500 元		16 500 元
9	10 000 元	5 000 元		1 500 元		16 500 元
10	10 000 元	5 000 元		1 500 元	报销 5 000 元	21 500 元
11	10 000 元	5 000 元		1 500 元		16 500 元
12	10 000 元	5 000 元	6 500 元	1 500 元		23 000 元

从支出上来看，张先生一家选择了逐月详细记载，如在2015年4月，有如表12-2所示的账单。

表12-2　张先生一家的4月支出记账

时间	支出项目	金额	备注
4月2日	购买银行理财产品	200 000元	期限30天，5月1日收回本息
4月3日	3月份水电气费用	400元	
4月10日	购买衣服	1 000元	
4月17日	×××生日礼金	400元	
4月20日	×××生日礼金	800元	
4月25日～26日	去××景区游玩	1 000元	
4月30日	儿子5月生活费	1 500元	
4月30日	5月基本生活费用	2 000元	
4月30日	两人5月零花钱	各1 000元	
总计		209 100元	

第191项　对账单的分析

我们记账的目的不仅仅在于对财务的了解，更希望通过对财务收支的分析找到最佳的管理方法与理财方式，下面简单对上述案例的张先生一家的账单进行分析。

应用示例——张先生一家的账单分析

收入情况上，张先生与张太太的月工资合计为15 000元，年终奖合计30 000元，并且偶尔会有单位的奖励，从表12-2可以看出，张先生家这一年的工资、奖励收入总计为215 000元；除此之外，张先生家还有房租收入一年共计18 000元、存款及理财的利息收入7 322元。

从支出情况上分析，张先生一家每月的固定支出为水电气费用+家庭基本生活费用+儿子生活费+零花钱+衣物购买，共计5 900元；如果按照4月份的标准，张先生一家的人际交往费用为每月1 000元左右；另外，还可能有一些享受类支出，每月1 000元。

通过上表的统计，可以看出张先生一家的年总支出大约为年总收入的 40%左右，即为合理状况。

不过这 40%只是按 4 月份的支出标准来进行统计，如果用一年的标准，张先生一家还应考虑一些特别的支出。如每年 1 月或 2 月为中国传统春节，支出量会增多，每年 9 月要为儿子交学费，每年 1 月可能支付人寿保险费用以及汽车保险费用等，总计大约需要 2 万～3 万元。

也就是说，张先生一家的实际年支出为年收入的 50%左右，也算是合理的情况，不需要做出太多的调整。

如果从理财的角度来进行考虑，张先生一家的年结余可达到 12 万元左右，存款较多，有两套房，且没有任何贷款，儿子大学即将毕业。

由此可以看出张先生家庭完全属于非常稳健的投资类型，且可以接受一些低风险产品。

所以，张先生一家可以考虑一些浮动型的基金产品或者投资连结保险产品；同时还可以办理信用卡，适度负债可以让自己的生活更加合理。

二、不同的财务情况如何理财

每个人的财务情况是不同的，那么不同的人应该如何进行投资理财呢？下面通过不同的案例来认识不同的理财技巧

第192项　普通三口之家如何规划理财计划

家庭财务比较紧张时，在理财前一定要先考虑养老和子女教育的问题，具体的案例如下。

应用示例——王师傅一家的理财计划

王师傅今年 38 岁，和妻子年薪加起来共 10 万元，其他收入 1 万元，每年基本生活开销 1.1 万元，子女教育费支出 0.6 万元，医疗费支出 0.2 万元，衣食住行娱乐等其他开支 0.3 万元，每年结余 8.8 万元。家庭存款 20 万元，居住私产房，无贷款。

由于目前无贷款，所以目前的资产情况还是相当安全的。但从资产结构来看，比较单一，抗风险能力较弱；金融资产没有组合起来投资增值，比较保守，获利能力和风险分散能力较弱。

对于王师傅这样的情况，有如下的理财建议：

子女教育、置业金储备：现在按中等标准养育一个孩子大约要 25 万元，另外，子女结婚、置业，王师傅也需提供 15 万元左右的首付款，帮助他走上独立人生，总体需求 40 万元。所以王师傅在子女教育、置业金的储备上应有所加强。

保险需求分析：保险作为一种纯消费型风险保障工具，只要通过科学的保险计划，就能充分发挥资金的投资价值，又能为家人提供一份充足的保障。由于王师傅的工作性质，保险费支出不宜超过王师傅年收入的 10%。

退休养老计划：王师傅的资金积累和收支情况基本上可以满足退休养老计划。可以再适当投入些保险保障资金，同时制订一个合理的休养计划、旅游度假计划等。

金融资产组合：王师傅有部分银行存款，考虑到证券市场不是很明朗，王师傅又不具备金融投资经验，因此可选择无风险、无费用、收益高、存取方便的货币市场基金、银行委托理财等保本型产品为主要投资产品，期限以短期为主，资金以不超过存款的 20%～30% 为好。

第193项　高收入白领二人世界如何规划理财计划

对于一些都市白领，没有赡养父母的压力，没有子女教育的压力，收入可观，完全不受财务的限制，这样的人理财，需要从积累性和改善型入手，具体案例如下。

应用示例——李先生一家的还贷计划

李先生今年 28 岁，月入 9 200 元左右，年底奖金 2 万元左右，年收入 13 万元左右，保险齐全。妻子在企业工作，月入 5 000 元左右，年底奖金 2 万元左右，年收入 8 万元左右，保险齐全，双方公积金一个月 3 100 元。

目前夫妻二人有一套住房，贷款 68 万元，月还款 4 500 元左右，期限为 20 年。有一辆代步车，20 万元左右。每个月吃喝花费 2 000 元，汽油、停车位、保险、保养每个月 2 640 元。有 7.5 万元存款、2.5 万元的公积金账户。

根据上诉的情况统计，夫妻年收入共计：（9 200+5 000+3 100×2）×12=244 800 元。

夫妻年支出共计：（4 500+2 000+2 640）×12=109 680 元。

夫妻年/月结余收入：153 400/12 783 元。

夫妻现有积蓄：75 000+25 000=100 000 元。

通过家庭收支数据我们看出，该家庭储蓄率为 62.7%，属于较高水平，且家庭收入贡献中，工资性收入占比 99%以上，为了使未来生活更加丰富多彩，他们应及时调整资产结构，增加理财收入。

在这样的情况下，夫妻二人可以考虑提前归还银行贷款。

假设 5 年后，房屋价格上涨到 1.2 万/平方米，现有住房与将要置换的房屋等均价，在不增加月负担的情况下，小两口须准备 50×1.2=60 万元新增购房资金。10 年后，贷款本金剩余 42.3 万元。

根据夫妻当前情况，购房目标应选择一次性投资加定投的方式实现。经过测算，以夫妻 10 万元现金为投资本金，选择一份较为稳健的债券类投资组合预期年化收益率 6%，夫妻每月再定投该组合 6 600 元，则 5 年后可凑齐 60 万元用于购置新房。

10 年后还清贷款的目标通过定投的方式同样较容易实现。经过测算，按照现在等额本息的还款方式，10 年后贷款本金余额为 42.31 万元。由于 10 年时间较长，这对夫妻可适当选择一份股债结合的投资方案，预期收益设定在 8%，那么从现在起每月须存入该投资方案 2 317 元，即可在 10 年后凑齐资金提前还贷。

第194项　年轻人如何不做"月光族"

没有成婚的年轻人，往往赚多少花多少，完全不考虑节约与积累，更谈不上投资理财了，实际上年轻人也是理财的主力，具体的案例如下。

应用示例——小邓的理财妙招

小邓目前单身，25 岁，在某大型企业工作 2 年。每月工资收入 6 000 元，目前有 5 万元一年期的定期存款，一套 45 平方米的房产（2 年前刚毕房产业时父母赞助首付款购买），每月房贷支出 1 000 元。

每月用于吃饭、服饰、化妆品、护肤品和娱乐项目上的日常开销大约在 3 000～4 000 元，基本属于月光族。另外，除了单位购买的社保外，暂无商业保险。

对于这样的情况，通过分析，小邓属于中上等收入人群，并且有一定理财意识，投资偏稳健。日常消费较高，占每月可支配工资收入的 60%～80%，缺少合理规划，导致了储蓄较低。

具体的理财规划为：

积少成多。根据小邓的实际情况，建议选择"定投"方式进行基金或黄金等中长期投资，以达到强制储蓄的目的，每月投资金额 1 000～2 000 元进行定投，同时定投可分为高风险与低风险的组合。

选择保险产品，投入 5% 的资金，购买商业保险。

适当购买银行理财产品，由于一般年轻人工作繁忙，如果对股票类产品不是特别熟悉，可以暂时不用考虑入市。

三、网上省钱小妙招

在网上，有很多省钱的好方法，帮助我们从衣食住行各个方面节约开支，达到科学管理财富的目的。

第195项　　用团购节约每一笔消费

团购作为一种新兴的电子商务模式，通过消费者自行组团、专业团购网站、商家组织团购等形式，提升用户与商家的议价能力，并极大程度地获得商品让利，引起消费者及业内厂商，甚至是资本市场关注。

目前国内的团购网上发展非常火爆，它可以让每一个人都能找到更优惠的团购商品，让不相识的消费者共同享受物美价廉的服务。人们只需在网上支付较少的资金，便可以进行实体消费，具体的团购操作如下。

应用示例——如何进行团购

Step01 注册相关的账户之后，进入一个团购网站，需要定位所在地点，单击自己所在城市的地址超链接。

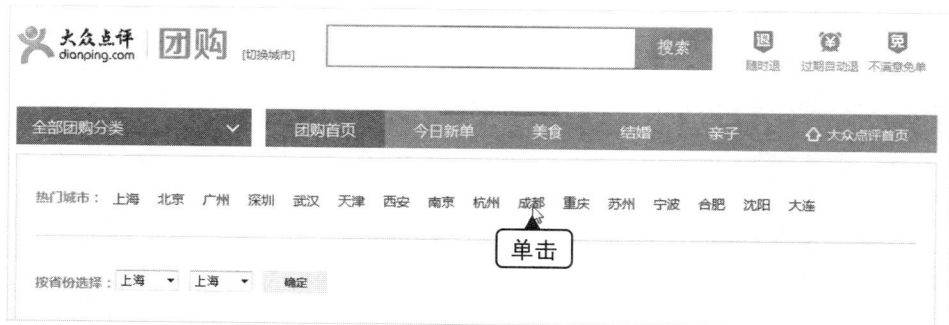

Step02 进入该城市团购页面，在"全部团购分类"选项组中单击要团购的产品种类超链接。

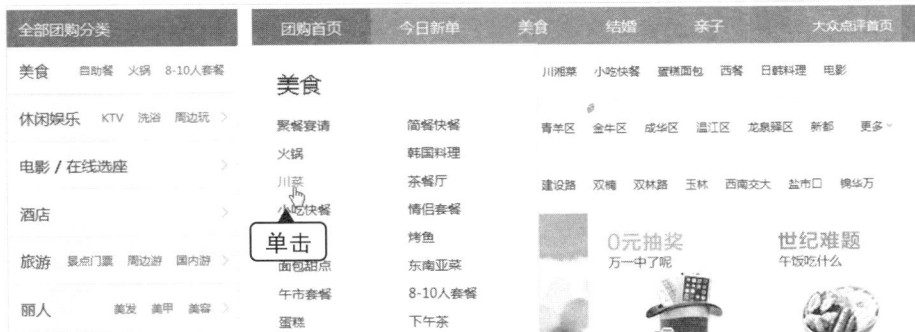

Step03 进行相关的搜索后，进入产品页面，该页面显示图片、内容及团购价格，单击感兴趣的产品名称超链接。

Step04 进入该产品页面，详细了解该产品的内容、使用时间及限制条件，确定之后单击"立即抢购"按钮。

Step05 进入支付页面，在该页面上方选择支付方式。

Step06 在该页面下方再次确认支付的金额及内容，单击"确认订单，付款"按钮，成功支付后，团购网上就会将团购序列号发送到您的手机或发送到邮箱，凭借该序列号就可以直接到商家处进行消费。

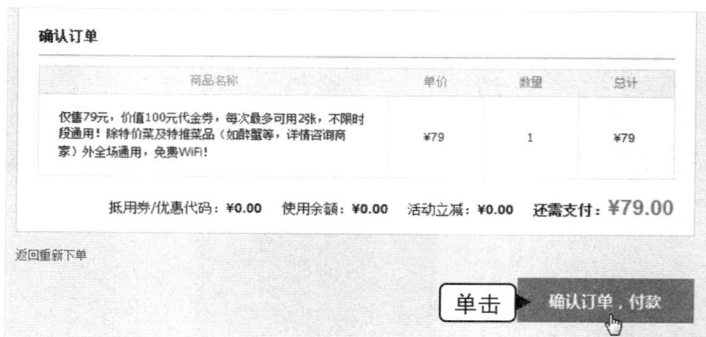

第196项　　出行省钱有妙招

无论是旅行还是出差，出行是每个人都会经历的，那么对于出行，有哪些省钱的妙招呢？

去哪儿机票网（http://flight.qunar.com/）是一个可以帮助我们快速订购飞机票的网站，同时有着非常低的折扣，帮助我们省去一大笔路费。

应用示例——如何搜索便宜的飞机票

Step01 进入去哪儿机票网首页，直接输入或设置出发城市与到达城市，出发日期，单击"搜索"按钮。

Step02 在打开的页面中即可看到该时间所有的机票，并且全部都是最低的折扣，单击"订票"按钮就可以直接抢购便宜的机票。

出门在外，住宾馆酒店也是一大笔开销，如何在网上订到又便宜又舒适的酒店房间呢？携程网可以帮助我们完成这一工作。

在携程酒店预订网（http://hotels.ctrip.com）中，可以通过搜索城市、地点、时间等条件，快速找到自己想要的酒店与房间，如图 12-2 所示。

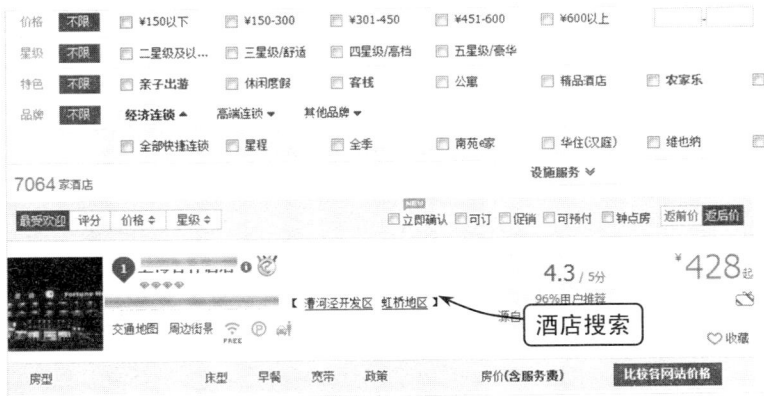

图 12-2 携程网搜索酒店

在该网站上，直接输入姓名、电话号码等信息就可以直接约定房间，不仅价格便宜，还可以方便轻松入住，节省了出行在外的时间成本，如图 12-3 所示。

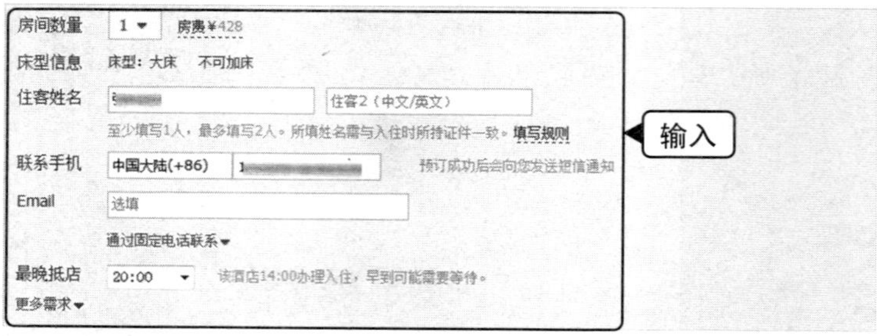

图 12-3　直接预订酒店